böhlauWien

Herbert Boeckl, Saisera 1915 (siehe S. 96).

Über die Grenzen nach Triest

Wanderungen zwischen
Karnischen Alpen und Adriatischem Meer

von Kurt F. Strasser
und Harald Waitzbauer

Böhlau Verlag Wien · Köln · Weimar

Schriftenreihe des Forschungsinstitutes für politisch-historische Studien der
Dr.-Wilfried-Haslauer-Bibliothek, Salzburg
Herausgegeben von
Robert Kriechbaumer, Franz Schausberger, Hubert Weinberger
Band 8

Umschlagabbildung: Panorama di Trieste, 2. H. 19. Jh. © Civico Museo di Storia ed Arte, Triest.
Vor- und Nachsatz: Universitätsbibliothek Salzburg

Die Deutsche Bibliothek – CIP-Einheitsaufnahme
Strasser, Kurt F./ Waitzbauer, Harald:
Über die Grenzen nach Triest : Wanderungen zwischen Karnischen Alpen und Adriatischem Meer /
Kurt F. Strasser / Harald Waitzbauer.– Wien ; Köln ; Weimar : Böhlau, 1999
(Schriftenreihe des Forschungsinstitutes für politisch-historische Studien der
Dr.-Wilfried-Haslauer-Bibliothek, Salzburg, Bd. 8)
ISBN 3-205-99010-2
Das Werk ist urheberrechtlich geschützt. Die dadurch begründeten Rechte, insbesondere die der
Übersetzung, des Nachdruckes, der Entnahme von Abbildungen, der Funksendung, der Wiedergabe
auf photomechanischem oder ähnlichem Wege und der Speicherung in Datenverarbeitungsanlagen,
bleiben, auch bei nur auszugsweiser Verwertung, vorbehalten.

© 1999 by Böhlau Verlag Ges.m.b.H. und Co.KG., Wien · Köln · Weimar
Gedruckt auf umweltfreundlichem, chlor- und säurefreiem Papier.

Druck: Imprint – Ljubljana

Inhalt

Kärnten

Ein Grenzerlebnis zwischen Slowenien und Österreich — 9
Oben drüber – unten durch: Die Karawanken — 13
Kärnten beim Untergang des Abendlandes — 18
Verteilungskämpfe — 20
Slawische Bedrängnis und die Geburt des Kärntner Traumas — 22
Ein Trauma wirkt weiter — 26

Kanaltal

Kanaltal: *quantité negligée* — 31
Tod in Goggau — 38
Tarvis – Sehr geschäftig — 39
Der lästige Schlauch — 42
Pontebba – Über die Grenze — 44
Über die Sprachgrenzen — 51
Verkehrskanal — 67
1900: Sommerfrische im Kanaltal — 74
1998: Was blieb von der Sommerfrische? — 84
Raibl und das Bergwerk — 100
Potemkische Festungsbauten — 107

Friaul

Resiatal – Vergessene Welt — 117
Grenzmark Friaul/Friûl — 121
Acuilee/Aquileia – Patriarchen und Gegenpatriarchen — 122
Tiutsche Gäste — 126
Wanderung als Schicksal — 128
Wo ist denn Venezia Giulia? — 132
Sarvignan/Cervignano italianissima — 134
Lebendige Grenzen — 139
Verkehr: Ein künstlicher Knoten — 140
Wer bekommt den Bahnhof? Und andere Görzer Geschichten — 152
Sprachfehler — 168

173 Ein Görzer Philosoph
175 Das Geburtstagsfest

Slowenien
179 Triglav *mon amour*
182 Zurück ins Alpenglück
184 In den Ecken
187 Hüben und drüben – entlang der Grenze

Triest
197 *Ah! Und da lag es vor uns ...*
Österreichische Klassiker bereisen Triest
204 Cosmopolita
209 Triester Erscheinungen
225 Unerlöste Stadt
238 A und B: Zonales Intermezzo
243 Verkehr als Schicksal
254 *Treno storico:* Trst – Lubiana tour retour
257 Wanderung Rosandra – Ocizla
265 Grenzwanderung – unerwartet
269 Der Libero
270 Dragonja

Anhang
273 Verwendete Abkürzungen
273 Quellen
279 Orts-, Namen- und Sachregister
289 Bildnachweis

für meinen Sohn Bernhard ein Wegweiser   hw

für die an den Grenzen Verlorengegangenen   kfs

Dank: *Ondina Ninino, Trieste*
Bruno Fontana, Cervignano
Hermann Sabotha, Arnoldstein
Franz Wawrik, Wien
Lore Boeckl, Wien

Kärnten

Ein Grenzerlebnis zwischen Slowenien und Österreich

Die *riva*, das Adriaufer des Triester Meerbusens zur Linken, Istrien schemenhaft im Hintergrund, spüren wir zum ersten Mal unsere Rucksäcke. Das Wasser steht ruhig, kaum je ein Schiff, die Straße sechsspurig infernalisch laut. Wir nähern uns dem Bahnhof Trieste Centrale, ehemals Südbahnstation, um, wie weiland Julius Kugy, der Triestiner Geschäftsmann und Bergsteiger, Richtung Norden in die Berge zu fahren. Am Vortag waren wir bei unseren Wirten hinter San Giusto, dem unscheinbaren letzten Hort der Weltoffenheit in dieser durch und durch zur italienischen Provinz verkommenen Stadt.

Der Bahnhof gibt sich jetzt international, Schlagermusik dröhnt aus dem Lautsprecher, wie im *supermercato*! Aber es gibt tatsächlich nicht allzuviel durchzusagen, und die peinliche Stille muß also übertönt werden; eine Art *horror vacui* soll hier mit abgedroschenen Schlagern vertrieben werden. Unser Zug ist der *Simplon Expreß*, Nachtzug aus Genève, Abfahrt um 9 Uhr Richtung Vinkovci. Ein, zwei Personen pro Abteil, schütter besetzt. Wir lassen uns in einem der stark plastifizierten Abteile der italienischen Staatsbahn nieder. Erster Halt Opčina, gleich oberhalb von Triest: Polizisten, Carabinieri, Finanzwache, Eisenbahner. Grenzkontrollen. Pässe vorweisen! Etwas zu verzollen? Unsere Wanderkleidung könnte ja raffinierte Tarnung sein. Endlich passiert. Im Nebenabteil ein japanisches Pärchen auf Erkundungsreise. Aufgeregte Funksprüche des Polizisten. *Chinesen! Gestern waren auch schon zwei im Zug!?* Geht das mit rechten Dingen zu? Scharfe Kontrollen. Der Grenzwächter mit dem Paß ab. Schließlich doch Bewegung. Nächster Halt Sežana. Grenzkontrollen. Dokumente. Einfuhrbestimmungen. Das dauert. Halb elf, und wir sind noch immer ein paar Kilometer von Triest entfernt. Die Internationalität des Zuges ist auf eine Handvoll fremder Reisepässe zu-

Karawanken: Umgestürzter jugoslawischer Grenzstein (siehe S. 14).

Kärnten

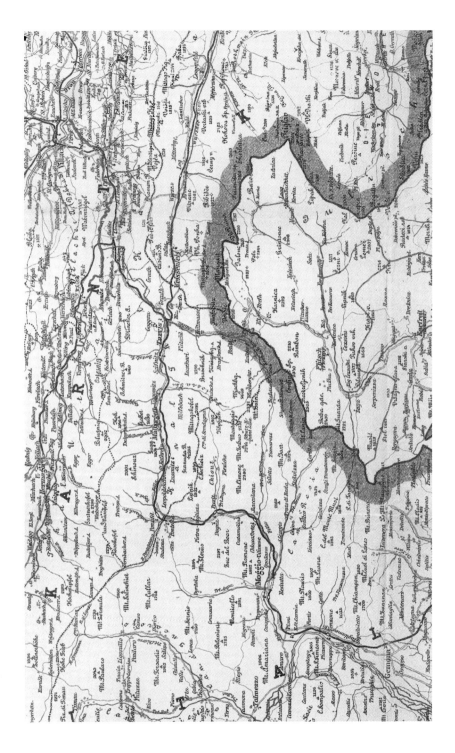

sammengeschmolzen. Schließlich doch noch Weiterfahrt. Ljubljana, knapp eine halbe Stunde Aufenthalt. Da holt uns die Internationalität wieder ein, in Form unausweichlicher *Hamburgers*, graue geruchlose Fleischbällchen, die uns wehmütig an die Zeit der Cevapčiči zurückdenken lassen, in aufgeblasenem Brotersatz mit rosagelbem Schleim dazwischen.

Weiter im Regionalzug nach Jesenice. Das Land grün, blühend, saftig hügelig, immer aufgeräumter, je weiter wir nach Norden gezogen werden. Jesenice, einst Aßling, ein Ort, an dem man was beweisen wollte: Hochhäuser, breite Straßen, mitten im lieblichen Savetal. Rasch Proviant eingekauft. Die Karawanken rufen schon. Specarija Bled, Market 27. Auf der Rechnung scheint für 12 Posten die Chiffre #1 auf.
1 muß eine magische Zahl sein in Slowenien, auch alle größeren Wanderwege sind mit der Zahl 1 markiert.

Wir sind drauf eingestellt und schreiten einmal kräftig aus, auf einer sehr befahrenen Straße, die Motorisierung Sloweniens hat durchaus westliche Ausmaße erreicht, Richtung Plavški Rovt. Die Gegend wird immer lieblicher. Wir folgen dem Weg Nummer 1 und lassen Planina mit Schilift und Bars rechts liegen. Das Dörfchen Sv. Križ sieht freundlich aus, ein paar Maurer richten gerade die Kirche her, menschliche Dimensionen heimeln uns an. Bald kommen wir unserem ersten Ziel entgegen, der Hütte am Kahlkogel, *koča na golica*. Wir bezwingen einen bewaldeten Hang, nicht ohne uns vorher mit den Feinheiten der *specarija* gestärkt zu haben, ein Geröllfeld, und dann, nach etwa vier Stunden Wanderung, die Golicahütte. Bange Ahnungen. Wird Platz sein? Und überhaupt, mit unseren paar Brocken Slowenisch, irgendwie fremdelt man doch immer. Die Hüttenwirtin: – ein Blick genügt, wir sind gerettet, sie ist freundlich, intelligent, eine große Seele. Bier gibt's genug. Ein glücklicher Moment.

Eine slowenische Familie mit zwei Kindern, ein deutsches Bergsteigerpaar, und einer, der sich gleich selbst als Hüttenwirt vom Hochkönig in Salzburg entpuppt, als Gäste. Im Rahmen der Osthilfe wird Österreich die Ökologisierung slowenischer Hütten finanzieren, erklärt uns der Hüttenwirt aus Salzburg. Kolonialisierung, aber von der freundlichen Art, es geht um Mehrkammernklos, Sickergruben und Trinkwasserfilter.

Der Blick auf die Bergwelt ist atemberaubend, besonders auf das Triglavmassiv. Als letzte trifft eine Familie aus Celje/Cilli ein, der Vater kurz und kräftig, der Sohn Marko, 12, ebenso, und Mojca, 8, lebendig wie Ziribixi, der Straßenfloh, lacht über das verschwitzte Leiberl ihres Vaters. Es wird langsam nachtkalt, wir gehen in die Hütte. Alle setzen sich an einen Tisch. Ein lustiger Abend, ohne wirkliche Verständigungsschwierigkeiten. Die Wirtin und ihr Freund bringen Verhackerts, Speck und frisch gebackenes Brot.

Anderntags Aufbruch um sieben Uhr. Ein kräftiges Frühstück mit Heidensterz und Milch. Die Wirtin zeigt uns noch stolz alle ihre Berggipfel. Die Golica, eine sanfte grüne Kuppe, ist im Frühjahr mit Narzissen übersät. Zu Zeiten Kugys, erklärt sie, hat der Berg von unten wie schneebedeckt ausgesehen, damals war das Gras noch gemäht worden, und die Narzissen wuchsen.

Vor uns sind schon Mojca, Marko und Vater losmarschiert.

Golica, Kahlkogel, 1.834 m. Erster Blick nach Kärnten. Stark besiedelt. Die aufgestaute Drau. Jeder Meter genutzt. Herüben ursprüngliche Landschaft und das klotzige Jesenice mit einer weit klaffenden Müllgrube am Hang dahinter. Aber doch alles *eine* Landschaft – kommen wir da der Magie der Zahl 1 auf die Spur? – die gleichen Gräser, Wälder, Kühe, Schmetterlinge, Menschen. Mojca und Marko turnen auf einem der Grenzsteine herum. Sie hüpft unbekümmert hin und her. Man wird ihr erst erklären müssen, was diese Steine zu bedeuten haben. Vielleicht wird sie schon darüber lachen können. Einen umgestürzten jugoslawischen Grenzstein mit rotem Stern und Kappel, ziemlich protzig, finden wir. Gegenseitig erklären wir uns die Gipfel. Vom Großglockner bis zum Triglav.

Mojca, – ihr Bruder hat sich mit dem Schattendasein neben ihr schon lang abgefunden –, posiert noch einmal auf dem Stein. Wir verabschieden uns.

Weiter Richtung Rosenkogel, Frauenkogel, Bärenkogel, Mittagskogel, zunächst die Golica hinab. Wir wandern los. Da geschieht das Unerwartete: Marko und Mojca rufen uns nach und kommen den Grasmugel heruntergelaufen. Wir bleiben vor Spannung wie angewachsen stehen. Mojca, wieder mit dem viel zu langen Wanderstock ihres Vaters ausgerüstet, gibt jedem von uns etwas in die Hand. Wir lächeln und schauen den beiden nach, wie sie schon wieder über die Kuppe hopsen, winken, verschwinden. Wir stehen noch immer an derselben Stelle am Karawankenkamm: *Staatsgrenze, EU-Außengrenze, Schengen, verstärkt zu überwachen, Tiefflüge, Hubschrauber. Grenzkontrollen. Pässe vorweisen. Etwas zu verzollen? Unsere Wanderkleidung könnte ja raffinierte Tarnung sein ...*

Wir öffnen die Hand: „Nimm **2**"! Das mußte sie uns unbedingt mitgeben. Wir lächeln erfreut, lutschen die süße Gabe und wandern weiter.

Rechts unten der Bahnhof Rosenbach, monströs die Autobahngrenzstelle. Links Dovje und das enge Vratatal zwischen Razor und Triglav. Wir treffen nirgendwo auf Wanderer, bis zum Mittagskogel. Dort geht's hinüber auf die Kärntner Seite. *Laut Bergsteigerordnung genehmigter Übergang*, lesen wir auf einem Schild. Wie beruhigend!

Kärnten. *Urlaub bei Freunden.* Hier ist alles touristisch erschlossen. Treppen statt Steige. Bergsteigerprofis, Bergläufer, Bergyuppies und Halbschuhtouristen. Ein heißes Geröllfeld mühsam hinunter zur Bertahütte. Hier erfahren wir, daß wir mit unseren Tolarn und Liren nichts bekommen. Wir kratzen unsere letzten Schilling zusammen, trinken ein Villacher Bier und schleppen uns das Tal hinaus, mit letzter Kraft am vom Alpenverein markierten Bergsteigerparkplatz vorbei, bis hinaus zur Faakerseegegend. Schlagermusik von einem Gastgarten sagt uns, daß wir zivilisiertes, ja internationales Flair zu erwarten haben. Zwei junge Leute, die wir brüsk aus der Bewunderung der vor ihnen aufgestellten Harley-Davidson reißen, weisen uns dann doch den Weg nach Pogöriach, wo wir zum Glück einen Wirt, Herrn Josef Piovesan, den ehemaligen Bahnhofsvorstand von Faak, kennen und Trost, eine Dusche und ausreichend Most finden.

Oben drüber – unten durch: Die Karawanken

„[…] das Leben zielt historisch schon früh darauf ab, die Hindernisse, die die Natur dem Menschen entgegenstellt, zu überwinden, sodaß sich Gemeinschaften in ihrer wirtschaftlichen Existenz und in ihrer kulturellen Entfaltung selten allein an dieser Seite eines Flusses oder nur im jenseitigen Schatten eines Berges ansiedeln, sondern, entgegen dem Gesetz der Trägheit, den Fluß überschreiten, das Gebirge überqueren, durchstechen, umrunden."[1]

Auch im Fall der Karawanken, heute Grenzgebirge zwischen den Republiken Österreich und Slowenien, die in ihrer Schroffheit und Unbeweglichkeit den Kärntnern wie eine abweisende hohe Mauer anmuten müssen, die ihr Kärntnerland vom südlichen Nachbarn scheidet, findet sich der Satz von Karl-Markus Gauß bestätigt: Sowohl südlich als auch nördlich des Karawan-

---

1 Karl-Markus Gauß, Das Europäische Alphabet. Wien 1997, S. 58/59.

kenkammes ist traditionellerweise die slowenische Sprache daheim, wenn auch in unterschiedlichen dialektalen Ausformungen. Die über die Karawanken gelegte Grenze war zu jeder Zeit eine politische. Bereits im Frankenreich Karls der Großen wurde der südliche Teil der Mark Friaul, der nördliche Teil der Ostmark zugewiesen. Und seit im Hochmittelalter Kärnten in seine heutigen Umrisse hineinwuchs, hat sich auch die Karawankengrenze gegenüber Krain/SHS/Jugoslawien/Slowenien bis auf eine kurzzeitige Ausnahme im 19. Jahrhundert und eine Grenzkorrektur nach dem Ersten Weltkrieg nicht mehr verändert. So kam Seeland (Jezersko), das bereits südlich der Karawanken liegt, 1919 ohne Volksabstimmung an den SHS-Staat. Hier glaubte der südslawische Staat, in jedem Fall die nationale Karte ausspielen zu können, da sich die Bewohner von Seeland seit jeher als Krainer (Kranjci) und nicht als Kärntner bezeichneten, auch die Sprache sich von der slowenischen Mundart des Jauntales stark unterschied. Heute, nach 80 Jahren Zugehörigkeit zu Jugoslawien und Slowenien, erinnern sich die Seeländer wieder daran, daß sie ureigentlich Kärntner seien.

Oben, auf dem Kamm, verläuft heute die Grenze, mit dem Mittagskogel/Kepa, Stol/Hochstuhl und Košuta/Koschuta als höchsten Erhebungen. Auf der steil nach Norden abfallenden Kammlinie mit Blick auf ein stark be(zer)siedeltes Drautal stehen im Abstand von 50 bis 100 m die 1926 von einer bilateralen Kommission aufgestellten Grenzsteine. In die nach Österreich weisende Seite des Steines ist ein „Oe" graviert, während die ursprüngliche Bezeichnung der gegenüberliegenden Fläche nicht mehr auszunehmen ist. Sie wurde seit 1991 sorgfältig übergipst. Die neue Fläche, versehen mit den Hoheitszeichen „R.S.", verleiht den Grenzsteinen bisweilen ein leicht bauchiges Aussehen. Auf manchen Anhöhen wie der Golica/Kahlkogel hat das kommunistische Jugoslawien mit eigenen, bollwerkartig gefertigten Grenzsteinen früher seinen nördlichen Grenzsaum markiert. Zu umständlich, um sie von hier oben abzutransportieren, wurden sie nach 1991 als Denkmal einer nunmehr ungeliebten Epoche umgestürzt.

Drei traditionelle Verkehrswege verbinden die Nachbarn. Die Übergänge auf 1.000 m bis 1.200 m Seehöhe sind älteren Mitgliedern des motorisierten Verkehrs noch lebhaft in Erinnerung: der Wurzenpaß mit 19%, der Loiblpaß mit 24% und der Seebergsattel mit 12% Steigung. Diese drei Übergänge bildeten über Jahrhunderte die Verbindung zwischen hüben und drüben. Aufgrund der Beschwerlichkeit und der ungünstigen verkehrsgeographischen Lage erlangten die Pässe selten mehr als regionale Bedeutung. Lange Zeit

Eröffnung des Karawankentunnels am 30. 9. 1906.

galt der Loibl als die beste Verbindung zwischen Krain und Kärnten, im Jahr 1575 wurde hier nach sechs Jahren Bauzeit eine Straße eröffnet, technisch bemerkenswert durch einen 150 Schritt langen Tunnel auf der Paßhöhe, der 20.000 Gulden kostete, dafür aber nunmehr von sechsspännigen Wagen befahren werden konnte. 1718 wurde mit den Türken der Friede von Passarowitz geschlossen, ein Jahr darauf Triest zum Freihafen erklärt. Mit der damit verbundenen Hoffnung auf einen verstärkten Handel kam es auch in den österreichischen Erblanden zum (Aus)bau sogenannter Commercialstraßen. 1726 wurde der Ausbau der Strecken Laibach-Villach über den Wurzen und Laibach-Klagenfurt über den Loibl beschlossen, wobei der seinerzeitige Tunnel auf der Loibl-Paßhöhe durch einen Einschnitt ersetzt wurde.

Die vorletzte größere Aktion zur Verbindung von Nord und Süd wurde zu Beginn des 20. Jahrhunderts begonnen und bestand im Bau des Karawanken-Eisenbahntunnels. Die Arbeiten für den 7.976 m langen zweigleisig ausgebauten Basistunnel an der engsten Stelle der Karawanken begannen am 21. Juni 1901 und dauerten bis zur Fertigstellung über fünf Jahre. Während des vollen Baubetriebes waren hier bis zu 4.500 Arbeiter beschäftigt. In den Vortrieben waren jeweils drei Mineur- und Schutterpartien im Achtstunden-Rhythmus im Einsatz, die einander um 6, um 14 und um 22 Uhr ablösten. Die unter Tag beschäftigten Vollausbruch-Partien arbeiteten in zwei Schichten zu je acht Stunden, im Freien galt der Zwölfstundentag. Am 30. September 1906 wurde der

Karawankentunnel zwischen Rosenbach und Jesenice von Eisenbahnminister Derschatta dem Verkehr übergeben. Der Bau kostete fast 37 Millionen Kronen, 909 Verunglückte und 30 tödliche Unfälle. Zwölf Jahre nach der Eröffnung des Karawankentunnels als zweite wichtige Schienenverbindung zum Adriator Österreichs verlor Triest seine Stellung als wichtigster Hafen eines Großstaates, der Großstaat selbst verlor 87% seiner Fläche.

Steht man auf der 1.776 m hohen Rožica (zu deutsch Rosenkogel; den Grund für die bewußte Verwendung der slowenischen Benennung siehe weiter unten) hochab grenztechnischer Personenvisitationen, und blickt in Richtung Norden talwärts, fällt sofort die mächtig in die Landschaft geschlagene Schneise der Autobahngrenzstelle Rosenbach ins Auge. Der Bau der Autobahn, die Initiative ging ursprünglich von Jugoslawien aus, war der bisher letzte Streich für den vermehrten und erleichterten Durchfluß von einer Bergseite auf die andere. In der Bauintention und Eröffnung spiegelt sich die gesamte Tragödie Jugoslawiens wider. Gedacht als nördlicher Ausgangspunkt der 1.200 km langen „Straße der Einheit und Brüderlichkeit" quer durch Jugoslawien bis zur griechischen Grenze, erlebte der Anfang Juni 1991 eröffnete Karawankentunnel den Gesamtstaat nur mehr für drei kurze Wochen. Am 25. Juni 1991 erklärte sich Slowenien für unabhängig, zwei Tage später rollte die jugoslawische Militärmaschine gegen die von der slowenischen Territorialverteidigung aufgebauten Barrikaden. Der Text der noch vor der Unabhängigkeitserklärung erschienenen Festbroschüre „Der Karawanken-Straßentunnel und die Rampenstrecken" ist noch ganz auf die Föderative Sozialistische Republik Jugoslawien und seine Repräsentanten ausgerichtet. *„Mit dem Karawanken-Straßentunnel und seinen Rampen"*, heißt es da, *„hat das europäische Autobahnnetz neben der Brenner-Autobahn eine zweite wichtige Nord-Süd-Verbindung, die [...] der Wirtschaft und dem Tourismus das Pannonische Becken, den Balkan und den Nahen Osten erschließt".*[2] Einen Monat später sind die Abfertigungsgebäude am Südportal zerstört oder völlig verwüstet. Wohl kaum eine Festbroschüre aus jüngerer Zeit hat sich so schnell überlebt wie diese.

Die inhaltliche Aktualität anderer Druckwerke dagegen hält länger. Dieser Umstand kann auch dann zutreffen, wenn ein inhaltlich identisches Druckwerk in zwei Versionen kursiert, je eines für die „Karawankioten" nördlich und südlich des Nachbarschaft stiftenden Gebirges gleichen Namens. Gemeint sind die

---

2 Der Karawankentunnel und die Rampenstrecken. Hrsg. von der Tauernautobahn AG – Salzburg und Republiska uprava za ceste – Ljubljana. Innsbruck o.J. [1991], S. 26.

durchaus nicht neuen Versuche, mittels verfälschter topographischer Bezeichnungen gewisse Landstriche zumindest mit dem Finger auf der Landkarte für das eigene Volkstum zu okkupieren. Es ist hinlänglich bekannt, daß speziell im kärntnerischen Anteil des Karawankenlandes ein Großteil der Bevölkerung auf die Veröffentlichung nicht erwünschter topographischer Bezeichnungen sehr sensibel reagiert und diese, soweit möglich, wieder entfernt. Das hat Geschichte. Für die Karawanken findet man schon ab dem letzten Drittel des 19. Jahrhunderts in österreichischen Kartenwerken und Führern nur mehr künstlich eingeführte deutsche Namen, wobei sich an dieser Arbeit zur Germanisierung des Grenzraumes vor allem der Reiseführer-Autor Ludwig Jahne und der spätere Kärntner Haus- und Hofhistoriker Martin Wutte besonders hervortaten. Mit Hilfe der Druckerei Carinthia und des Kartenverlages Artaria (später Freytag & Berndt) wurde alles aufgeboten, um eine Entslowenisierung per Landkarte vorzunehmen, *und die slowenischen Bergnamen, Flurnamen und vereinzelt auch Gewässernamen künstlich einzudeutschen, wobei ganz ähnlich vorgegangen wurde wie dies Ettore Tolomei mit den angestammten deutschsüdtiroler Namen in radikalster Form verwirklichte [...]³*, schreibt dazu der in bezug auf diese Problematik sicher unverdächtige Volksgruppenexperte Theodor Veiter. Daß hier bewußt gegen die slowenische Volksgruppe und nicht bloß gegen die Namen vorgegangen wurde, zeigt sich auch daran, daß im rein deutschsprachigen Teil Kärntens, wo es ebenfalls von slowenischen Berg-, Gewässer- und Flurnamen nur so wimmelt, kein bewußter Eindeutschungsversuch bekannt ist.

Im Bereich der Karawanken wollte man Vertatscha (oder Rtača) in Zinnewand umtaufen, Kosiak in Gaisberg, Košuta/Koschuta in Hirschwand. Der Name Dobrač/Dobratsch sollte der Villacher Alpe weichen, eine Bezeichnung, der man auch in der Gegenwart noch begegnet. Erfolg hatten die deutschnationalen Vertreter des einen Kärnten mit der Eindeutschung des (Veliki) Stol oder Stou, der der Allgemeinheit heute nur mehr unter Hochstuhl bekannt ist. Auch die vielen Kogel-Namen entlang des Kammes (Frauenkogel, Rosenkogel, Kahlkogel) sind das Produkt der topographischen Germanisierungskampagne; ursprünglich slowenisch heißen die Berge Baba, Rožica und Golica. Einmal ins Kartenwerk aufgenommen, war den eingedeutschten Bergnamen eine lange Lebensdauer vergönnt. Einzig die österreichische Spezialkarte des k.k. Militär-

---

3   Theodor Veiter, Die Problematik der deutschen und slowenischen Orts-, Berg- und Flurnamen in den Karawanken und Steiner Alpen. In: Österreichische Osthefte 26, 2/1984, S. 454.

geographischen Instituts hielt an den slowenischen Bezeichnungen fest. Auch nach 1945 dauerte es noch Jahrzehnte, bis das reine Germanentum sehr zögerlich ersten Ansätzen einer deutsch-slowenischen Doppelbezeichnung Platz machte. In vielen Fällen hatten sich die nachfolgenden Generationen aber an die Ende des 19. Jahrhunderts eingeführten Namen so weit gewöhnt, daß die ursprüngliche Bezeichnungen einen fremden fernen Klang erhielten.

Umgekehrt ist es, wie könnte es auch anders sein, kaum besser. Ein unbedarfter Blick auf slowenische Wanderkarten der Gegenwart genügt, um ganz Kärnten als ein von Slowenen bewohntes Gebiet zu sehen. Die Vereinnahmung von Sprache und Namen des jeweiligen Nachbarn hat den massiven Wall der Karawanken seit über 100 Jahren ohne große Anstrengung überwunden.

Kärnten beim Untergang des Abendlandes

Mit dem Großen Krieg wird alles anders. Niemand hat es klarer und trauriger gesagt als Joseph Roth: *Meine alte Heimat, die Monarchie allein war ein großes Haus mit vielen Türen und vielen Zimmern, für viele Arten von Menschen. Man hat das Haus verteilt, gespalten, zertrümmert. Ich habe dort nichts mehr zu suchen ...*[4]

Das Schlachten beginnt 1914 mit dem Krieg gegen Serbien. Am 23. Mai 1915 erklärt Italien dem ehemaligen Bundesgenossen den Krieg. Daß der österreichische Außenminister Graf István Burian von Rajecz seinem italienischen Kollegen Sidney Sonnino alle rein italienischsprachigen Gebiete zugesagt hat, hatte nicht ausgereicht, um die Neutralität seines Staates zu erkaufen. Seit dem Vertrag von London vom 26. April 1915 hat Sonnino schon viel weitergehende Zugeständnisse. Zunächst sind es Kärntner Heimwehren und Tiroler Schützen, die dem neuen Feind trotzen. Den italienischen Truppen gelingt trotz allem kein wesentlicher Erfolg gegen die Kaiserlichen. Doch im fünften Kriegsjahr zerfällt das kaiserliche Heer.

Der Waffenstillstand von der Villa Giusti bei Padua am 3. November 1918, der aufgrund eines Mißverständnisses seitens der Italiener für 4. November zu gelten scheint, beendet das große Schlachten[5].

---

4 Joseph Roth, Die Büste des Kaisers. Werke. Bd. 3. Köln 1975.
5 Dazu Manfried Rauchensteiner, Der Tod des Doppeladlers. Graz 1995. Einem hartnäckigen Gerücht zufolge sollte die österreichische Sozialdemokratie an diesem Mißverständnis beteiligt gewesen sein. Immerhin wäre so eine ungeschlagene, im wesentlichen kaisertreue

Österreichische Kriegsberichterstatter werden mit einem requirierten Lkw der Triestiner Brauerei Dreher zur kärntnerisch-italienischen Grenze gebracht.

Das alte Reich liegt nun als Riesenleiche da und es geht nun ans Zerteilen. Ein Problem, das, wie sich zeigen soll, in dieser Form gar nicht lösbar ist. Denn eindeutige nationale Grenzen hat es nie gegeben. Nach der Auflösung der bunten, vielfältigen Einheit Mitteleuropa mit seiner gewachsenen Vielheit an Sprachen, Völkern und Landschaften geht es ans Abstecken neuer Grenzen. Jeder will sein eigenes Zimmer, jede Nation ihren eigenen Staat. Nach dem Zerfall des Vielvölkerstaates kriecht über ganz Mitteleuropa dumpfer Kleinstaatmief. Der „Blick auf das Ganze", den der große altösterreichische Philosoph Bernard Bolzano immer bewahrt und beschwört, verliert sich in niedrigem Geraufe um Pfründe. Auch für Kärnten bedeutet das Ende der Monarchie zunächst den Verlust jeglicher Ordnungsmacht, es kommt zu Plünderungen und Krawallen. Seit dem 2. November ziehen Truppen in Massen von Italien nach Kärnten.[6] Das Land ist dichtes Aufmarschgebiet heimziehender Truppen, nach Ungarn, Kroatien, Deutschland, Böhmen. Die Bahn befördert allein am 6. November 70.000 Mann durch Kärnten.

Die Österreicher im alten Sinn sind damit vollkommen heimatlos geworden. Der Lemberger Dichter Joseph Roth hat über dieses Ende nie Zweifel gelassen.

    Armee unschädlich zu machen gewesen. Dieses Gerücht ist zurückzuweisen, da die österreichischen Sozialdemokraten auf jede Mitwirkung an den Friedensverhandlungen verzichtet haben. Nach einem freundlichen Hinweis von Manfried Rauchensteiner.
6   Im folgenden Martin Wutte, Kärntens Freiheitskampf 1918–1920. Klagenfurt 1985.

Mit derselben Eindeutigkeit weist auch der unbesiegte Verteidiger Triests und Oberbefehlshaber der italienischen Front, Feldmarschall Svetozar Boroević, alle Angebote, für den neuen Nationalstaat der Serben, Kroaten und Slowenen zu kämpfen, von sich.

Verteilungskämpfe

Sogleich beginnen die Gebietskämpfe. Grenzen öffnen sich wie menschenverschlingende Schlünde. In den Orten Gutenstein, Mieß und Prävali, dem Gebiet westlich des steirischen Unterdrauburg, entlang des Mieß und der Eisenbahnlinie Franzensfeste – Marburg, kommt es zu Plünderungen. Am 14. November rücken 300 Jugoslawen in Mieß ein. Sie entwaffnen die dortige Bürgerwehr. Die Kärntner schließen sich zu Wehren zusammen. Wien ist weit und in eigene Probleme verstrickt; von dort ist keine Hilfe zu erwarten. Die slowenische Nationalregierung in Laibach erteilt dem ehemaligen österreichischen Hauptmann des Generalstabes Alfred Lavrič den Auftrag, das slowenische Kärnten militärisch zu organisieren und dem jugoslawischen Staat einzugliedern. Damit beginnen die bewaffneten Auseinandersetzungen. Aufmärsche auch an der südwestlichen Seite Kärntens: Laut Waffenstillstandsabkommen dürfen sich Truppen der siegreichen Alliierten in Österreich-Ungarn frei bewegen und alle strategischen Punkte nach Gutdünken besetzen. Aufgrund dieser Bestimmung marschieren italienische Truppen über die Grenze von Pontafel, besetzen am 16. November Tarvis und am 21. Thörl. Bis zur Friedenskonferenz will man überall vollzogene Tatsachen schaffen. Rundum sollen „unerlöste Gebiete" in „heilige Territorien" einverleibt werden. So ist also schon Anfang Dezember 1918 ganz Südkärnten besetzt: Das Kanaltal von den Italienern, das Gebiet südlich von Arnoldstein mit Völkermarkt bis Unterdrauburg von den Jugoslawen. Aber hier regt sich Widerstand. Das vorwiegend slowenische Militär beseitigt die deutschsprachigen Aufschriften an den Häusern und wird der selbst erteilten Befreierrolle nicht sonderlich gerecht. Der Kärntner Widerstand, zunächst aus Gründen der Staatsraison zögernd zurückgehalten, regt sich gegen die Besetzer. Die Kärntner Landesregierung ersucht um Hilfe in Wien und direkt beim Entente-Unterbefehlshaber. Sie verlangt die Besetzung der Städte Klagenfurt, Villach und Völkermarkt zum Schutz gegen die Jugoslawen, ohne Erfolg. Rasch gebildete Volkswehren und Alarmkompanien treten zusammen, greifen die Besetzer aus Slowenien und Serbien erfolgreich an. Am 14. Jänner wird Waffenstillstand geschlossen, der bis 29. April 1919 gilt.

Die Sieger legen nun die neuen Grenzen fest. Nicht nur die Grenzstreitigkeiten zwischen dem neu entstehenden Staat der Serben, Kroaten und Slowenen und Deutsch-Österreich, sondern auch die Ansprüche Italiens treten bei den ersten Verhandlungen in Paris Saint Germain in Konflikt. Das Interesse der italienischen Technokraten liegt darin, den strategisch bedeutsamen Verkehrsknoten Tarvis zu kontrollieren. Dazu das Kanaltal mit der wichtigen Verbindung von Oberitalien über Villach nach Salzburg und Wien. Die Verkehrswege von Italien in den Norden sollen nach Ansicht italienischer Strategen nicht durch neue Zollschranken behindert werden. Das gilt auch für das sogenannte Dreieck von Aßling südlich der Karawanken, mit der Karawanken- und der Wocheinerbahn für den Verkehr zwischen Triest und seinem Hinterland. Dieses vorwiegend slowenisch bevölkerte Gebiet ist bald schon nach dem Waffenstillstand von Laibach aus besetzt worden. Baron Sonnino will es den Österreichern zugeschlagen wissen. Tatsache ist, daß die Italiener bei den Verhandlungen als Sieger auftreten können und in der stärkeren Position sind als die Jugoslawen. Slowenen und Kroaten kommen aus der zerschlagenen Monarchie und vereinigen sich mit den Serben zum SHS-Staat. In der schwächsten Lage befindet sich der deutschsprachige Rest der polyglotten Monarchie, Deutsch-Österreich. Dieser neue Kleinstaat findet nun Unterstützung ausgerechnet bei den Italienern, die durch den geheimen Vertrag von London mit Südtirol, Görz, Triest und Istrien längst reich beschenkt sind. Für das „erlöste" Triest, das mit einem Schlag seine Bedeutung als Hafen Mitteleuropas verliert, versuchen die italienischen Technokraten ein Minimum an wirtschaftlichem Anschluß an sein natürliches Hinterland, das sie ihm durch die Italianisierung verbaut haben, aufzutun. Für Deutsch-Österreich, das sie für politisch berechenbarer und mit seinem Durchgang zum Norden für wirtschaftlich bedeutsamer halten als das Reich der Südslawen, versuchen sie das Dreieck von Aßling, den Südausgang des Rosenbacher Tunnels sowie die Bahnlinie Tarvis – St. Veit zu retten. Die Slowenen verlieren nicht nur die gemischtsprachigen Gebiete Istrien, das begehrte Triest sowie Görz an die italienischen „Sieger", sie haben nun auch im Kampf um die gemischtsprachigen Gebiete Kärntens die Italiener zum Gegner.

Die Grenzen Mitteleuropas sind in den Köpfen. Sie materiell dingfest zu machen ist ganz und gar unmöglich, und doch wird dieses Ding der Unmöglichkeit jetzt überall mit Geifer angestrebt.

Slawische Bedrängnis und die Geburt des Kärntner Traumas

Am 29. April 1919 greifen die Jugoslawen Kärnten erneut an und werden durch freiwillige Heimwehrverbände und Volkssturm zurückgeworfen. Die Siegermächte beschließen am 30. Mai eine Volksabstimmung über das Klagenfurter Becken.

Intellektuelle Sloweniens haben 1848 schon die Forderung nach einem Königreich Slowenien erhoben. Als im Reichstag des Vielvölkerstaates eine Umwandlung der Monarchie in eine Föderation von Nationalstaaten erhoben wird, stellt sich die Mehrheit der deutschsprachigen und windischen Kärntner dagegen, denn das würde eine Teilung Kärntens bedeuten. Die Taborbewegung in der zweiten Hälfte des 19. Jahrhunderts sucht das slowenische Nationalbewußtsein zu steigern und fordert ein vereintes Slowenien. Auf der Suche nach Identifikationssymbolen finden die Nationalisten den sogenannten Fürstenstein und den Kärntner Herzogstuhl. Der Fürstenstein von Karnburg im Zollfeld ist ein verwittertes Säulenkapitel aus der Zeit um 800. Karnburg ist Ort der ehemals karolingischen Pfalz. An diesem Stein muß ein merkwürdiges Ritual der Herzogseinsetzung stattgefunden haben. Tragende Schicht des alten Staates waren die „Edlinger", wehrhafte privilegierte Bauern. Der Wissenschaftlerstreit um die Zuordnung der Symbole verläuft bis in unsere Zeit bemerkenswert parteiisch, was durch die vielfach ungesicherte Quellenlage möglich wird. Obwohl der Herzog sein Land längst schon vom König verliehen erhält, wird der Brauch der Herzogseinsetzung mit kirchlicher Zeremonie in Maria Saal, Schwertritus und Verteilung der Lehen auf dem Herzogstuhl bis 1414 durchgeführt. 1914, 500 Jahre später wollen slowenische Nationalisten, denen es in den Tatsachen zu eng wird, mit einem großen Aufmarsch ihren Anspruch auf Kärnten unterstreichen. Der Aufmarsch wird, um die öffentliche Sicherheit im Vielvölkerstaat nicht zu gefährden, verhindert. Nun sollen die Grenzen den ein halbes Jahrhundert genährten Vorstellungen nachkommend vorgeschoben werden. Die Linie Spittal – St. Veit soll nach Wunsch der jugoslawischen Technokraten die Nordgrenze ihres Staates bilden.

Vom 28. Mai bis 6. Juni 1919 stößt ein Generalangriff der jugoslawischen Truppen auf Kärnten vor. Der ist generalstabsmäßig geplant und läßt die Heimwehren auf verlorenem Posten stehen. Die Truppen überrennen Südkärnten und besetzen das lang ersehnte Klagenfurt. Die Landesregierung weicht nach Spittal zurück.

Die Italiener sehen jetzt die Bahnlinie Udine – Villach – Wien gefährdet, bringen die Besetzung Klagenfurts im Rat der vier Entente-Mächte zur Sprache und erhalten die Ermächtigung, die Linie Tarvis – Villach – St. Veit zu besetzen. Die Italiener unter Führung des Mailänder Generals Emilio deBono kommen einer möglichen Besetzung Villachs durch die Jugoslawen zuvor. Die Kanaltaler, heißt es in einem italienischen Militärbericht vom Jänner 1919, wünschen sich die Anwesenheit italienischer Truppen zum Schutz gegen jugoslawische Einfälle. Am 31. Juli ziehen die jugoslawischen Besetzer aus Klagenfurt ab. Am 27. September 1920 wird die Brigade Piemonte zurück nach Tricesimo verlegt, wird aber schon im Oktober auf Drängen der Kärntner Politiker, voran des Diplomaten Peter-Pirkham, vor allem als Schutz vor dem gefürchteten jugoslawischen General und ehemaligen k.u.k. Offizier Majster wieder nach Kärnten gerufen, um die öffentliche Ruhe bei der Volksabstimmung zu gewährleisten.

Kärnten wird in zwei Zonen geteilt. Die nördliche Zone B wird provisorisch den deutsch-österreichischen Behörden anvertraut, die südliche Zone A provisorisch den Behörden des SHS-Staates. In beiden soll eine Volksabstimmung stattfinden, in der die Staatszugehörigkeit bestimmt werden soll. Die Zeitspanne bis zur Abstimmung am 10. Oktober 1920 ist beiderseits von fieberhafter Propagandaarbeit erfüllt.

Am 10. März 1920 beschließt die Kärntner Landesversammlung, anstelle der Landes-Agitationsleitung, den „Kärntner Heimatdienst" mit Sitz in Klagenfurt einzurichten. Ihm obliegt die amtliche Behandlung wichtiger Angelegenheiten im Interesse des Landes. Die Kärntner geben im Hinblick auf die Abstimmung das Propagandablatt „Kärntner Landsmannschaft" und das slowenische „Korosko Koroscem" heraus. Seit August 1920 wird die Kärntner Landsmannschaft von dem bekannten Heimatdichter Josef Friedrich Perkonig geleitet. Ab 1. Oktober erscheint sie täglich und enthält auch künstlerische obgleich tendenziöse Graphiken. Kunst und Kultur müssen den Blick über die wirtschaftlich trostlose Lage des darniederliegenden Restösterreich erheben helfen. Die Kärntner Landsmannschaft veranstaltet Ende Mai 1920 eine Kärntner Heimatwoche, um das Selbstbewußtsein der Einheimischen aufzurichten. Ein Kärntner Komponistenabend und Volksliederabend sowie eine Ausstellung Bildender Künstler dienen dem Zweck. Das Kärntnerlied wird immer wieder angestimmt und erschallt stolz und kräftig als Kampf- und Trutzlied. Eine Großkundgebung vor dem Herzogstuhl unterstreicht die Einigkeit deutsch- und slowenischsprechender Kärntner. Das Sonnwendfeuer

1920 wird zur überzeugenden Kundgebung heimattreuer Gesinnung. Die kulturelle Einheit mit dem „deutschen Mutterlande" wird mit Erfolg beschworen. Der Chronist der Zeit, der Kärntner Lehrer und Historiker Martin Wutte, hebt hervor, daß der Gedanke des Anschlusses Deutsch-Österreichs an das große Wirtschaftsgebiet des Deutschen Reiches bei der Motivation der Vertrauensmänner eine große Rolle spielt und *als fester Glaube an ein Ereignis, das kommen muß*, die Menschen aufrichtet. Der Rest Kärntens ist jetzt Teil des durch den Vertrag von Saint Germain zu schaffenden Staatsgebildes, das so gut wie keine Identifikationsmöglichkeiten bietet. Bleibt logisch nur das große Germanien, dem die Sehnsucht entgegenströmt.

Deutschland, du unsere Wiege,
Deutschland, du unser Sarg,
Vater, mit dem ich siege,
Mutter, die mich verbarg…
Oh, wir waren verloren,
und nun werden wir Deutschland sein!

fließt es aus Josef Friedrich Perkonigs Feder.[7] Hier liegt die Ursache von Beklemmung: in diesem Nationalismus. In einem Land, das sich so lange erfolgreich über diesen Niederungen hielt.

Die Kärntner Volksabstimmung bringt ein unerhörtes Ergebnis: In Zone A entscheiden sich 59,04% gegen 40,96% für die Zugehörigkeit zu Deutsch-Österreich. Von den 22.000 für Österreich abgegebenen Stimmen stammen etwa 10.000 von Stimmberechtigten mit slowenischer Umgangssprache. Diese vorwiegend Windischen, eine ältere slowenische mit Deutsch gemischte Mundart sprechenden Kärntner, fühlen sich nach wie vor Österreich zugetan. Sie verbindet mehr mit Klagenfurt als mit Laibach, mit Wien als mit Belgrad. Sie garantieren die Einheit Kärntens über die Sprachgrenzen hinweg. Eine mutige Entscheidung, gegen die rundum nationalistische Stimmung!

Martin Wutte ist in Perkonigs „Heimatbuch" Kärnten bemüht, die kulturelle Überlegenheit des Deutschtums darzustellen. Wie eine ungewollte Spiegelung nimmt sich am Ende seiner Darstellung Kärntens als deutschem Kulturland folgendes Bild aus:[8]

---

7 In: „Bekenntnisbuch österreichischer Schriftsteller". Hg. v. Bund dt. Schriftsteller Österreichs. Wien 1938.
8 Martin Wutte, Kärnten als deutsches Kulturland. In: Perkonig, Kärnten. A.a.O. S. 185 ff.

„Hart an der Sprachgrenze, auf einem Gute bei Viktring, ragen zwei Bäume stolz in die Lüfte, eine Eiche und eine Linde. Mit Vorbedacht wurden sie vor einem halben Jahrhundert gepflanzt, als Sinnbild für die beiden Völker, die sich hier berühren. Die Stämme beider haben sich in der heimatlichen Erde kräftig entwickelt, ihre Äste und Zweige durchdringen und umschlingen einander. So ist einer dem anderen Stütze. Vereint trotzen sie jedem Sturme, getrennt ist jeder nur ein halbes Wesen."

Nun bleiben also sowohl Zone A als auch Zone B bei Kärnten. Seeland, der kleine Flecken Landes hinter dem Seebergsattel, kommt an Jugoslawien. Ebenso das Mießtal und Unterdrauburg. Beides Gebiete mit vorwiegend slowenischer Bevölkerung. Ein anderer Vorgang geschieht von der großen Öffentlichkeit ziemlich unbemerkt: Das Kanaltal, der Gerichtsbezirk Tarvis mit der Gemeinde Weißenfels, die zu Krain gehört hat, fällt, wie 1915 in London schon geheim ausgehandelt, jetzt tatsächlich an Italien!

„Vaterland" bedeutet dem österreichischen Philosophen Bernard Bolzano jenes Land, von dem der einzelne *„die meisten Wohltaten empfängt und dem er die meisten Dienste zu leisten"* imstande ist.[9] Heimat wird nun vom konkret erfahrbaren Umstand zur Technokratenidee. Die germanischen Technokraten kommen, fasziniert von der Macht und Möglichkeit, die Einfalt aus ihren Köpfen auf die Wirklichkeit zu übertragen, auf die Idee, gleichsam die Landkarte zu bereinigen. Die sogenannten „Deutschen", Südtiroler, Gottscheer, Kanaltaler sollen „heim ins Reich" geführt werden.

Der Kärntner „Heimatdienst", mittlerweile straff nationalsozialistisch organisiert, soll diesen Traum verwirklichen. Die Kanaltaler müssen also in ein Vaterland, das sie gar nicht kennen, zurück dorthin, wo sie noch nie waren. In Technokratenhirnen trifft sich das mit der notwendigen Aussiedlung „volks- und staatsfeindlicher" Slowenen. Die Kanaltaler sollen dann auf die enteigneten Güter gesetzt werden. Es gibt Fälle, wo Kanaltaler, denen dies bekannt wird, den Einzug in diese Höfe verweigern. Es regt sich seitens der Bevölkerung entschiedener Widerstand gegen das Aussiedlungsvorhaben. Auch die katholische Kirche, unter dem Gurker Weihbischof und nachmaligen Erzbischof von Salzburg Andreas Rohracher, die Wehrmacht unter Major Freiherr von Kreß, auch Perkonig und Wutte stellen sich bei Gauleiter

---

9   Bolzanos Erbauungsrede in: Edgar Morscher, Otto Neumaier (Hg.), Bolzanos Kampf gegen Nationalismus und Rassismus. Königstein 1996.

Rainer eindeutig gegen das unmenschliche Vorhaben der Slowenenaussiedlung, die schließlich unvollendet wie das „Tausendjährige Reich" zum Erliegen kommt.[10]

Am Ende des blutigen Alptraumes – 11.000 Tote und 8.000 vermißte Soldaten, 1.200 Ziviltote bei Luftangriffen und 1.000 Tote im Widerstand, etwa 120 von Tito-Partisanen Ermordete und 50 in Konzentrationslagern ermordete Juden – kommen verschiedene Befreier nach Kärnten. Kärntner Widerstandskämpfer drängen den Gauleiter Rainer zum Rücktritt und entmachten die Nationalsozialisten. Der Gauleiter tritt am 7. Mai 1945 zurück. Am selben Tag noch kommen die Engländer über den Plöckenpaß ins Land. Rainer selbst sorgt noch dafür, daß die Titopartisanen erst nach den Engländern in Klagenfurt einmarschieren. Die jugoslawischen Technokraten machen den als „Befreiung vom Faschismus" getarnten Versuch, Kärnten dem „siegreichen und starken Groß-Jugoslawien" einzugliedern. Der Fürstenstein ziert Partisanengeld und, wie schon 1919, Medaillen für den Kampf gegen / um Kärnten. Erneut muß auf diplomatischem Weg um den Verbleib Kärntens bei Österreich gekämpft werden.[11]

Ein Trauma wirkt weiter

Nach dem Zweiten Weltkrieg beginnt man langsam wieder, nach Formen menschlichen Zusammenseins zu suchen. Nach und nach wird Sorge getragen, daß die zu Minderheiten gewordenen Menschen ihre eigene Kultur leben können, dazu Artikel 7 des österreichischen Staatsvertrages. Es zeigt sich aber Widerstand deutschsprechender Kärntner dagegen, daß seit 1946 in gemischtsprachigen Landesteilen Volksschüler zum zweisprachigen Unterricht verpflichtet sind.[12] 1959 fällt die Verordnung weg, ist die Abmeldung möglich und wird in Anspruch genommen, sodaß der zweisprachige Unterricht fast nur von Schülern

---

10 Wilhelm Neumann, Martin Wutte und sein Urteil über die nationalsozialistische Slowenenpolitik in Kärnten und Karain aufgrund der Denkschrift vom 19. September 1943. In: Carinthia I 1986. August Walzl, Reaktionen auf die Aussiedlung von Kärntner Slowenen. In: Carinthia I, 1991. Alfred Ogris, Der kirchliche Protest gegen die Aussiedlung von Kärntner Slowenen 1942. In: Carinthia I, 1992. (Ungeklärt ist nach wie vor, ob Perkonigs diesbezüglicher Brief an den Gauleiter tatsächlich abgesandt worden ist.)
11 Alfred Ogris, Der Weg Kärntens zur Demokratisierung. In: Carinthia I 1995.
12 Johann Lessiak, Die Slowenen in der Kärntner Landesgeschichte. In: Carinthia I 1993. bzw. Bd. 11 des Kärntner Landesarchivs.

mit slowenischer Muttersprache besucht wird. Mit anderen Worten, Eltern bestehen auf der Aufrechterhaltung ihrer Grenzen im Kopf, sie nehmen den Kindern die Möglichkeit, eine andere Kultur mitzuerleben. Schließlich vertragen sie es nicht einmal mehr, daß der slowenische Name ihres Ortes an den Ortstafeln aufscheint. Das in einem Land, das seine weitgehende Geschlossenheit gerade der Überwindung des Nationalismus verdankt.

Allerdings suchen wir im Mießtal und in allen anderen zu Slowenien oder Kroatien gefallenen Teilen Altkärntens oder Altösterreichs vergebens nach deutschsprachigen Bezeichnungen. Das wurmt die Kärntner. Inzwischen schreiben wir 1997. Die Kärntner Landesregierung knüpft an den Beitritt Sloweniens in die Europäische Union eine Bedingung: Sie fordert die österreichische Bundesregierung auf, den EU-Beitritt Sloweniens nur dann zu unterstützen, wenn die „alt-österreichische Volksgruppe" in Slowenien offiziell als Minderheit anerkannt wird. Begierig greift die „Neue Kronenzeitung" das Thema auf. In einem ganzseitigen Bericht vermittelt sie den Eindruck einer zahlenmäßig umfangreichen deutschen Sprachgruppe in Slowenien und verweist auf eine laufende Studie des Grazer Historikers Stefan Karner, *aus der – die Spatzen pfeifen es von den Dächern – nach Feldforschungen die Existenz einer deutschsprachigen Volksgruppe hervorgeht.*[13] Das hört sich interessant an. Wir richten daher im November 1997 ein Schreiben an den damaligen Kärntner Landeshauptmann Christof Zernatto, mit der Bitte, uns nähere Informationen zu diesem Thema zukommen zu lassen. Leider hat er bis zur Drucklegung des Buches nicht geantwortet. Dafür erscheint im Dezember 1997 besagte Untersuchung von Stefan Karner, die die *Existenz von 1.813 Angehörigen der deutschsprachigen Volksgruppe plus einer nicht näher quantifizierbaren Größe von einigen hundert Personen, die im Raum von sechs slowenischen Städten leben,* ergab.[14] 1.813 Personen! Sogar die Kronenzeitung scheint ernüchtert und meldet das Ergebnis nur mehr in einem kurzen Einspalter. Wir denken an die Relationen. Umgelegt auf die Bevölkerung Kärntens würde dies die Existenz von 477 Angehörigen der slowenischsprachigen Volksgruppe ergeben.

Hier drängt sich auch gleich die Frage auf, weshalb von der Kärntner Landesregierung nicht mit gleicher Vehemenz die Verwirklichung der Minderheitenbestimmungen für die Alt-Kanaltaler im befreundeten EU-Land Italien eingefordert wird, noch dazu, wo die etwa 1.000 deutschsprachigen Kanaltaler

---

13 Neue Kronenzeitung 17.11.1997.
14 Salzburger Nachrichten 5.12.1997.

nicht übers Land verstreut sind, sondern auf engem Raum zusammenleben. Den Kanaltalern nützt der Artikel 6 der italienischen Verfassung zum Schutz der Minderheiten gar nichts, wenn sie nicht einmal als Minderheit anerkannt werden ... Überhaupt fällt auf, wie sang- und klanglos dieses Kanaltal entfremdet werden konnte. Heute, wo Politiker mit großer Geste Entschuldigungen aussprechen für begangenes Unrecht, käme keiner auf die Idee, an die Kanaltaler zu denken. Und wieviel Kärntner Haß gegen die Slowenen und deren Gebietsansprüche und wie selbstverständlich die vollkommene Entrechtung der Kanaltaler!

Zurück nach Slowenien: Als das Land sich 1991 aus dem jugoslawischen Staatenverband löst, gebraucht es bei dieser Staatswerdung wieder die Symbole Fürstenstein und Herzogstuhl.[15] Der Fürstenstein erscheint auf der neuen Währung Tolar. Es mag ja für einen neuen kleinen Staat nicht allzuviel Identifikationssymbole geben. Diese rein (slowenisch-deutschen) Kärntner Symbole einzusetzen erscheint angesichts der leidvollen Geschichte zumindest ungeschickt, ist aber, so Alfred Ogris, auch aus dem slowenischen Großraumdenken heraus zu erklären.

Die Kärntner Heimatwächter reagieren heftig. *„Hände weg von Kärnten!"* titelt das Organ des Käntner Heimatdienstes (es gibt ihn noch immer!), *„zur Stärkung der Liebe und Treue zur Heimat Kärnten und zum Vaterland Österreich"*[16]. Im selben Blatt von 1991 liest man auch eine Kritik an der Auszeichnung des slowenischen Altkommunisten Janko Messner durch den österreichischen Bundesminister. Weiter unten bemerken wir den Kommentar: *„Je destruktiver jemand zu Österreich steht, sofern er sich natürlich im linken Lager befindet, desto größer ist die Chance, in diesem Land ausgezeichnet zu werden. Der inzwischen verstorbene Thomas Bernhard ist ein prominentes Beispiel dafür."*

Da zeigen sich die Grenzen deutlich, die *Grenzen Kärntens*: Warum soll ein slowenischsprachiger Kommunist *per definitionem* keinen österreichischen Preis verdienen?[17] Und daß es kaum jemand gegeben hat, der Österreich besser gekannt, mehr geliebt – und theatralischer gehaßt – hat als Thomas Bernhard,

---

15 Dazu: Georg Graber, Der Karnburger Fürstenstein im Licht und Dunkel der Geschichte. In: Carinthia I 1957. Alfred Ogris, Fürstenstein und Herzogstuhl. Symbole der Kärntner Landesgeschichte im Widerstreit ethnischer und territorialer Tendenzen in der slowenischen Geschichtsschreibung, Publizistik und Politik. Carinthia I 1993. Da auch: Bogo Grafenauer, Die Kärntner Herzogseinsetzung und die Edlingerfrage.

16 Aus den Statuten des Kärntner Heimatdienstes. – Bzw: Der Kärntner. Mitteilungsblatt des Kärntner Heimatdienstes Nr. 10 (102) Dezember 1991.

17 Nachsatz: Noch bevor dieses Kapitel in Druck geht, finden wir einen Artikel in der Zeitung

warum erkennen das die Heimatwächter nicht mehr? Wie konnte ihnen die Heimat so tief zur *reinen Idee* verkommen? Was bewachen sie? Warum wehren sie sich nicht, wenn sie selbst mißbraucht werden, wenn Politiker alles nur benutzen, um zur Macht zu kommen, wenn das Land ausverkauft wird und mit aller Gewalt zerstört?

In tief empfundener Sorge um sein Heimatland verwies Friedrich Perkonig auf die Gefahren, die seinem wirklich geliebten Land drohen: Das schwätzende fremde Gedränge am sommerlichen Wörthersee, den Tourismus, und fast beschwörend: „*Nein, diesem See, wie auch jedem anderen in Kärnten, mögen die betriebsamen Menschen nichts anzuhaben, an unzähligen Uferstellen spottet er ihrem Bemühen …*" Er beklagt den leichtfertigen zerstörerischen Umgang mit Land und Leben, „*und nur wenigen schneidet die nimmermüde Säge in das Herz*" und fürchtet doch, „*daß am Ende wirklich die entsetzliche, unersättliche Erwerbssucht, der verfluchte Drang zu rein unnötigem und übermäßigem Besitz auch die letzten, ach, so schonungsbedürftigen Reste des Paradieses auf dieser ohnehin nur mehr der Zahl, der Maschine, dem Gelde dienstbaren Erde tilgen können …*" Und er hofft, daß „*an möglichst vielen Stellen in Europa die Herrschaft dieser Seele*" (des Gemeingeistes, des Zusammenhanges von Mensch und Landschaft) „*noch aufgerichtet bleibt*", und die Geschöpfe nicht entwürdigt werden zu stumpfen Maschinen. Er beschwört „*auch in einem neuen Europa muß der Mensch erhalten bleiben*", lange bevor das Geschäftemachen auch in diesem alten Kulturland alle Grenzen übersteigt.[18]

Befremdet betreten wir im Verlauf unserer Forschungen das Kärntner Landesarchiv in Klagenfurt. Da starren uns auf den Treppen vielfach die gemeißelten Buchstaben UNVERGESSEN UNVERGESSEN UNVERGESSEN an. Unvergessen? Wir denken sogleich an das makabre Monument für die Gefallenen der *Terza Armata* in Ronchi bei Monfalcone mit dem tausendfach eingemeißelten PRESENTE! PRESENTE! PRESENTE! Aber das ist doch hier kein Kriegerdenkmal! Seltsam.

„Die Presse" (30/31. August 1997): „Ich bin ein Slowenenschwein" von Janko Messner. Er reagiert damit (klug, launig und ohne Koketterie) auf eine anonyme Telefonbeschimpfung, die ihm sein Eintreten für einen gemischtsprachigen Kindergarten in Ferlach/Borovlje eingebracht hat. Oder: Warum findet es der Gemeinderat von Klagenfurt empörend, wenn der Kärntner Schriftsteller Florjan Lipuš bei einem Symposion über sein Werk Grußworte in seiner Muttersprache Slowenisch spricht? (Dez. 1997) usw. usf.

18 Josef Friedrich Perkonig, Kärnten.: Land und Mensch. In: Ders., Kärnten. Ein Heimatbuch. Leipzig 1925. S. 1 ff.

Beim Eintritt in das Gebäude fällt unser Blick auf einen dunklen gruftartigen Schacht mit einer Batterie elektrischer Flimmerkerzen. Irgendwie beklemmend das alles.

Ähnlich seltsam geht es auch im Inneren dieses Gebäudes zu. Wilhelm Wadl, den wir telephonisch über unser Begehr unterrichtet haben, hat sich sehr interessiert gezeigt an unseren Fragen. Als wir jetzt erscheinen, treffen wir ihn ganz unvorbereitet. Das Kanaltal scheint ihn doch nicht wirklich zu interessieren. Auch die Angestellten hinter der Theke zeigen sich seltsam uninformiert, was die vielen auszufüllenden Formulare betrifft und den Umgang mit Leserwünschen. Unsere Fotobestellungen erreichen uns erst drei Monate später. Wir vermuten, daß es sich um eine Art geschützter Werkstätte handelt; eine Art Kriegerdenkmal mit archivischem Appendix.

Da wenden wir uns brieflich an den Leiter des Archivs, Alfred Ogris. Von ihm erfahren wir, daß es sich bei den seltsamen Erscheinungen um *Kunst* handelt! „Auch mir ist es nicht anders ergangen wie Ihnen," schreibt Dr. Ogris, *„doch ist der Zugang zur modernen Kunst mühsam, mitunter aber auch spannend. Ich selbst ertappe mich bei Archivführungen immer wieder dabei, neue Aspekte des von Cornelius Kolig geschaffenen Kunstwerks zu entdecken."*[19]

Kolig, der Name ist bekannt. Eine Künstlerfamilie. Der Stammvater, der Maler Anton Kolig, 1886 in Mähren geboren, 1911 mit der Kärntnerin Katharina Wiegele verheiratet und in Nötsch ansässig geworden. Auch Anton Kolig, fällt uns auf, hat schon einmal einen Kärntner Landes-Kunstauftrag erhalten.[20] Es sollte seiner Majestät dem Kaiser als Zeichen der Treue der Kärntner im Kriege als Geschenk überreicht werden. Es war als großes Votivbild gedacht, mit lebensgroßen Figuren *in der Art gothischer Altäre als Flügelbild ...*

Cornelius Kolig hat, wie wir durch Alfred Ogris erfahren, das Kunstwerk für die Aktion „Kunst am Bau" geschaffen.[21] Sehr sinnig. Das Projekt Cornelius Kolig wurde mit 1,1 Millionen Schilling gefördert. Es soll das Archivalische des Archivs betonen, das dem Vergessen Entreißen. Seltsam, diese Tradition, bemerkenswert, daß auch die Kunst in diesem Land so leicht den Charakter eines Kriegerdenkmals annimmt. Wir haben den Eindruck, uns in einem zutiefst traumatisierten Land zu befinden ...

---

19 Brief von Dr. Ogris vom 27. Nov. 1997.
20 Dazu Wilhelm Wadl, Der Kriegsmaler Anton Kolig und sein Monumentalgemälde für Kaiser Karl. In: Carinthia 173 (1983) S. 469–480.
21 Das Kärntner Kulturförderungsgesetz vom 1. Jänner 1992 schreibt bei Hochbauvorhaben des Landes, die öffentlichen Zwecken dienen, eine integrierte künstlerische Gestaltung vor.

Kanaltal

Kanaltal: *quantité negligée*

Das Land ist altes slowenisches Siedlungsgebiet und seit einem Jahrtausend auch deutsches Kulturland. Im Jahr 1900 leben 5.682 Deutsche und 2.160 Slowenen in dem Tal, das sind 72,5 % Deutschsprachige und 27,5 % Windische, und keine Italiener! Bis zum Jahr 1910, der letzten kaiserlichen Volkszählung, verschiebt sich die Zahl noch auf 77% deuschsprachige und 20% windische Altösterreicher. Allen politischen Kriterien zum Trotz fordern italienische Technokraten eine „natürliche Grenze". Alle möglichen Kriterien wie die einer „natürlichen" Grenze, das wäre etwa eine Wasserscheide (verläuft bei Saifnitz) oder Gebirgskamm, ethnische, kulturelle Einheit werden bei dieser rein strategischen Grenzziehung mißachtet. Das Land ist nicht besonders reich, abgesehen von Blei- und Zinkabbau in Raibl und den Weißenfelser Gewerken. Es gibt keinen Großgrundbesitz, keine einflußreichen Politiker, nur einfache Bauern. International betrachtet, genauer: nach den international geltenden Maßstäben der Technokraten, eine *quantité negligeable*.

Da sind Menschen, die auf diesem Boden aufgewachsen sind, das wenige Land und die Hänge und Almen mühsam fruchtbar machen und mit allem was sie haben, daran hängen. Sie werden enteignet, entrechtet und sind über Nacht Ausländer. Das Leid des einzelnen – es gibt immer nur dieses – ist keine Größe für das technokratische Denken. Das verleiht diesem die beeindruckende Größe. Die Kanaltaler verlieren bald die ihnen anfangs zugesicherten Rechte. Arme Süditaliener, solche, die vorher herangezogen worden sind, um in den Schlachten den Kopf hinzuhalten, werden nun mit großzügigen Angeboten gestohlenen Grundes in das für sie so unwirtliche Kanaltal gelockt. Eine verhetzte Italianisierungswelle setzt ein. Von den alten Kanaltalern redet nach wie vor keiner, sie werden gar nicht zum politischen Thema, sie bleiben *quantité negligée*.

Der Friedensvertrag von St. Germain legte die neue Grenze südlich von Thörl fest, trotzdem blieben die Italiener im Ort sitzen. Fünf Jahre hielten die Söhne Italiens noch die Ortschaften Ober- und Unterthörl, Pessendellach und Kreuth besetzt. Auf dem Bahnhofsgebäude von Thörl-Maglern wurde die Auf-

Kanaltal

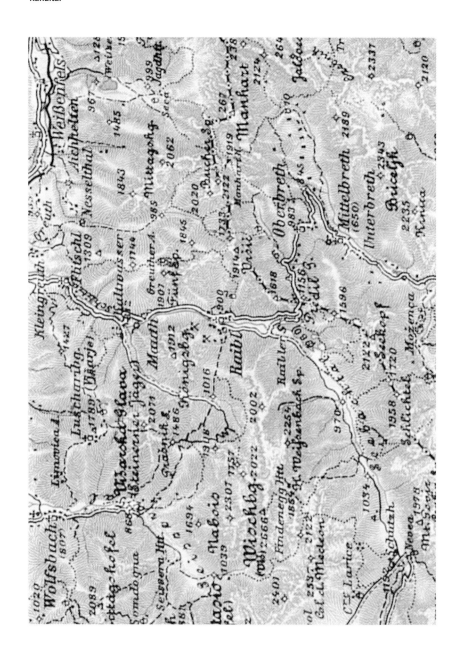

Verkehrswüste im Kanaltal und Ferrotal: v. l. neue Staatsstraße, alte Staatsstraße, aufgelassene Eisenbahntrasse und Autobahn.

schrift „*Porticina*" angebracht, die Bewohner wurden in die Gemeindewählerliste von Tarvis eingetragen, in Thörl wurde eine italienische Schule eingerichtet und die Burschen des Jahrgangs 1904 erhielten ein Stellungsschreiben des italienischen Militärs. Erst nach mehreren Interventionen beim „interalliierten Grenzregelungsausschuß", dem neben einem italienischen und österreichischen Vertreter ein Engländer, ein Franzose und ein Japaner (sicher der erste Japaner in diesem Landstrich) angehörten, wurde Thörl im November 1924 an Österreich zurückgegeben. Die Italiener zogen sich hinter die durch den Friedensvertrag festgelegte Grenze zurück, und die „Reichspost" konnte in ihrer Ausgabe vom 20. November melden, daß *die Räumung des von Italien besetzt gehaltenen Gebietes von Thörl heute durchgeführt (wurde).*[22] Der damalige Bahnknotenpunkt Tarvis verblieb aus strategischen Überlegungen bei Italien, sodaß die heutige Grenze zwischen Thörl (Porticina) in Österreich und Coccau (Goggau) in Italien verläuft.

Die Mißgeburt des Nationalismus, die sich die bürgerliche Bildungsschicht im Jahrhundert davor in die Wiege gelegt hatte, versuchte auch in der Enge des

---

22 Reichspost 20.11.1924.

Oben: Tarvis zur Jahrhundertwende.
Rechts: Ehemaliger österreichischer Grenzstein von 1887. Er steht auf einem Felsen, der einstmals die Grenze zwischen der Republik Venedig und den bambergischen Besitzungen im Kanaltal markierte (siehe S. 106).

Kanaltales „reinen Tisch" zu machen. Der italienische Faschismus stellte klar, was im Reich Mussolinis Programm war. Das Programm hieß Italianisierung. Den Kärntnern deutscher und slowenischer Zunge wurden uniformierte und zivile Staatsbeamte, Lehrer und aus Süditalien herangekarrte Glücksritter und Hoffnungssuchende beigestellt, mit dem Ziel, die ansässige Bevölkerung rein zahlenmäßig zu erdrücken. Deutsch und Slowenisch wurden hinter die Ofenbank und in den Beichtstuhl verbannt. Einer besonderen Identitätskrise waren die Kanaltaler Slowenen, die „Windischen", ausgesetzt, die zunehmend zwischen die Fronten der „großen" benachbarten Sprachen gerieten. Pio Žankar, Pfarrer des von Slowenen bewohnten Saifnitz (Camporosso) in den Jahren 1918 bis 1923, faßte die Situation seiner Gemeinde kurz und bündig in folgende Worte zusammen: *„Ihr seid Slowenen, wollt es aber nicht sein. Ihr wärt gern Deutsche, könnt es aber nicht sein. Ihr wollt keine Italiener sein, müßt es aber sein."*[23]

---

23 Zit. bei Johanna Hrovath, Das Kanaltal: Die historische Entwicklung der deutsch- und slowenischsprachigen Minderheiten – mit besonderer Berücksichtigung der Option von 1939. Phil.Dipl. Wien 1995, S. 90.

Kanaltal

Touristenattraktion um 1900: Schlitzaschlucht mit Wasserfall bei Tarvis (siehe S. 80).

Den Schlußpunkt der alten Geschichte bildete schließlich die „Option" aufgrund des Hitler-Mussolini-Abkommens vom Juli 1939. 98% der deutschen und 91% der slowenischen Kanaltaler optierten für das Deutsche Reich. Bis zur Einstellung der Aktion im Frühjahr 1943 erfolgte die Aussiedlung von 5.700 Kanaltalern, das waren 71% der Optanten. Die Tragödie der zwischenstaatlich ausgehandelten Vertreibung der ansässigen Bevölkerung setzte sich jedoch fort. Viele der Kanaltaler wurden auf Bauernhöfen in Kärnten oder Slowenien (Oberkrain) angesiedelt, deren Eigentümer – meist Slowenen – ihrerseits vertrieben worden waren. Nach dem Ende der Naziherrschaft und der Rückkehr der rechtmäßigen Eigentümer mußten die Optanten die zugewiesenen Häuser wieder aufgeben und standen zumeist völlig mittellos zwischen allen Grenzen. Obwohl sich gleich nach Kriegsende die Möglichkeit bot, wieder ins Kanaltal auf ihren alten Besitz zurückzukehren, entschieden sich nur etwa 20 zu diesem Schritt. Da die Aussiedler nach der Option die deutsche Staatsbürgerschaft erhalten hatten, wurden sie in Österreich nach 1945 als staatenlos geführt. Erst 1955 erhielten die überwiegend in Kärnten verbliebenen Kanaltaler die österreichische Staatsbürgerschaft zuerkannt.

Die im Kanaltal zurückgebliebene bodenständige Bevölkerung, etwa 800 Deutschsprachige und 1.500 Slowenen, wurden von offizieller Seite (gleich welcher staatlichen Zugehörigkeit) ignoriert. Volksgruppenstatus erhielten sie keinen. Nachdem seit 1921 im Kanaltal keine Sprachzählung mehr stattfand, übrigens ein Erhebungsinstrument, dem man sich nur mit größtmöglicher Vorsicht nähern sollte, ist man in Sachen Sprachverhältnis auf Vermutungen angewiesen. Die Schätzungen schwanken heute zwischen 8% und 18% deutschsprachige sowie 9% bis 13% slowenisch(windisch)sprachige Kanaltaler bei insgesamt rund 9.000 Einwohnern (der ehemalige italienische Teil Pontebbas eingeschlossen).

Irgendwie scheint das Kanaltal, vom Kärntner Trauma überschattet, selbst von den Kärntnern vergessen worden zu sein.[24]

---

24 Josef Feldner vom Kärntner Heimatdienst schickt uns, darauf angesprochen, am 20.7.1998 folgende Mitteilung: „Sollte eine Unterstützung von unseren Kanaltaler Freunden gewünscht werden, dann werden wir ihnen diese selbstverständlich zuteil werden lassen." Zugleich übersendet uns Feldner unaufgefordert seitenweise Material, worin gegen zweisprachige (slowenisch-deutsche) Kindergärten in Kärnten polemisiert wird. Die Verkrampfung scheint uns unlösbar.

Tod in Goggau

Wenige Fahrminuten hinter der heutigen österreichisch-italienischen Grenze liegt als erste italienische Ortschaft Goggau/Coccau. Oberhalb der Straße einige wenige an den Berghang gelehnte Häuser, kaum jemand, der davon Notiz nimmt. Wir bleiben stehen und denken an die 600 Kärntner Bauern, die hier am 26. Juli 1478 verbluteten. Ein Lehrstück aus der Geschichte, aus dem weiterhin nichts gelernt wurde.

Während der unruhigen Zeit des 15. Jahrhunderts wurde Kärnten mehrmals von den „Akindschi", türkischen Plündertruppen, heimgesucht. Wie aus dem Nichts tauchten sie auf, hinterließen jedesmal eine Spur von verstümmelten Leichen, verbrannten Häusern und verwüsteter Landschaft und schleppten zahlreiches Raubgut sowie einige Überlebende für den Sklavenmarkt mit. Widerstand wurde dieser schnellen Reitertruppe keiner entgegengesetzt und so verschluckten die Schluchten des Balkans die komplette Mannschaft so schnell wie sie gekommen war. Ein merkwürdig hilfloses Europa zeigte sich erschüttert und gelähmt. Eilig einberufene Sondersitzungen brachten nichts weiter zustande als den Beschluß, ein Heer aufzustellen, was aber sofort an der Frage der Finanzierung scheiterte. Während die politisch Verantwortlichen auf ihren Sondersitzungen noch tagten, stritten und jammerten, ging es wieder los: Die „Renner und Brenner" waren wieder unterwegs. Blitzschnell tauchten sie auf, raubten, plünderten, brannten nieder, mordeten, verschleppten und verschwanden wieder. Ihre Strategie war einfach: Bei befestigten Städten und Burgen hielt man sich nicht lange auf, jagte nur, was sich ohne Mühe erjagen ließ. Und wo, bitte, waren die tapferen Herren Ritter mit hellem Mut und blankem Schwert, wo waren all die stolzen Grafen und Freiherren mit ihren Reisigen, deren Pflicht es war, die Bauern zu schützen? Sie saßen in den Städten und auf ihren Burgen, lehnten an den Zinnen ihrer Türme und lugten interessiert zu den Rauchfahnen hinüber.

Bei den Kärntner Bauern braute sich ein gefährliches Gemisch zusammen, das sich aus Frustration, Renitenz, reinem Überlebenswillen und erwachendem Selbstbewußtsein zusammensetzte. Warum, so fragten sie sich, sollen wir uns alle zwei Jahre von den Türken hinmetzeln lassen, während die Herren, denen wir Steuern leisten und die im Gegenzug uns zu beschützen verpflichtet sind, in den sicheren Städten und auf ihren Burgen sitzen, alles zwar angeblich sehr schrecklich finden, aber meinen, daß man dagegen halt nichts machen könne. Ein gefährlicher Verdacht keimte da auf: Die Herren steckten mit den türkischen Brennern unter einer Decke. Niemandem von denen war fortan zu trauen, wir müssen selbst um uns schauen, wir, die Bauern, müssen uns gruppieren, organisieren, ein Heer, eine neue Ordnung, einen eigenen Staat schaffen. Wir machen es den Schweizern nach, wir werfen alle hinaus und regieren uns selbst.

Dann kam das Jahr 1478: Ein Heer von 20.000 Türken zog wieder nordwärts, über Krain und Friaul, wälzte sich durchs Isonzotal, schlängelte sich zum Predilpaß hinauf und ergoß sich in tödlicher Weise in das Kanaltal. Die Herren verbarrikadierten sich wie gewöhnlich hinter schützenden Steinmauern, die Bauern standen wieder da, auf sich gestellt und ohne Schutz. Aber wofür hat man Bauernbünde geschlossen, wofür die Idee vom Bauernstaat? In aller Eile wurde mobilisiert, zusammengetrommelt, wurden Waffen verteilt und Schlachtpläne entworfen. Bei Goggau sollte die Türkenbrut verbluten. Am 25. Juli 1478 hatten sich in Goggau 3.000 Bauern versammelt und warteten auf den Feind. Aber die Bauern waren Bauern und keine Militärmaschine. Die meisten von ihnen liefen in der Nacht zum 26. Juli davon, lange ehe sich auch nur ein Türke zeigte, sodaß von den ursprünglich 3.000 in der Früh nur mehr 400 Bauern übrig waren. Als „Verstärkung" kamen dann noch 70 Bergknappen aus Bleiberg und ein paar Bauern der Umgebung. Da stand nun ein Bauernhäuflein von vielleicht 600 Mann plötzlich einem Heer gegenüber, das sich mit diesen paar Verrückten nicht lange aufhielt, sondern sie quasi im Vorbeistürmen massakrierte. Dies ereignete sich am 26. Juli 1478. *„Sie verbluteten ungekannt und ungenannt."*[25] In den darauffolgenden zwei Wochen plünderten die Männer des Halbmondes ganz Kärnten.

Tarvis – Sehr geschäftig

Tarvis, Nabel des Kanaltales, geschäftiges Städtchen mit Fetzenmarkt, Pizzerie, Ristoranti, Bekleidungsgeschäften und der Caserma Lamarmora, über Generationen Ausgangsort für den Transport „unvermauteter" Waren nach Kärnten, jüngstens auch merkantiler Anziehungspunkt einkaufsfreudiger Slowenen, Tschechen und Polen. 50 schöne Jahre lebte die Stadt von ihrem Ruf als billiger Einkaufsort und ihrer Ware, die anderswo entweder gar nicht oder nur für teures Geld zu erstehen war. Tarvis war das Einkaufsparadies, wo man sich in den Augen der österreichischen Finanz bereits allein durch das Betreten desselben verdächtig, wenn nicht gar strafbar machte. Denn ein jeder, der sich in Tarvis

---

25 Karl Hauser, Der Predilpaß und der Isonzo. In: Carinthia 77, 1887, S. 131.

zum Zwecke des Einkaufs aufhielt, trachtete danach, die österreichische Zollwache durch möglichst unauffälliges Verhalten von der Harmlosigkeit seines Grenzausflugs zu überzeugen. *„Der ganze aufgeregt vibrierende Ort schien seine Existenz ausschließlich dem Schmuggel zu verdanken"*, schreibt Karl-Markus Gauß in seinem Buch „Das Europäische Alphabet" über Tarvis, *„und Schmuggel, wie er zur Grenze gehört, mußte etwas ungemein Belebendes sein, das Wohlstand schuf und glücklich machte, denn kofferraumweise wurden die Märkte von enthemmten Österreichern, Deutschen, Holländern leergekauft, und doch waren all die Geschäfte, Buden und Regale beim nächsten Mal wieder randvoll angefüllt mit Lederjacken und Geschirr, mit Rotwein, die Flaschen hübsch in Bast gewickelt, und Nudeln, Käse, Obst."*[26]

Die Menschen der fünfziger Jahre kamen mit dem Zug und wegen des billigen Rotweines nach Tarvis, Kärntner, die im weiten Umkreis bis Klagenfurt eine Einkaufsfahrt mit dem „Rauschzug" unternahmen, wie die Eisenbahnverbindung zwischen Kärnten und Tarvis im saloppen Behördendeutsch genannt wurde. Den geradezu märchenhaften Preisen für den roten Rebensaft aus *bella Italia* konnten die Kärntner nicht widerstehen und verbanden die Einkaufstour mit einem gemütlichen Nachmittag in einem der Tarviser Gasthäuser. Etliche kamen nur wegen des gemütlichen Nachmittags. Die Rückfahrt ins Kärntnerische gestaltete sich oft genug schwankend, wankend und erbrechend. Schmuggelgut der kleinen Leute waren Textilien, Lederwaren und Gebrauchsgegenstände aller Art, Anzüge, Mäntel, Jacken, Taschen, Lederwaren in allen Verarbeitungen, ganze Kuhhäute versuchte man unbemerkt über die Grenze zu bringen, weiters Sensen, Sicheln, Äxte, vor allem aber Schuhe, von Tarvis aus wurde ganz Österreich mit halbhohen Filzpatschen versorgt. Das Risiko qualitativer Mängel ging man dabei bewußt ein, die Möglichkeit von abfärbenden Ledermänteln und Pullovern, die nach der Kontaktnahme mit Wasser zu fußlangen Abendkleidern mutierten, gab dem zwischenstaatlichen Schmuggel ein zusätzliches Element der Spannung.

Die Versuche, Schmuggelware unentdeckt über die Grenze zu befördern, waren zuweilen auch mit unerwarteten und bedauerlichen Zwischenfällen verbunden: Ein Mann, der sich in Tarvis einen Anzug hatte schneidern lassen, holte diesen nach Fertigstellung ab und beabsichtigte, bei der Rückfahrt mit dem „Rauschzug" eines der Waggonklosette als Umkleidekabine zu

---

26 Karl-Markus Gauß, Das Europäische Alphabet. Wien 1997, S. 61/62.

benützen. Dort entledigte er sich der alten Oberbekleidung, warf sie beim Waggonfenster hinaus, bemerkte aber erst nach dieser Entsorgung, daß sich im Paket des Schneiders das Sakko, nicht aber die Hose befand. Endstation war der Bahnhof Arnoldstein, wo der derart Enthoste von der Zollwache in Empfang genommen wurde, und nach der Amtshandlung mit einer Diensthose ausgestattet den Heimweg antreten konnte.[27]

Jahrzehnte später hat die Grenze ihr Spannungselement verloren. Für EU-Binnengrenzenanwohner ist die Fahrt regelrecht langweilig geworden, kein scharfer Blick, kein Öffnen des Kofferraums, keine dieser Standardfragen, ob man irgendwelche Waren mitführe, die man bei der Ausreise nicht dabei gehabt habe. Nichts außer gelangweiltes Durchwinken und jetzt auch das nicht mehr.

„Der Einkauf drüben, der vorher, so spießig der einzelne Schmuggler gewesen sein konnte, immer auch eine praktizierte Grenzüberschreitung war, also ein europäischer Reflex, der unwillkürlich wider Enge und Zwänge der staatlichen Ordnung Europas verstieß, ist nun zum Akt geworden, mit dem einer bürokratisch verbürgtes Europäertum pflichteifrig mit Konsumleben erfüllt."[28]

Aber Gott sei dank gibt es da noch die junge Republik Slowenien, die ihren wackeren Grenzbeamten an allen Übertrittsstellen einen *duty free shop* hingestellt hat, wo all das lockt, was nach Österreich einzuführen mengenmäßig limitiert ist. Wer ganz auf Nummer sicher gehen will, unternimmt einen Drei-Länder-Parcours: Anfahrt über den Wurzenpaß/Korensko sedlo nach SLO, Besuch des hierortigen *duty free shops*, Tanken bei OMV, Übertritt bei Rateče/Ratschach nach I, dort vielleicht noch ein kurzer Pizzeriaaufenthalt, und wieder zurück nach A, wo bis 1998 bei Thörl-Maglern gelangweilte Grenzbeamte das Zeichen zum Weiterfahren wachelten.

Slowenien als Zigaretten- und Benzinmekka ungeachtet, ist Tarvis das Ziel zahlreicher Menschen aus dem nördlich angrenzenden Nah und Fern geblieben. Zu den Kärntnern von Nah gesellen sich bereits seit längerem die Slowenen von Nah. Die Öffnung des Ostens allerdings bescherte vor allem dem „Fetzenmarkt" in Untertarvis eine unerwartete und geberfreudige Käuferschicht von Fern: Busweise zieht es seither Tschechen, Slowaken, Polen und Ungarn

---

27   Nach einer freundlichen Mitteilung von Herbert Glanznig, als Kriminalbeamter ehemals zuständig für die Personenkontrolle auf der Zugstrecke Tarvis-Villach (Aufzeichnung vom 26.5.1997).
28   Karl-Markus Gauß, Das Europäische Alphabet. Wien 1997, S. 63.

nach Tarvis, um hier in dem mit den seltsamsten Waren vollgefüllten Bazar ungehemmt wühlen zu können. Die seit den Fünfzigern zu einer kaufkräftigeren Schicht erstarkten Kärntner denken heute eher kulinarisch: Der Kauf typisch italienischer Nahrungsmittel und Essen stehen bei ihnen im Vordergrund. „In der Fremde und doch daheim" lautet die Devise des Grenzhüpfers „ume" nach Tarvis, wo Kärntner in einem Alt-Kärntner Gebiet auf deutsch und kärntnerisch italienisches Flair in Form von *pizze, paste* und *frutti di mare* genießen wollen. Aber es handelt sich hier keineswegs um eine kulinarische Einbahnstraße, nein, das österreichische Imperium mit seiner Trinkkultur schlägt zurück. Der Zaubertrank, der sich in Tarvis wie im gesamten Kanaltal und noch weiter hinunter nach Friaul ausbreitet, heißt Bier, Bier aus Österreich. Der Bierboom in Italien hat im Kanaltal seine spezielle Ausprägung. Anders als die in Österreich gebietsweise noch immer auftretende Eintönigkeit der Biermarken, die auf das längst zu Grabe getragene Bierkartell zurückgeht, hat man in Tarvis und anderen Orten des Kanaltales die Qual der Wahl: Hirter, Villacher, Schladminger Tür an Tür, sogar Stiegl und das im fernen Laa an der Thaya gebraute Hubertus sind hier im lokalen Gastronomiegeschehen flüssig verankert, während das einstmalige friulanische Moretti unter dem Namen „Sanssouci" zumindest in dieser Gegend ein Schattendasein fristet. Saluti da Tarvisio.

Der lästige Schlauch

Thörl-Maglern, bis zu Beginn der neunziger Jahre regelmäßig einer Erwähnung im Verkehrsfunk wert, träumt links und rechts der B 83 den Traum seiner verloren gegangenen Ö 3-Verkehrsdienst-Bedeutung. März 1997: Der Wartestreifen für Lkw am rechten Fahrbahnrand der sich bergan windenden Straße, wo noch vor wenigen Jahren Dutzende Lastwägen der Zollabfertigung harrten, ist überpinselt. Jetzt treten die im Lauf der Jahrzehnte zu einem merkwürdigen Architektonikum gewachsenen Grenzgebäude ins Gesichtsfeld. 70-, 50-, 30-km/h-Tafeln weisen auf die Gewichtigkeit des Ortes hin. Der einsam auf dem Platz stehende Zöllner in der Uniform eines Grenzgendarmen winkt den Wagen mit der Geste des Gelangweilten weiter. Hundert Meter weiter die Italiener. Sie sitzen traditionell in ihrer Kabine, haben viel zu bereden und beachten das durchrollende Fahrzeug (10 km/h) nur beiläufig. Das war die Grenze. Italien. Valcanale. Alte, nun gesperrte Auf-

und Abfahrten erinnern an die Transitlawine von ehedem. Alles Vergangenheit. Der Autoreisende der Gegenwart ist, was rasches Fortkommen betrifft, mit der Benutzung der Autobahn besser bestellt.

Denn hat man die österreichisch-italienische Grenze auf dem breiten Asphaltband der Autobahn überschritten und setzt die Fahrt auf der *autostrada* fort, so hat es in den darauf folgenden zehn Minuten bei zügiger Fahrt den Anschein, als sei das Kanaltal von der Erde verschluckt. Dies ist aber nur die Umkehrung der Realität. Denn es sind die großzügig angelegten Autobahntunnels, die die Italienfahrer, ob gewollt oder nicht, vor dem Anblick der Tallandschaft bewahren. Die Gedanken der Urlaubsreisenden mögen in diesen Momenten wohl schon um Sonne, Strand, Meer, bauchige Rotweinflaschen, *frutti di mare*, Caorle und (vielleicht, hoffentlich nicht) Algenpest kreisen. Das Kanaltal, diesen lästigen Schlauch vor der Sonne des Südens, gewahren die Automobilisten der Gegenwart nur in wenigen Seitenblicken, wenn sie die Dunkelheit der Tunnelröhren verlassen und das Tageslicht kurz die Sicht auf eine beengende Bergwelt, eine devastierte Landschaft und geduckte Ortschaften freigibt; letztere setzen sich neben den Alt-Kärntner Bauten teils aus italienischen Plattenbauwerken, teils aus Gebäuden mit Anflügen von Kärntner (?) alpiner Holzpseudoarchitektur zusammen, die aber in jedem Fall mit rostigen Wellblech- und sonstigen Blechdächern eingedeckt sind. Weiter nichts. Mit Blick auf Tachonadel und Leitlinien kreuzen die Sonnenhungrigen vor Pontebba auf einer langgezogenen Stelzenbrücke noch einmal das Tal, tauchen in den nächsten Tunnel ein und verlassen das Kanaltal ohne Erinnerung und Abschiedsgruß in Richtung Italien. Hier haben sie, ohne es zu wissen, die alte Grenze am Pontebbana-Bach, die bis 1918 ihre Gültigkeit hatte, in Zeitraffer überschritten.

Auch jenen Touristen, die sich den zeitlichen und finanziellen Luxus erlauben, mit der Eisenbahn zu reisen, wird es nicht besser ergehen. Die neue, durch die Berge gebohrte Nord-Süd-Magistrale des Schienenverkehrs wird zwar täglich nur von zwei internationalen Zugpaaren (mit temporärer sommerlicher Verstärkung) befahren, trotzdem war man von Seiten des italienischen Staates und mehr noch der Bauwirtschaft entschlossen, eine neue, schnellere, modernere Trasse zu legen. Der nunmehr zweigleisige Schienenweg windet sich nicht mehr am Talboden entlang oder folgt den rechts- oder linksseitigen Berglehnen. Die Züge donnern nun ebenso wie die Autos durch langgezogene Tunnels. Einzig bei Tarvis, Uggowitz und Pontebba wird die Bahnlinie auf neuen schnurgeraden „Hochgeschwindigkeitsstrecken" für einige kurze Augenblicke über der Erde geführt. Die alte

Trasse ist ihrer Oberleitung beraubt, die Schienen sind abgebaut oder von Rost überzogen, die Bahnwärterhäuschen verfallen. Heute träumt sie nicht einmal mehr den Traum ihres eigenen Geheimnisses.

Bleibt als weiterer Verkehrsweg die Staatsstraße SS 13, die bis 1985 den gesamten Straßenverkehr durch das Kanaltal aufnehmen mußte, Lastwägen und Sattelschlepper mit gewaschenen Erdäpfeln, entrindeten Baumstämmen, mit Bekleidung, Radiergummis und Stofftieren, Touristen-Pkw mit und ohne Wohnwägen, Yachttransportern und Autos aus dem Tal, die von Malborgeth nach Lussnitz, von Saifnitz nach Tarvis fuhren, ein beinahe ebenso breites Asphaltband wie die Autobahn das Tal durchschneidend, auf Stelzen überbrückend, nur etwas näher den menschlichen Ansiedlungen, Bar Centrale, Agip-Tankstelle und Albergo Stella Alpina durch die Windschutzscheiben erkenntlich, huschten alsbald am Seitenfenster vorbei, und in Augenhöhe mit der Kirchturmspitze von Pontafel verließ man auf diese Weise das Kanaltal in Richtung Süden, um nach kurzer Zeit in das ähnlich zugerichtete Ferrotal einzutreten. Heute sind auf dieser Straße nur mehr die einheimischen Autos von Malborgeth nach Lussnitz und von Saifnitz nach Tarvis unterwegs, großzügiges Straßenerbe aus einer früheren Zeit.

Pontebba – Über die Grenze

Die alte Grenze zwischen Österreich und Italien lag 30 Kilometer westlich der heutigen, dort wo die Berge gegen das Tal vorrücken und der Pontebbana-Bach in die Fella mündet, und dies- und jenseits des Baches das welsche Pontebba und das deutsche Pontafel das Eingangstor in zwei Kulturkreise bildeten. Folgt man den Berichten von Reisenden des 18. und 19. Jahrhunderts, so stellte die Doppelortschaft die augenscheinlich schärfste Grenze zwischen der romanischen und germanischen Kulturwelt dar. Im kärntnerischen Pontafel standen Holzhäuser mit Holzschindeldächern und kleinen Fensterluken an einer Straße, die sich an keine Gerade hielt, währenddessen im venezianischen Pontebba hohe Steinbauten mit Ziegeldächern das Bild prägten. Gegenüber dem städtisch wirkenden Pontebba war Pontafel ein Nest. Der englische Reisende Edward Brown, dessen Reisebericht 1711 ins Deutsche übersetzt wurde, beschrieb ausführlich die Verschiedenartigkeit der Doppelortschaft: *„Und wird gewißlich selten ein Ort gefunden werden, da man käntlicher und mit mehrerm Unterschied aus einem Land in das andere*

Grenzort Pontafel / Pontebba vor 1914.

übergehet, als in dieser Stadt."29 Während Brown in den Häusern von Pontebba große, wenig möblierte Zimmer mit großen Fenstern vorfand, waren die Stuben in Pontafel klein und voll mit Hausrat.

Philipp Röder, ein geistlicher Herr und Magister der Philosophie aus Stuttgart, unternahm im Jahr 1787 eine Reise nach Italien; auch ihm sprang der deutliche Unterschied zwischen hüben und drüben ins Auge.

*„In diesem nur durch einen Bach getrennten Orte ist ein merckwürdiger Unterschied der Menschen, Gebäude und der ganzen Einrichtung. In dem kaiserlichen Antheile Pontebas sind wohlgekleidete, wohlhabende, noch gut aussehende Menschen, im Venetianischen Antheile gehen sie in Lumpen, hölzernen Schuhen, und sehen elend und häßlich aus. Das kaiserliche Ponteba hat die elendsten Baraken, kein Pflaster, und ist überhaupt ein häßliches Nest. Der venetianische Theil hat lauter schöne steinerne Häuser, ist artig gebaut, hat ein gutes Pflaster und schon ein Kaffeehaus. Im kaiserlichen Ponteba wird deutsch, und im Venetianischen, italiänisch gesprochen."*30

---

29 Zit. bei Karl Migglautsch, Ingomar Pust, Das Kanaltal und seine Geschichte. Hrsg. vom Kanaltaler Kulturverein Kärnten. Klagenfurt 1995, S. 68.
30 Reisen durch das südliche Teutschland. 2. Band. Leipzig und Klagenfurt 1791, S. 52.

In ähnlicher Weise äußerte sich Adolf Schmidl in seinem 1836 erschienenen „Reisehandbuch durch das Herzogthum Steiermark, Illyrien, Venedig und die Lombardei". Das österreichische Pontafel, Schmidl nennt es „Ponteba carinthiaca", sei lediglich ein Grenzdorf, während es in „Ponteba veneta" ziemlich lebhaft zuginge. Und schrieb weiter:

„Man führt als Merkwürdigkeit an, daß dießseits deutsche Sprache und Sitte herrscht, indeß jenseits wirklich beides durchaus italienisch ist."[31]

Ein Höhepunkt der Animositäten war natürlich im Jahre 1848 zu verzeichnen:[32] Die revolutionäre Bewegung im lombardo-venezianischen Königreich machte auch die Pontebba/Pontafler Grenze unsicher. Schon am 8. April 1848 ersuchte das Verzehrsteueramt von Pontafel um militärischen Beistand. Was nicht so leicht ging, da das Kärntner Regiment Prohaska (später Khevenhüller) bereits in Italien eingesetzt war. In solchen Fällen war immer mit den wackeren Gailtaler Schützen zu rechnen, die unerschrocken als erste in Pontafel eintrafen. Die Aufständischen in Pontebba waren meist Freischärler, die von italienischen Adeligen mit einem täglichen Sold von zwei venezianischen Liren angelockt worden waren. Ihren entscheidenden Vorteil erlangten sie durch die Besetzung des *campanile* von Pontebba, der natürlich strategisch erste Wahl war. Der *campanile* war nicht zu nehmen, obwohl das Feuer der Aufständischen schwächer zu werden begann und sie dazu übergingen, mit Steinen, Nägeln und Kaffeebohnen zu schießen. Da half nur Artillerie! Leopold von Moro hatte die Idee: die sechs Kanonen, die der Kaiser Franz den Kärntner Landständen nach der Befreiung von den Franzosen geschenkt hatte, und die im allgemeinen optische und akustische Zieraufgaben erfüllten, wurden reaktiviert, herangekarrt und zum Einsatz gebracht. Ergebnis: Weiße Fahne vom *campanile*. Ende der Kampfhandlungen.

In dieser Welt des 19. Jahrhunderts, wo Nation, Nationalität, Volkstum und Sprache mit fortlaufender Zeit einen immer höheren Stellenwert einnahm, daran die Identität des einzelnen ausreichend Nahrung fand, und der Nationalstaat zum Gipfelpunkt modernen politischen Denkens erkoren wurde, in dieser Welt des 19. Jahrhunderts lebten die Menschen der Grenzregionen in einem kaum entwirrbar scheinenden Siedlungsdurcheinander.

---

31 Adolf Schmidl, Reisehandbuch durch das Herzogthum Steiermark, Illyrien, Venedig und die Lombardei. Band 4. Wien 1836, S. 145.
32 Dokumentiert bei Georg Winter (1984) a.a.O. S. 150 ff.

Die Sprachenkarten in solchen Gebieten waren dominiert von gesprenkelten Mustern und schraffierten Flächen, die jene vom „sauberen" Nationalstaat Träumenden mißtrauisch beäugten. In dem damals noch durch sprachliche und kulturelle Übergangsgebiete vielfach verwobenen Europa mochte das abrupte Aufeinandertreffen zweier Kulturen, noch dazu in *einer* Ortschaft, heftiges Erstaunen hervorrufen und einer Erwähnung für wert befunden werden. Ein gut unterrichteter Kreis nannte den Ort ein „*ethnographisches Curiosum*"[33]. So ändern sich die Zeiten und die Kuriosa. Gustav Jäger brachte 1873 das Büchlein „Touristen-Führer im Kanalthal" heraus, und schildert die Grenzlinie in bunten Farben.

„Der grelle Kontrast zwischen beiden Nationalitäten in Sprache, Sitten und Bauart ist hier wirklich überraschend und haarscharf wie kaum anderswo ausgeprägt. Dennoch vertragen sich die Bewohner beider Orte ganz friedlich, wie dieß die gegenseitigen Heirathen beweisen."[34]

Ein anderer Berichterstatter wiederum, der sich etwa um dieselbe Zeit am Ort des Geschehens aufhielt, schickte die gedruckte Botschaft in die Welt hinaus, daß die Bewohner von Pontafel und Pontebba ganz und gar nicht geneigt wären, untereinander den Bund der Ehe zu schließen.

Eine orts- und länderübergreifende Handlung geschah jedes Jahr im Monat Mai unter dem Schutzmantel der katholischen Kirche: die Bittprozession. Die italienische und österreichische Prozession trafen sich auf der Grenzbrücke, wo sich die vorangetragenen Kruzifixe zum Zeichen der Brüderlichkeit küßten. Anschließend zogen die Pontafler zur Basilika St. Maria nach Pontebba, wo der Kärntner Pfarrer die Messe las. Umgekehrt begab sich die Pontebbaner Prozession zur Kirche von Pontafel, wo ebenfalls eine Messe abgehalten wurde. 1915 wurden die Grenzorte verrammelt, die Brücken gesprengt, die Häuser zusammengeschossen und niedergebrannt, beide Gemeinden ein einziger Trümmerhaufen. Platz für sich küssende *crucifices* war dann keiner mehr vorhanden.

Am 30. Oktober 1879 wurde die Eisenbahnlinie Villach-Udine als dritte Schienenverbindung zwischen Österreich-Ungarn und Italien mit den beiden Grenzbahnhöfen Pontafel-Pontebba dem Verkehr übergeben. Die Eröffnung des neuen *Communicationsweges* wurde mit einem „Dejeuner" in Pontafel

---

33 Markus Frh. v. Jabornegg-Gamsenegg, Die Bahnlinie Tarvis-Pontafel. Klagenfurt 1879, S. 14.
34 Gustav Jäger, Touristen-Führer im Kanalthal. (Kärnten.) Wien 1873, S. 39.

und einem von der italienischen Regierung gegebenen großartigen Bankett in Udine ausgiebig zelebriert. Zu diesem Zeitpunkt wurde die Vermutung geäußert, daß aufgrund des regen Eisenbahnbetriebes und des damit verbundenen ökonomischen Aufschwungs die Bewohner der Doppelortschaft, die „*ein Schwerthieb […] seit Jahrhunderten continuirlich von einander ferne gehalten (hätte)*"[35], nunmehr vielleicht doch vermehrt Verbindungen eingehen würden. Doch der Gedanke wurde gleich wieder verworfen, denn

„*[…] wenn man in Erwägung zieht, daß Handel und Verkehr, welcher schon Jahrhunderte durch das schmale Thal der Fella zwischen Oesterreich und Italien an diesen Schwesterorten vorüberzieht und tausend und abermals tausend Annäherungspunkte zu einer Sprachen- und Sitten-Verschmelzung geboten haben muß, auch nicht annäherungsweise das zu Stande brachte, was in Südtirol, Engadin, Tessin etc. gang und gebe ist.*"[36]

Ponte ad viam, Brücke an der Straße, wo seit mehr als 2.000 Jahren der wichtigste internationale Verkehrsweg zwischen Nord und Süd östlich der Brennerroute vorbeiführt. Hier (bzw. im 15 km östlich gelegenen Saifnitz/Camporosso, wo eine unscheinbare Kuppe die Gewässer des Tales entweder der Adria oder dem Schwarzen Meer zuleitet), bestand die Grenze zwischen den römischen Provinzen Venetia et Histria und Noricum. Römische Geleisestraßen für den Fernverkehr mit der damaligen Normspurweite von 95 cm sind sowohl im Kanaltal als auch in der Nähe von Villach bis auf den heutigen Tag erhalten geblieben. Hier verließ der Reisende des frühen Mittelalters das Herzogtum Kärnten und betrat die Markgrafschaft Verona. Ab dem Jahr 1007 war das Bistum Bamberg Herr über das Kanaltal, jenseits des Pontebbana-Baches herrschte zunächst der Patriarch von Aquileia, seit 1421 die Republik Venedig. Aus wirtschaftlichen Erwägungen wird das Kanaltal 1675 de facto ein Teil Kärntens. Als Maria Theresia dem Bamberger Bischof Adam Friedrich von Seinsheim 1759 die letzten verbliebenen Rechte um 1 Million Gulden ablöste, kam das Kanaltal endgültig zu Österreich und blieb, mit Ausnahme der italienischen Zeit zwischen 1809 und 1813, bis 1918 mit ihm verbunden. Der Pontebbana-Bach war weiterhin die Grenze. Die Menschen diesseits und jenseits des Baches, deutsche und slowenische Kärntner hier, Friulaner dort, hat-

---

35 Ebda. S. 13.
36 Ebda. S. 14.

Grenzbrücke zwischen Pontafel und Pontebba 1903.

ten im Lauf der Jahrhunderte das alte *ponte ad viam* ihren Sprachen angepaßt: Aus dem vulgärlateinischen *Pontavia* wurde das deutsche *Pontafel* und das friulanische *Ponteibe* bzw. italienische *Pontebba*. In der Mitte der alten Brücke über den Pontebbana-Bach stand bis ins 19. Jahrhundert ein Torturm, durch den sich der offizielle Grenzverkehr zwängte. Auf der einen Seite der Fassade war der kaiserliche Adler, auf der anderen Seite der Markuslöwe zu sehen.

Seit dem 15. Jahrhundert zog sich durch Pontafel-Pontebba die Grenze des Heiligen Römischen Reiches, sozusagen eine Frühform der heutigen EU-Außengrenze, wenngleich weitaus durchlässiger. Der stetig hier durchziehende und lediglich in den Wintermonaten schwächer werdende Verkehr wurde nur durch die Zollrevision ernsthaft behindert. Philipp Röder, der die Brücke 1787 passierte, beklagte sich bitter über die anscheinend allzu gründliche Visitierung des Gepäcks und die hohen Zölle für mitgeführte Waren. Doch wo eine Grenze, da viele Wege, und die meisten davon unbewacht. Mit Genugtuung stellte der Freund des grenzenlosen Verkehrs fest:

„Ungeachtet dieser Mauth, die in Pontebba ist, wird doch vieles unvermauthet aus dem Lande und vorzüglich in dasselbe gebracht. Ueber die Gebirge, *die man nicht mit Wachen besetzen kann, wird ein starker Schleichhandel aus dem Venetianischen in das kaiserliche getrieben."*37

Ein andauerndes Hin und Her, wie heute, nur langsamer, in einer dem Menschen gemäßen Geschwindigkeit, mit Ochsenfuhrwerken, zu Pferde, in Kutschen, mit dem Stellwagen, zu Fuß, vor allem zu Fuß: Wanderarbeiter, Saisonarbeiter, Tagelöhner, Menschen auf der Stör, Glücksritter auf dem Weg nach Triest, Essighändler, Scherenschleifer, Bettler. Viele Bettler. Vorzüglich im Frühjahr zogen hier die Habenichtse durch, Bettlerfamilien aus Karnien, die nach einem Bericht von 1815 *„sich oft bis nach Klagenfurt, gewöhnlich aber der Sicherheit wegen nur nach den abgelegenen Dorfschaften und Thälern hinwogten".*38

Das Pontafel-Pontebba der Gegenwart hat aufgrund der nunmehr über 80jährigen Zugehörigkeit zu Italien in seiner Gesamtheit ein neues Aussehen erhalten. Das *„ethnographische Curiosum"* von einst ist längst eine ineinander verwobene Ortschaft geworden. Nicht einmal Tarvis hat eine derartige Metamorphose hin zu einer malerischen Häßlichkeit durchgemacht. Die Annäherung aus österreichischer Richtung verspricht kurz vor Erreichen Pontebbas Staunen im Angesicht der Gigantomanie im Zeichen „zukunftsorientierter" Straßenverkehrsbauten. Die im gewohnten Stelzenbaustil italienischer Autobahnbaukunst errichtete *autostrada* quert hier den gesamten Talboden und verknotet sich zu einem scheinbar unentwirrbaren Autobahnkarussell mit ausladenden Zu- und Abfahrten, Überbrückungen, Unterführungen, daneben devastiertes Land und zurückgelassene Schottergruben. Kümmerliche Restbestände einer ehemals sicherlich sehr einladenden Allee sind zwar mit freiem Auge kaum wahrnehmbar, dafür jetzt, nach erfolgreicher Vollendung der Autobahntat, unter Naturschutz gestellt. Nach dem Anschluß des Kanaltales an Italien wurde der ehemalige österreichische Grenzbahnhof von Pontafel zum italienischen Zollbahnhof für den Güterverkehr ausgebaut. Seither nimmt das Schienengewirr kein Ende, dafür naht das Ende des Bahnhofes. Seit zwischen Österreich und Italien eine EU-Binnengrenze verläuft, ist die Bedeutung des Zollbahnhofes auf ein Minimum gesunken. Der ehemalige italienische Grenzbahnhof auf der anderen Seite des Pontebbana-Baches, der ebenfalls einen erklecklichen Teil der Gemeindefläche für sich beansprucht, verfällt bereits.

---

37 Reisen 1791, S. 51.
38 Das Kanalthal in Kärnten. In: Carinthia 45/1815, S. 2.

Eisenbahntechnische Manipulationen werden hier keine mehr vorgenommen. Während man dem Kern Pontebbas durchaus noch seinen italienischen Charakter ansieht, wird das Ortsbild von Pontafel durch eine nichtssagende Architektur geprägt, die es zuwege bringt, daß der Beschauer gewillt ist, dem Ort so wenig Aufmerksamkeit wie möglich zu schenken. Einzig die ehemalige Pfarrkirche Pontafels ragt über diesen Zerfallsprozeß hinaus. Doch ihre Tore sind geschlossen und die Turmuhr zeigt fünf vor halb neun, und das 24 Stunden am Tag. Es ist bezeichnend für das äußere Erscheinungsbild des Ortes, daß von allen Ortschaften hier am wenigsten Alt-Kanaltaler geblieben sind. Umso überraschender sind die beiden monumentalen österreichischen Grenzsteine, die nach wie vor die ehemalige Grenzbrücke bewachen. „*Kaiserthum Oesterreich – Herzogthum Kärnten – IX 3/10 Myriameter von Klagenfurt*" lautet die Inschrift des einen Steines. Der andere Grenzstein gibt zugleich einen Hinweis auf die Entfernung zu den nächsten Städten: zehn österreichische Meilen nach Udine (75,8 km), zwölf Meilen nach Klagenfurt (91 km). Daß bei den beiden Entfernungsdarstellungen nach Klagenfurt irgendwo zwei Kilometer abhanden gekommen sind, war für den Verkehr der damaligen Zeit sicher ohne Relevanz. Derartige Spitzfindigkeiten sind für den Verkehr der Gegenwart nicht nachvollziehbar. Er rauscht über die Stelzenbrücke der *autostrada*, die überbreite Staatsstraße 13 nimmt bestenfalls den lokalen Autoverkehr auf, während der Ort selbst am Rande der Transitstrecke ruhig und geduldig vor sich hin kränkelt.

Über die Sprachgrenzen

Lingua e dialettu	Sprache und Dialekt
A un populu,	Einem Volk
mittitici i catini	legt Ketten an
spughiatilu	beraubt es
attuppatici a vucca	stopft ihm das Maul
ed ancora libiru.	es ist noch immer frei
Livatici u travagghiu	Nehmt ihm die Arbeit
u passapurtu	den Paß
u lettu unni dormi	das Bett, auf dem es schläft
a tavula unni mancia	den Tisch, an dem es ißt
ed è unni riccu	es ist noch immer reich
Un populu,	Ein Volk

Kanaltal

diventa poviru e servu,	wird arm und knechtisch
quannu ci arrobbanu a lingua	wenn sie ihm die Sprache rauben
addutta di patri,	geerbt von den Vätern
a perdi pi sempri	verloren für immer
Ignazio Buttitta	*Übers. d. A.*

In dreien seiner Erbauungsreden vor den Prager Studenten setzt sich Bernard Bolzano 1816 mit dem *schwierige(n) Verhältnis der beiden Volksstämme in Böhmen*, also Tschechen und Deutschsprachigen, auseinander[39]. Er räumt ein, *daß für's Erste schon die Verschiedenheit der Sprache selbst, welche die beiden Volksstämme reden, einen natürlichen Grund enthalte, einander, wenn auch nicht zu hassen, doch jede innigere Verbindung und Verschmelzung mit einander zu fliehen.* Er warnt vor der Gefahr, die von der Sprache selbst droht, nämlich, *daß sie das Bild der wesentlichen Gleichheit aller Bürger durch jenen Unterschied, der in der Sprache stattfindet,* verdunkle.

Im Kanaltal, diesem oft durcheilten, links und rechts liegengelassenen Winkel Mitteleuropas wohnen gleich drei Volksstämme zusammen und drei verschiedene Sprachfamilien, und es steht zu Beginn des 19. Jahrhunderts hier noch mehr zu befürchten. – Es sind fast alle Befürchtungen eingetroffen, die einstige Vielfalt ist, zumindest offiziell, eingeebnet.

Die Sprache ist ein Zauber, der viel Unheil anrichtet, wenn er mißverstanden und mißbraucht wird. Der Namenszauber, der Versuch, ein Ding durch Benennung beherrschbar zu machen, steht am Anfang und, wer weiß, vielleicht auch am Ende der Geschichte.

„Hiermit sind wir zugleich am dreifachen Knotenpuncte der deutschen, romanischen (friaulischen) und slavischen (slovenischen) Zunge angelangt."[40]

Das Kanaltal als ein Ort der Begegnung dreier Kulturkreise, da neben der germanischen und romanischen Welt auch die Slawen hier beheimatet waren (und sind). Sie waren überhaupt die ersten, die nach dem Untergang des Weströmischen Reiches von der Gegend Besitz ergriffen hatten. Nach der

---

[39] Zitiert nach der Ausgabe Bolzanos Erbauungsreden Bd. 2 Prag 1850. Nachzulesen bei Morscher, Neumaier (Hg.), Bolzanos Kampf gegen Nationalismus und Rassismus. St. Augustin 1996.

[40] Carl Frhr. von Czoernig, Die Ethnographie der oesterreichischen Monarchie, Bd. 1. Wien 1857, S. 27.

abgeschlossenen deutschen Kolonisierung des Tales durch die Bamberger Bischöfe waren die Slowenen, die sprachlich dem Gailtaler Dialekt des Slowenischen („Jilja") zugerechnet werden, im wesentlichen in vier Ortschaften daheim: Saifnitz/Žabnice (heute Camporosso), Uggowitz/Ukve (heute Ugovizza), Wolfsbach/Volća Ves (heute Valbruna) und Leopoldskirchen/Lipalja Ves (heute San Leopoldo), ein sprachlicher Fleckerlteppich wie in den benachbarten Kärntner Gebieten.

Aber auch die deutsch-friulanische Sprachgrenze war beileibe nicht immer so offensichtlich, wie es die Reisenden des 19. Jahrhunderts sahen. Im Spätmittelalter waren Tarvis und Malborgeth fast rein romanische Gemeinden, Tarvis als friulanische Sprachinsel zwischen dem deutschsprachigen Villach und dem slowenischen Saifnitz. Noch zu Beginn des 19. Jahrhunderts wurde von den Bewohnern des Kanaltales berichtet, daß sich ihr Charakter sehr stark jenem der Friulaner annähere, und daß *„die teutsche, windische, und italienische Sprache hier untereinandergemischt in schlechten Mundarten gesprochen (wird)".*[41] (Ein Phänomen, das unter geänderten Umständen in der Gegenwart wieder auftritt.) Um 1850, ermittelten Sprach- und Volkstumsexperten aus Klagenfurt und Wien, sprachen von den rund 6.000 Kanaltalern jeweils die Hälfte deutsch und slowenisch. Einen Sonderfall bildeten die seit Ende des 19. Jahrhunderts aus Krain zugewanderten Slowenen im Bergwerksort Raibl, die sprachlich und kulturell mit den Kanaltaler „Windischen" wenig gemein hatten.

Die unterschiedlichen Amts- und Kirchensprachen verdeutlichen die Position des eigentümlich zwischen den oder eigentlich inmitten der hier aneinander grenzenden Kulturen liegenden Kanaltales. Amtssprache war das Deutsche, sowohl unter der Herrschaft des Bistums Bamberg als auch unter Österreich. Eine Ausnahme bildete die Gemeinde Weißenfels (Fusine), die bis 1918 Teil des Herzogtums Krain war. Dort war seit 1900 Slowenisch vorgeschrieben, obwohl die Einwohner Deutsch sprachen. In der Zeit zwischen 1809 und 1813, als das Kanaltal zum Königreich Italien gehörte, bedienten sich die Behörden des Italienischen. Die Messen in Saifnitz, Wolfsbach, Uggowitz und Leopoldskirchen wurden in Slowenisch gelesen.

Wir machen uns auf den Weg über die Sprachgrenze. Ein kurzer Aufenthalt in Arnoldstein, vor dem Überschreiten der Grenze, *a klaans Bier und a Weckhale mid Spekch kaafn,* das erlauben wir uns. Einmal noch die Kärnt-

---

41 Das Kanalthal in Kärnten. In: Carinthia 45/1815, S. 2.

ner Sprache hören, die *Kärntner Dehnung* genießen, eine aus dem Slawischen übernommene Eigenart, die Verkleinerungsformen, all das unverwechselbar Liebenswerte.

Weiter auf der alten Bundesstraße 83. Gleich nach der Begegnung mit dem *carabiniere* prangt auf einem Brückenpfeiler groß ITALIA. Wir lesen genauer: *Venite al grande Circo Italia!* Der Nationalzirkus ist zu Gast.

Unten auf der Autobahn der Hauptstrom der Italienurlauber, hier ein dünnes Rinnsal scheinbar Verirrter so wie wir. Zwischen Thörl und der nächsten Ortschaft im Verlauf der Gailitz, Goggau, slowenisch *Kokâva*, in der Republica d'Italia *Coccau* benannt, nach der friulanischen Bezeichnung.[42] Südlich von Goggau fließen die Schlitza, italienisiert Slizza, vom Raibler See, und der Weißenbach, jetzt *Rio Bianco* von den Weißenfelser Seen, jetzt *laghi di Fusine*, herkommend, zusammen. Bis zur Staatsgrenze heißt das Gerinne Slizza, und dann Gailitz. Der Tarviser Gemeinderat Johann Siegel meint, die deutschen Ortsnamen im Krainischen wie Weißenfels, Kronau, Lengenfeld etc. welche in Thüringen wiederzufinden seien, ließen auf deutsche Einwanderer sächsischer Abstammung schließen.

Das Kanaltal ist nach dem friulanischen *cjânal* benannt, was soviel wie Talboden bedeutet, es ist also eine Doppelbezeichnung, eigentlich ein Pleonasmus. Paßt aber für ein Doppeltal, mit zwei in verschiedene Richtungen strömenden Hauptflüssen. Übrigens ergibt sich durch das italienische „Valcanale" ein ebensolcher Pleonasmus, den man hypothetisch durch die Einführung der Bezeichnung „Valcanaletal" verdreifachen könnte.

Die Ortsnamen sind ursprünglich großteils slawisch, abgesehen von den wenigen erhalten gebliebenen keltischen und romanischen. Ortsnamen sind im allgemeinen ziemlich stetig: Allmähliche Kolonisierung kann die Sprache einer Gegend, aber nicht die Mehrzahl ihrer Ortsnamen umschaffen; *dazu gehört ein Eroberungskrieg, ja in der Regel wohl noch mehr als das, ein Vernichtungskampf.*[43] Also haben sich die slawischen Ortsnamen in Kärnten

---

42 Zu den Kärntner Ortsnamen ziehen wir heran: August v. Jaksch, Über Ortsnamen mit besonderer Rücksicht auf Kärnten. Klagenfurt 1891; Valentin Pogatschnigg, Etymologische Sagen aus Kärnten. In: Carinthia I 1906; Primus Lessiak, Die kärntnischen Stationsnamen. In: Carinthia I 1922; Eberhard Kranzmayer, Ortsnamenbuch von Kärnten. Klagenfurt 1958 sowie C. C. Desinan, Toponimi del Tarvisiano e contatti fra lingue. A cura di G. Ellero e G. Barbina. Udine 1991.

43 Siehe A. v. Jaksch, Ueber Ortsnamen. A.a.O. Er zitiert hier einen Ausspruch aus E. Förstemanns Altdeutschem Namenbuch (S. 22).

großteils erhalten und wurden allmählich auf verschiedene Weise eingedeutscht.

Der Panslawismus seit 1848 bewirkte, daß slowenische Intellektuelle die Ortsnamen seit 1856 wieder slawisierten, oftmals, wie Jaksch zeigt, unter Mißachtung der alten slawischen Formen.

Mit der italienischen Okkupation von 1918 werden alle Namen italianisiert. Diese künstliche Italianisierung ist eine Eroberungsgeste, die zur Abwertung und brutalen Verdrängung der deutschen, der slawischen – und der friulanischen Sprache führt. Die italienische Sprachpolizei[44] leistet ganze Arbeit! Da gibt es den Fall oberflächlicher Italianisierung der alten, meist romanisch-slawisch-deutschen Bezeichnungen wie Tarvis zu Tarvisio, klangliche Oberflächenübersetzungen wie Gugg zu Cucco, sinngemäße Übersetzungen wie Leopoldskirchen zu San Leopoldo, wörtliche wie Überwasser zu Oltreacqua oder Neubelebungen früherer Bezeichnungen wie Saifnitz zu Camporosso oder einfach neue Namen, wie Cave del Predil für Raibl. Der Namenszauber reicht bis in die Straßen und Häuser, da kommen wir gleich einmal in die via *Roma* und in die via *Dante*, da wird in der Gegend des Isonzo, Görz im besonderen, häufig mit *vittoria* benamst. In Triest wird 1919 die Piazza grande zur Piazza *unità*). 1956 wird die *unità d'Italia*, beschworen. Per Gesetz werden auch die Familiennamen italianisiert.[45] Einen Triumph der Einfallslosigkeit erleben wir ja nach wie vor auf den Straßen- und Plätzebezeichnungen Italiens; da öden einen unzählige *Garibaldis, Cavours, Oberdans* und *Battistis* im ganzen bunten Land an.

Einerseits muß es ein Machtgefühl bedeuten, ganze Landschaften wie das Kanaltal oder Südtirol einfach umzubenennen. Andererseits zeigt es primitive Angst vor der Macht der Namen und eine Art urzeitlichen oder merseburgischen Namenszaubers.

Tarvis war bis zur Besetzung durch Italien, wie Pontafel, Malborgeth, Raibl und das krainische Weißenfels deutsch- und windischsprachig. Die Orte, in denen Industrie, Handel und dann Fremdenverkehr eine bedeutende Rolle gespielt haben, waren von germanischen Einwanderern besiedelt worden, während Saifnitz, Uggowitz, Leopoldskirchen, Wolfsbach und Thörl windische Bauerndörfer geblieben waren.

---

44 Vgl. dazu dieses Stichwort in Karl-Markus Gaußens Europäisches Alphabet. A.a.O.
45 Etwa Kanduth zu Candutti, oder ein Nachfahre des Joseph Ressel, der zu Roberto Resselli wurde! Lehrreich in diesem Zusammenhang ist ein Spaziergang durch den schönen Friedhof von Triest …
Vgl. auch: M. Gariup, La Val Canale fra le due guerre mondiali. Cividale del Friuli 1986.

Der Name Tarvis ist gleichen Ursprungs wie der des venezianischen Treviso: lateinisch tarvisium, keltischen Ursprungs von keltisch *tarvos* für Stier[46]. Bischof Albrecht von Bamberg hatte den Tarvisern noch erlaubt, einen Pfarrer mit friulanischer Sprache anzustellen. 1456 verleiht der Bischof von Bamberg den Siedlern *an der Tervis im Canal in Kärnden* das Recht, einen Jahrmarkt abzuhalten. Noch heute herrscht in Tarvis Jahrmarktstimmung. Wir brauchen nichts und fahren weiter, zu einem Seitensprung ins Raibler Tal und darüber hinaus.

Wir folgen dem Schlitzatal Richtung Raibl und Predil und gelangen zunächst nach Flitschl/Plezzut. Greuth, ursprünglich Geräuth, slowenisch Rûte, zu Rutte italianisiert, lassen wir links liegen. Weiter dem Raibler See entgegen kommen wir nach Kaltwasser/Riofreddo. *Pochwerk und Bleischmelzhütten, am Austritte des von Westen kommenden wildromantischen Kaltwassergrabens.* Hier wurde ein Teil des Raibler Erzes verschmolzen und aufbereitet. Die Werksanlagen sind längst stillgelegt und verfallen, alles verfällt. Noch 1951 wurden in Riofreddo und dem angrenzenden Muda (Mauth) 284 Einwohner gezählt. 30 Jahre später waren es noch 48, unangefochtener Spitzenreiter in der Entvölkerungsstatistik des Kanaltales, und heute sind es nur noch ein paar arme Seelen. Wir sehen eine schwerfällige Gestalt mit Plastiksäcken in einem Eingang verschwinden, einen älteren und einen jungen Mann mit dem Traktor ohne erkennbare Motive ständig vor- und zurückstoßen, werden überall von den kläffenden Hunden, die in kleinen Verschlägen angepflockt gehalten werden, angebellt. Nichts wie weg hier! Von Mauth an ist das Flußbett der Schlitza von ungeheuren Abraumhalden aus dem Raibler Bergwerk gesäumt. Riesige Anlagen, schon 1679 waren hier etwa 200 Arbeiter unter 43 Abbauunternehmern tätig, und zu seinem Höhepunkt 1925 waren es 1020 Personen. Am 30. Juni 1991 wurde das Bergwerk stillgelegt, alles dem Verfall preisgegeben. Die Natur ist im Begriff, sich das aufgewühlte, geschundene Land wieder zurückzuholen.

Für Raibl/Rabelj wurde neben der italianisierten Form *Rabil* die italienische Bezeichnung *Cave di Predil* geschaffen. Nicht allzu treffend, denn die Kavernen sind ja auf der Königsberg- und nicht auf der Predilseite des Tales zu finden. Bei der Etymologie des Namens Raibl kommt Kranzmayer auf die Verkleinerungsform von „Rabe", vom Rabel, dem kleinen Raben auf den

---

46 Lessiak, a.a.O. zitiert hier A. Holder, Altceltischer Sprachschatz.

Galgenvogel, und wegen der abgesonderten Lage von Raibl auf den Wohnort eines verfemten Freimanns, eines Galgenvogels. Für dieses Unterkärntner Raibl, Räbel in der Bedeutung von „Henker", nimmt er ein, allerdings nicht belegtes, fränkisches Rechtslehnwort an. Dazu paßt immerhin die slowenische Variante *Vranijca*, was so viel wie kleiner Rabe bedeutet, was aus dem Deutschen übersetzt ist. Auch Raibl als Ableitung von „reiben", zerriebene Erde, wird zuweilen angenommen. Zu denken wäre freilich zunächst an den im 15. Jahrhundert zuerst genannten Bergwerksunternehmer Oswald Rabel. Der Reiseführer zur Jahrhundertwende erzählt, daß man den Ort tatsächlich noch weit häufiger „Rabl" als „Raibl" bezeichnen hörte.

Zwei Bars haben geöffnet, wir betreten die eine in der Ortsmitte. Ein Glas Weißwein zur Aufmunterung. Der Fernseher läuft, dazu Radiomusik, laute Gespräche, mehrere Schallebenen: eine italienische Bar. Eine der hier lehnenden Figuren sieht uns an. Viele Fremde halten hier nicht. *Di dove siete?* Wir geben uns als *austriaci* zu erkennen. *Was haaßt?* Er hat bisher italienisch geredet und fragt uns unvermittelt auf Kärntnerisch. Es ist Vormittag und er ist nicht ganz nüchtern. Ja von drüben kommen wir. Er hört schlecht. *Terrisch bin i, ned damisch*, versichert er. *I bin Walter Scholander* sagt er und zeigt uns seinen italienischen Paß. *A Kaantner, oba in Italien geboren.* 30 Jahre unter Tag gearbeitet, ein Jahr in Deutschland. Walter ist gut 50 Jahre, nun dick und schwerfällig, zeigt uns ein Foto aus den sechziger Jahren, wo er mit Kollegen einer Schispringermannschaft zu sehen ist. Er hört fast nichts und spricht zusammenhanglos, reagiert aber verärgert, wenn wir nicht gleich verstehen. Versucht mit uns hochdeutsch zu reden – für ihn eine weitere Fremdsprache. Wie er denn zuhause redet? *Wias kummt.* Mit seiner Mutter abwechselnd italienisch und kärntnerisch. Das hat er, wie viele andere, im geheimen gelernt, zuhause, es war in der Öffentlichkeit untersagt ... Scholander, Schellander ... eigentlich ein schwedischer Name, Sjölander, Själander ein versprengter, hier gebliebener Recke aus den Dreißigjährigen Krieg sein Ahne? Die Silbe *Schell* trifft sich allerdings oft in Bergwerksorten, dort wo klingendes Metall gefunden wird. Langsam wollen wir wieder weiter, Walter lädt uns auf ein weiteres Glas ein. Manchmal fehlen ihm die Worte im Kärntnerischen, im Hochdeutschen erst recht, sein Italienisch ohne regionale Färbung, eine Kunstsprache. Was erwartet ihn hier, den in Italien geborenen Kärntner? 30 Jahre unter Tag! Jetzt *terrisch*, und doch, *a biißl* zumindest, *damisch*. Ein Raibler Schicksal.

Wir fahren weiter, am Raibler See entlang Richtung Neveasattel. Auf dem Weg die alte Grenze zwischen Venedig und dem Kaiserreich, nur dem Suchenden erkennbar und doch, wie die verlassenen Häuser zeigen, einst ein Ort heftiger Betriebsamkeit. Die Grenze, eine gedachte Linie durch das Tal, und daran hat man geglaubt, glauben müssen.

Weiter hinauf zur Sella Nevea, etwa 1.160 m. Hier ist ein Schizentrum von beachtlicher Grauslichkeit entstanden. Unbequem und schockfarben Gekleidete sollen das große Geld hierher bringen. Die Leute sind arm in dieser Gegend, sie könnten es brauchen. Das Raccolanatal hinunter, das alte Grenzstreitgebiet zwischen den kirchlichen Einflußbereichen Aquileia und Bamberg, wieder dem *cjânal* zu, dem Canale del Ferro, wie er hinter Pontebba heißt. Das Raccolanatal ist wie der Ferrokanal von einer dramatischen Entvölkerung betroffen, ab und zu sehen wir einen, wie in Stretti, der seinen Sommerwohnsitz in Schwung bringt, aber im wesentlichen keine intakten Ortsstrukturen mehr. Das wildromantische Raccolanatal ist größtenteils wieder der Wüstung anheimgefallen, Bergdörfer wie Stretti, Chiòut dai Umign, Patòc oder Sotmedons sind verlassen oder bestenfalls von schrullig gewordenen Alten bewohnt. Von den ursprünglich zwölf Dörfern des Raccolanatales hatten bis 1988 fünf ihre Bevölkerung zur Gänze verloren. 1951 zählte man im Raccolanatal noch 889 Einwohner, 1988 waren es nur noch 285. Die Erdbebenkatastrophe von 1976 hat die schleichende Abwanderung beschleunigt. Wir durchfahren dieses traurige Gebiet und stoßen bei Chiusaforte wieder in die Verkehrshölle des von Autobahn, Straße und Bahn fast vollständig eingenommenen Tales.

Wir kehren zurück ins Kanaltal, zurück nach Tarvis, weiter nach Saifnitz. Die italienische Bezeichnug des Ortes Camporosso (rotes [blutiges] Feld) geht auf eine sagenhafte Schlacht zurück, in der die Leute zu beiden Seiten *wie die Winterfliegen* fielen. Die von Pogatschnigg gesammelten phantasiereichen etymologischen Sagen deuten den Namen als Krötenfeld (campo dei rospi). Saifnitz war ein windisches Dorf. Die Pfarrkirche zum heiligen Egydius geht, wie viele andere Kärntner Kirchen auf den Bamberger Bischof Otho I. zurück, sie wurde im 15. Jahrhundert vom Kärntner Maler Thomas Artula ausgestattet. Artula – auch ein ungewöhnlicher Name. Er könnte auf ein slowenisches *vrtulja* zurückzuführen sein, was mit Wirbel, drehen, kreisen zu tun hat, was sich in Artulas Wappen nachvollziehen ließe. Artula war, was seine kulturelle Heimat betrifft, Deutsch-

Polyglotte Hinweistafel, gesehen in Saifnitz.

kärntner, was nicht allzuviel zu bedeuten hat, das ganze Gebiet war ja ohnehin zweisprachig.⁴⁷

Die Namen auf den Gräbern sind deutsch, slawisch, die neueren, schon mit dauerhaften Plastikblumen dekorierten, italienisch. Jetzt in der Vorosterzeit ist ein kleines barockes Kulissentheater, das die Auferstehung darstellt, eingerichtet. Die Messe wird in windischer Sprache gefeiert. Eine Frau mittleren Alters, die ein Grab pflegt, hören wir mit einem kleinen Kind Kärntnerisch reden, eine Altkanaltalerin, Optantin vielleicht. Da hören wir einen seltsamen Laut, ungefähr so: {woo:sa maschsch} Was ist das? Wir sehen ein paar Feuerwehrer und ein rotes Wägelchen mit der Aufschrift „Freiwillige Feuerwehr Saifnitz". Es sind die Feuerwehrleute. Sie haben einen Hydranten aufgedreht. Ihre Kommandosprache ist nach wie vor Deutsch!! *Wasser Marsch!* heißt das. Hier hat die Sprachpolizei versagt, oder sind ihre Bemühungen einfach weggeschwemmt worden?

In der Bar des Gasthofes Schojer kommen wir dann mit Toni, einem etwas angesäuselten Einheimischen, ins Gespräch. Sein Freund, Südtiroler, der

---

47 Wilhelm Neumann, Der bedeutendste Maler der Kärntner Spätgotik – Thomas Artula von Villach. In: Neues aus Alt-Villach. Villach 1983. S. 86.

bei den italienischen Bundesforsten arbeitet, spricht Tirolerisch. Er war nach Rom versetzt worden und dann hierher, weil deutsche Sprachkenntnis von Vorteil erscheint.

Wir fahren weiter nach Wolfsbach am Ausgang der Saisera. Auf dem Weg nach Wolfsbach passieren wir *Podbuas*, einer der wenigen erhalten gebliebenen slawischen Ortsnamen, wo die Seilbahn auf den Luschariberg abgeht. Luschari aus dem kirchenlateinischen Luciaria, italienisch Lusciaria, slowenisch Visarje, friulanisch Lusârie ist auf Lussari reitalianisiert worden.

Wolfsbach, auf slowenisch *volcja ves*, auf italienisch *Valbruna*: Zwetschkental (friulanisch brune, brundule Zwetschke). Noch heute werden die Wolfsbacher wegen ihrer Zwetschken von den Nachbarn mit dem Wolfsbacher Wrundelenmarkt gehänselt; Wrundelen (nach: brundule) heißt im Kanaltal eine herbe, kleine Zwetschkensorte, so Eberhard Kranzmayer. Während wenig gegen die Bedeutung Brauntal (italienisch bruno: braun) spricht, dafür allerdings auch wenig.

Wir wollen etwas essen und steuern das Ristorante Keil, klingt urig, an, sehen aber rechter Hand eine Bar offenstehen und trinken dort erst einmal ein Gläschen Wein. Die Wirtin, Paula Grünwald, Jahrgang 1925, reagiert ohne Verwunderung auf eine Anrede in deutscher Sprache. Sie ist nur zufällig da, eigentlich wohnt sie in Triest und betreibt eine Wäscherei im viale D'Annunzio. Paula spricht Kärntnerisch mit einer leichten Vokalumfärbung. Das Kärntnerische ist ihre Muttersprache. Die Mutter war Volksschullehrerin, zusammen mit anderen Kindern haben sie in geheimen Sitzungen mit ihr Deutsch gelernt. Offiziell durfte sie in ihrer Jugend kein Wort Deutsch reden. In der Schule war es streng verboten. In der Kriegszeit dann war sie im Büro des deutschen Kommandos beschäftigt. Nach dem Krieg gab es die gräßlichsten Verfolgungen, erzählt sie. Ihr Bruder ist an den Folgen der Mißhandlungen gestorben. Sie erinnert sich, daß nach Ende der Kampfhandlungen die Juden besonders grausam verfahren sind. Erinnert sie sich oder ist das eine späte Frucht der Propaganda? Wir wollen dann doch etwas essen gehen und suchen nach Kanaltaler Küche. Schwer zu finden. Das Keil gehört einem Sizilianer, und sonst gibt es kaum jemanden in der Gegend, der es sich leisten kann, täglich auszukochen. Besser wir fahren hinaus nach Saifnitz. Im *Albergo Spartiacqua* gibts Fischspezialitäten. Wir hören uns um. Hier redet alles Kärntnerisch. Es geht um Marketing und Produkteinführung. Aha. Die Tüchtigen. Sie fahren hierher um Italienisch zu speisen. Schließlich ist es hier noch immer günstig. Die italienischen Kellnerinnen sprechen ausreichend Gastronomiedeutsch. Das ist praktisch.

Anderntags schauen wir weiter in das Tal der Saisera. Der Name ist eindeutig: slowenisch *za jezerom* heißt hinter dem See. Gemeint ist der Raibler See. Wir verstehen plötzlich Julius Kugy mit seiner Begeisterung für die Julischen Alpen. Was für ein herrlicher Talschluß mit Montasch/Montasio und Wischberg/Jôf Fuart.

Jetzt ist Ruhe, Zwischensaison. Wir treten in das Rifugio Montasio. Als wir die Wirtin, die mit ihrem Enkel Italienisch spricht, nach dem Geschäft fragen, antwortet sie uns auf Kärntnerisch. Sie ist 1939 geboren und hat hierher geheiratet und lebt seither hier. Sie kommt aus Graz, Erika Dittinger, die Liebe hat sie in diesen Winkel verschlagen. Jetzt wohnt sie draußen, in Uggowitz, und fährt jeden Tag hier herein, zu arbeiten gibt es viel, aber es ist halt doch sehr einsam. Betrieb ist im Sommer, im Winter weniger, mit den Langläufern, hauptsächlich am Wochenende. Schwach hören wir noch etwas das steirische Bellen, diese seltsame Vokaldrehung im Mund, nachklingen, ansonsten spricht sie kantnerisch. Ihr Deutsch ist mit italienischen Strukturen und Vokabeln versetzt. Für *entweder …oder* benutzt sie das italienische o…o. *O regnts o schneit* sagt sie. Klammerkonstruktionen, die das Deutsche oft so unübersichtlich machen, kommen in ihrer Sprache kaum vor. *Won is wenig Wooßa.* Fast möchten wir glauben, die Umstellung vom Steirischen auf das Kärntnerische habe ihre Sprache etwas durchlässiger gemacht als das etwa bei Paula Grünwald der Fall war. Aber mit weitgespannten Verbalklammern geht auch schon das Kärntnerische sparsam um. Wir reden übers Wetter. Es ist für sie hier entscheidend. Außerdem waren ihre Eltern wie alle anderen hier Bauern. Aber jetzt gibt es keine mehr. Es bringt nichts mehr und der italienische Staat wirft einem jede Menge bürokratischer Hindernisse in den Weg.

Erika Dittingers Italienisch ist frei von jeder *sfumatura*. Die Kinder sind alle in Italien, sie reden meist Italienisch. Es wird kaum noch Deutsch geredet, wenn dann in den Familien, sagt sie. Die Enkel reden nur mehr Italienisch. Das entspricht der allgemeinen Tendenz. Selbst die, die noch Deutsch können, benutzen diese Sprache nur mehr wenig. Dahinter noch rangieren das Slowenische, das Friulanische und das Windische.[48] In Uggowitz, wo sie wohnt, da schon noch, Deutsch und Slowenisch. Wenn sie das rein reden, dann versteht sie nicht viel, aber das Windische, das versteht sie, denn da ist so viel Deutsch drin, fast jedes zweite Wort.

---

48 Dazu Johanna Hrovath, Das Kanaltal: Die historische Entwicklung der deutsch- und slowenischsprachigen Minderheiten. Wien 1995 (Dipl.-Arb.). Und Sabrina Maria Weiss, Die deutsche Sprachminderheit im Kanaltal. Wien 1993 (Dipl.-Arb.).

Auf nach Uggowitz! Klingt slawisch. Jaksch sagt, daß der Name aus *vuk*, Wolf (schon wieder) abgeleitet sei. Schließlich ist auch der Wolfsbach in der Nähe. Slowenisch *ukati* bedeutet einen dumpfen Laut von sich geben. *Ukva* ist das glucksende Wasser, *ukvica* die Verkleinerungsform, so Lessiak.

Fast in der Mitte des Kanaltales, am Ausgang des Uggowitzer Grabens gelegen, breitet sich die Ortschaft Uggowitz/Ukve (heute Ugovizza) aus, heute Katastralgemeinde der Großgemeinde Malborgeth-Wolfsbach/Malborghetto-Valbruna. Das von außen unscheinbare Dorf wird von Autobahn und Staatsstraße am Grabenrand liegengelassen, kein Durchreisender würde die Mühen der schmalen Dorfdurchfahrt auf sich nehmen. Das ist schade, denn der Ort steht für ein Früher, das im Kanaltal von Heute die Ausnahme ist. Die Einwohner von Uggowitz sind die Monolithen des Kanaltales, überlebende Fossile aus dem 1918 zu Ende gegangenen menschlichen Tertiär.

Uggowitz war und ist eine von Slowenen bewohnte Ortschaft, d.h. eigentlich von Windischen, jener Sprachgruppe, deren slowenischer Dialekt wegen des jahrhundertelangen Einflusses der deutschen Sprache eine große Zahl an Germanismen aufweist und sich in Phonetik und Syntax dem Deutschen angeglichen hat. Große landwirtschaftliche Flächen und vor allem das ausgedehnte, einst hochgerühmte Gebiet der Uggowitzer Alm machten den Ort zu einem Zentrum der Kanaltaler Landwirtschaft. Heute ist Uggowitz die einzige Ortschaft des Kanaltales, in der noch ernsthaft Landwirtschaft betrieben wird. Ein Geschäft der „Cooperativa Agricoltori Valcanale" sorgt für die Direktvermarktung der eigenen Produkte.

Die meisten Einwohner von Uggowitz haben zwar 1939 für das Deutsche Reich optiert, wurden aber als Windische hintenan gereiht. Durch die vorzeitige Beendigung der Aussiedlungsaktion verblieben die Uggowitzer Optanten im Kanaltal, was ihnen im nachhinein gesehen vieles ersparte. Aus diesen Gründen – bäuerliche Tradition, Vollerwerbsbauern, keine Aussiedlung und geringe Zuwanderung von Italienern – ist Uggowitz eine weitgehend homogene Ortschaft geblieben, in der, sagen wir einmal, Ur-Kanaltaler wohnen. Die Einwohner fühlen sich ebenso stark als Ur-Kärntner, und drücken dies durch eine zum Teil seltsame Metamorphose aus. Trotz ihres slowenischen Ursprungs und der windisch-slowenischen Muttersprache treten sie seit 1945 auch als deutschsprachige Kärntner auf. Ein Umstand, der aufgrund ihrer Situation erstaunlich ist: Italienische Staatsbürger mit windisch-slowenischer Muttersprache lassen sich nicht italienisch assimilieren, sondern wechseln in Italien von Windisch auf Deutsch. Hier kann auch der slowenische Pfarrer wenig gegensteuern, der die Messe in slowenischer Schriftsprache liest und das auf slowenisch abgefaßte Pfarrblatt „*Ukve*" herausgibt. „*Die windischsprachige Bevölkerung sieht dadurch ihre Interessen jedoch nicht wahrgenommen, da ihre Umgangssprache ‚Windisch' ist und viele die slowenische Schriftsprache weder sprechen noch verstehen können.*"[49] Dasselbe läßt sich auch für die deutsche Sprache sagen: Sie wird im Südkärntner Dialekt gesprochen, während das Hochdeutsche weitgehend fremd ist.

Ein Besuch der Bar von Maria Preschern, eine Art Dorfwirtshaus, an der Piazza di Agricoltura gibt der theoretischen Betrachtung einen plastischen Rückhalt. In der Bar Preschern nehmen wir einen Schluck Bier. Maria hinter der Bar spricht wieder dieses keimfreie Italienisch, auch wenn sie ihre etwas frechen Witze macht. Dem Burschen sagt sie, er solle nicht zuviel *zigarrette* rauchen, das ist wie wenn sie auf Deutsch sagen würde, *Sigaretten* rauchen, weil es seiner Manneskraft abträglich sein könnte, *e poi non lo rende*. Die Männer, die hier stehen, reden Italienisch, einer geht, ein anderer, ländlicher, etwas vom Alkohol gezeichneter Typ stellt sich dazu, und sie reden mit Maria Brocken Kärntnerisch. Nach und nach die ganze Bar Kärntnerisch! Sie trinken *an schwoazzn* – Rotwein, vino nero, direkt übersetzt. Auch das Thema wird kärntnerisch, sie witzeln über einen Kärntner Regionalpolitiker, der sich besonders um die Ausgrenzung sogenannter Ausländer müht. Sie haben ihr Vieh auf der Uggowitzer Alm und kommen auch zuweilen *ins Geiltaal* hinunter. Was ist ihre Muttersprache, das Italienische klingt ganz und gar nicht danach, obwohl sie es schon in der dritten Generation sprechen, das Kärntnerische vielleicht, und das ist ja von der deutschen Schriftsprache auch wieder ziemlich verschieden, das Windische wohl. Was ihre Ethnizität? Wissenschaftlich müßte von „*schwebendem Volkstum*", „*diffuser Ethnizität*" die Rede sein, von „*Gemengelage*" und ähnlichem. Sie springen, im Satz, vom Kärntnerischen ins Italienische, hin und her. Ab und zu ein paar Brocken Windisch. Einer redet die Kellnerin auf Friulanisch an. Maria, diese kräftige Erscheinung mit hohem *Vitalitätsindex*, antwortet auch in dieser Sprache launig. Lustige Stimmung in der Bar Preschern. Die Leute kümmern sich nicht um das sogenannte *Sozialprestige* der Sprachen. Wenn es darum ginge, wer von den bestehenden Volksgruppen das wohlersessenere Wohnrecht hätte, dann ginge es genau umgekehrt, dann müßte zuerst das Slawische stehen, das Friulanische und das Deutsche und Windische, und zum Schluß das Italienische. Hier in der Bar gehts bunt durch-

---

49 Weiss, 1993, S. 25.

einander. Ein ganzer sprachlicher Kosmos ohne Grenzen. Später erfahren wir, daß das Kärntnerische der Wirtin in der Bar Preschern kein Fall von besonderer linguistischer Hartnäckigkeit ist, sondern so zustandegekommen ist wie eh und jeh: einer der Uggowitzer, die sich sommers auf den Almen befinden und oft ins Gailtal hinunterkommen, hat sich eine Gailtalerin mit herübergenommen. Und die Uggowitzer, polyglott wie sie nunmal sind, sprechen mit ihr Kärntnerisch. Hier bei Maria und Hirter Bier wird deutlich, daß der Streit um die Sprachen, der unausgesprochene Kampf darum, ob das Romanische, Germanische oder Slawische die weltumspannende Sprache werden würde, der besonders in Grenzregionen grobe Verwüstungen angerichtet hat, ganz und gar zwecklos ist. Im Hintergrund plärren die Original Oberkrainer aus der Box und Maria Preschern schenkt *an schwoazzn* nach.

Wir schauen weiter nach Malborgeth. Laut Enciclopedia Italiana wird aus dem alten Namen *Buonborghetto* nach einem Brand von 1534 das spätere *Malborghetto* ...

Malborgeth ursprünglich aus Bamberg, also nach den Landesherrn, mit der Nachsilbe -edt -öd für Besitz, Gut, also *Bambergedt*, laut Pogatschnigg. Irgendwann muß es dann von Bamberg zum romanischen bon (gut) und *borg, borgo* für Stadt außerhalb der Befestigungsmauern oder den vom Volk bewohnten (geborgenen) Teil innerhalb des befestigten Stadtkerns verwendet, gekommen sein. Von borgo zur Verkleinerungsform borghetto ist es angesichts der immer bescheidenen Dimensionen dieses Ortes gekommen. Burg, gotisch *baurgs*, altnordisch *borg* ist ein altgermanisches Wort. Es ist nicht sicher, ob es im Ablaut zu Berg steht und etwas mit bergen zu tun hat, (der Name Bamberg, dessen Domburg 1088, und dessen burgus auf der Regnitzinsel nach 1260 ummauert worden war, hat gewiß damit zu tun) – oder mit dem altgriechischen πυρξ, Gen. πυργος. Von Bon- zu Mal- (schlecht) kommt es, nachdem in der zweiten Hälfte des 14. Jahrhunderts die Venezianer den Ort niedergebrannt haben. Pogatschnigg berichtet, daß Malborghet ständig *Einfällen vom Wälschland* her ausgesetzt gewesen sei und die raubenden und sengenden Venezianer nach einem abgewehrten Angriff den Ort zum schlimmen Bollwerk Malborghetto umbenannt haben ...

Die ausgebaute Bundesstraße führt jetzt unter dem Fort Hensel, dem letzten Bollwerk gegen die *Angriffe aus dem Wälschland*, hindurch. Auf der Bundesstraße, die um die Felsnase herumführt, hat jemand einen Strich auf den Felsen gemalt, links I und rechts Ö, rechts Pfeil *Tarvis*, links *Tafelbrück*. Tafelbrück? Wir rätseln, ja, Pontafel ist gemeint. Der Schmierer ist offenbar einer von den ganz besonders Deutschen, von der Sorte: *Wir kommen wieder!*

Auf nach Pontafel! Wir fahren über Leopoldskirchen, ursprünglich Diepoltskirchen, friulanisch La Glesie, slowenisch Lipolja ves, ursprünglich Dopolja ves, also Dorf des Dietbold. Pogatschnigg übermittelt, daß in fernen Bambergischen Zeiten verdächtiges Volk sich herumgetrieben habe. *Einmal fiel auch ein Pilger, welcher seiner Heimat zuwanderte, in die Hände der Wegelagerer, die ihn gänzlich seiner Habe beraubten, bis auf einen Taler, der in seinem Rocke eingenäht war. Unterwegs reute es den Pilger, diesen verschwiegen zu haben; er kehrte um und lieferte auch dieses sein letztes Geldstück aus. Die dadurch gerührten Wegelagerer wurden bekehrt und errichteten ein hölzernes Kirchlein, das Diebholzkirchen genannt wurde.* Einer anderen Sage zufolge soll der Dieb Leopold geheißen haben. Dietbald oder Theobald wäre als ursprünglicher Kirchenpatron anzunehmen. Daß *boshafte und unwissende Menschen den Namen Diepoldskirchen in den Namen Diebholzkirchen verwandelten*, scheint dennoch ein Ärgernis gewesen zu sein, weshalb die Umbenennung in Leopoldskirchen die Leute erleichtert aufatmen ließ!

Früher fuhr man dort, wo jetzt Verwüstungen durch den Bau von Autobahn und neuerdings auch Bahn klaffen, und darüber eine monströse Autobahnkrake stelzt, eine freundliche Allee hinunter in den Doppelort. Als deutscher Ort scheint Pontafel erst Ende des 17. Jahrhunderts auf, nachdem es (oder sie, *die Pontafl,* wie gesagt worden war) zuvor windisch besiedelt war. Erst dann hat die Gegenüberstellung des venezianischen und des deutschen Schwesterortes begonnen, die sich im 19. Jahrhundert bis zur krassen Gegenposition Pontebba/Pontafel aufgeschaukelt hat. Die Pontäfl kommt namentlich aus der alten *Ponte ad viam*: Brücke zu sein war die ursprüngliche Bestimmung. Daraus entstand altfriulanisch Pontabbia, slowenisch Pontâblja. Auch die konstruierte italianisierte Benennung Pontefella übersieht, daß die Brücke niemals über die Fella, sondern über den Pontebbanabach geführt hat. Mit einer Tàfel hat Pontabbia nichts zu tun, auch wenn die mundartliche slowenische Bezeichnung *(Po)Tabla* sowas nahelegt, aber das hat der Schmierer an der Felsnase zu Malborghet nicht gemeint. Er will *das Bild der wesentlichen Gleichheit aller Bürger durch jenen Unterschied, der in der Sprache stattfindet,* verdunkeln.

Hundert Jahre nach Bolzanos Aufruf erscheint in Prag eine bemerkenswerte Studie über *Zärtlichkeitsausdrücke und Koseworte in der friulanischen Sprache*. Tatsächlich sind bis zum Großen Krieg manche Schritte auf dem

Weg zum gegenseitigen Verständnis gesetzt worden, wie diese vom österreichischen Erzherzog Ludwig Salvator herausgegebene, von Verehrung für die Minderheitensprache getragene umfangreiche Arbeit zeigt: *Wenn man in einem Garten nur eine Blumenart hätte – und wäre sie selbst die schönste – würde man den Garten fad und eintönig finden; so ist es mit den Sprachen, diesen Blüten menschlichen Gefühls …*[50]

Ce fastu? In der Bar von Maurizio Temel vor dem Bahnhof wird Friulanisch geredet. Langsam, nach einem dreiviertel Jahrhundert Italianisierung, tauchen immerhin friulanische Ortstafeln auf, deutsche oder slowenische sind noch außer Sicht.

Pontafel hat wie das angrenzende Pontebba vom Bahngrenzgeschäft gelebt, und das schwindet dahin. Die Autobahn hat die Durchgangsreisenden abgezogen. Leichtfüßig passieren wir den alten Grenzstein zwischen Pontebba/Pontafel, Venetien/Kärnten, Kaiserreich/Königreich Italien an der Brücke *ad viam*, um den herrlichen Flügelaltar des Meisters Heinrich aus Villach in der Pontebbaner Kirche Santa Maria Maggiore zu bewundern. Der künstlerische Einfluß des Nordens reichte immer mindestens bis Gemona/Glemaun hinab. Der alte Schuster in Pontebba, der österreichische Silbermünzen sammelt und die Militärstiefel der Soldaten hergerichtet hatte, macht nur mehr wenig Geschäft. Die Grenzen haben auch Geschäft gebracht. Die eigentlichen Grenzen freilich, jene auf die es ankommt, damit Menschen ihre Würde behalten, sind unmerklich, sie sind noch in den wenigsten Fällen gefunden und kein Geschäft wäre damit zu machen.

Bolzano hatte gemeint, daß sich – nach vielen Jahrtausenden – die Sprachverschiedenheiten aufheben könnten. Er weiß freilich, daß jener *glückliche Zeitpunkt, da auch in unserem Vaterlande nur einerlei Zunge herrschen wird,* weder nahe ist, noch von selbst näher kommt. Es war ihm klar, *daß der Unterschied der Sprache der allerunwesentlichste sei, der unter den Menschen nur immer stattfinden mag.*

… Gerade der Umstand, daß wir ein aus so ungleichartigen Bestandtheilen zusammengesetztes Volk sind, gerade dieser Umstand würde, wofern es uns gelänge, den hindurch veranlaßten Parteigeist zu verdrängen, uns zu einem der glücklichsten Völker in Europa erheben. Denn ein merkwürdiges Naturgesetz ist es, daß zur Entstehung eines jeden Ganzen, welches uns den

---

50 (Ludwig Salvator), Zärtlichkeitsausdrücke und Koseworte in der friulanischen Sprache. Prag 1915, S. 3.

Anblick der Vollkommenheit gewähren soll, eine gewisse Ungleichartigkeit der übrigens wohlverbundenen Bestandtheile nothwendig ist.

Nicht einmal das aus Radio und Werbeplakaten herausschreiende pidgin-Englisch kann die neue Weltsprache werden, geht uns durch den Kopf, sondern nur ein neues Verständnis des Gemeinsamen, das alle Menschen verbindet. Die neue κοινε, die *das Bild der wesentlichen Gleichheit aller Bürger* in sich trägt, würde den alten Begriff von Sprache übersteigen. Der Weg dorthin ist unabsehbar und mit neuen Einsichten in alte Zusammenhänge zu pflastern.

Verkehrskanal

..die jetzt und hier sich darbietende holde Oberfläche in ihrer einmaligen Schönheit zu erfassen und zu genießen ... wer sie nie kräftig bewegt hat, diese Fähigkeiten ... der hat nie gelebt, und auch nichts von der Welt gesehen, da mag er nach Bairut, nach Spanien oder zu den dreizehn Wasserfällen von Slunj in Kroatien gekommen sein ..., so Heimito von Doderer.[51]

Wir haben es längst gemerkt. Das Gehen zu Fuß ist die unserem Geist und unserer Psyche am wirklichsten entsprechende Fortbewegungsart. Nur so können wir auf die Landschaft eingehen und auf ihre Leute, die feinen Unterschiede wahrnehmen. Das Gehen war das vordringlichste Mittel der Welterfahrung bis in unser Jahrhundert. Die Welterfahrung war folglich sinnlich direkter und im Normalfall weniger weitreichend als dies heute der Fall sein kann. Denken wir daran, daß der Triestiner Jurist, Historiker und Landesconservator Peter Kandler während seiner Studienzeit das ganze Habsburgerreich zu Fuß abgeht, die Lombardei, das Veneto, Tirol, bis an die Grenzen Ungarns und Serbiens, überall geschichtliche, archäologische und künstlerische Fakten sammelnd, dann wird deutlich, daß die so erfahrene Bildung von einer ungeheuren sinnlichen Fülle und Konkretheit sein mußte. Das Gehen zu Fuß ist selbst noch in diesem Jahrhundert die übliche Art der Fortbewegung. Der Unterschied der Fortbewegungsleistung zwischen Gehen und Fahren ist nicht überwältigend. Die Angaben für Kutschenfahrten sind für die Ebene etwa doppelt so schnell, gleichschnell bei Steigungen, so:

Tarvis – Kaltwasser	1 ¼ Std. Gehzeit	¾ Std. Fahrzeit
Raibl – Predilpaß	1 Std. Gehzeit	1 Std. Fahrzeit[52]

51 Heimito von Doderer, Die Wasserfälle von Slunj. München ⁴1978. S. 310f.
52 Angaben aus: Illustrirter Führer auf den k.k. Österr. Staatsbahnen Heft 10 Wien. S. 28.

Straßen sind seit Alters her die Hauptverkehrswege, die Verbindungen zwischen Nord und Süd seit jeher von großer Bedeutung. Die norische Hauptstraße in den Süden führte über den Saifnitzer Sattel nach Gemona und weiter nach Pordenone und Venedig. Daneben sind Wurzen, Predil, Seeberg, Plöcken und Loibl als Übergänge bekannt.

Diese jahrtausendealte Situation löst sich mit der Erfindung der Eisenbahn. Die Dampfkraft löst das Nahverhältnis von Reisendem und Landschaft auf, verzichtet weitgehend auf die Mimesis an die Natur und schafft wirklich tiefgreifende Veränderung in der Fortbewegungskultur. Die Mechanisierung der Triebkräfte bindet den Reisenden in ein Maschinenensemble und läßt das Verkehrsmittel immer mehr zum Projektil werden[53]. Die Eisenbahn führt den interessierten Reisenden in eine dichte Wunderwelt verschiedenster Landschaftseindrücke mit laufendem Licht- und Perspektivenwechsel und den Ignoranten zur Möglichkeit von Blödheit und Abstumpfung trotz Weitgereistheit in ganz neuen Dimensionen – ungeheure Erweiterung des Horizontes und Vernichtung von Zeit und Raum – beides ist möglich. Heimito von Doderer hält allerdings die Apperceptions-Verweigerung für ein weit verbreitetes Phänomen.

Daß die Eisenbahn wirtschaftlichen Aufschwung bringt, hat sich schon mit der ersten Bahn auf dem Kontinent, der Verbindung von Budweis nach Linz und Gmunden, von Moldau und Donau, herausgestellt.

Die erste Eisenbahnverbindung zwischen der Hauptstadt Wien und dem Mittelmeer führte über Marburg und Laibach und südlich des Birnbaumer Waldes an den Golf von Triest; sie berührte den Saifnitzer Sattel nicht. Es war die Erzherzog-Johann-Bahn über den Semmering. Am 12. April 1854 besichtigte Kaiser Franz Joseph die Semmeringstrecke und ließ sich, neben dem Erbauer Carl Ritter von Ghega, nach eigener Diktion ein „italienischer Österreicher", auf einem offenen Güterwagen stehend, über technische Feinheiten und geologische Besonderheiten informieren.

Ein Jahr nach der Eröffnung der Gesamtstrecke (1857) war die Bahn staatlicher Geldnöte zufolge an die k.k. private Südbahngesellschaft, diese basierend auf französischem Kapital und geleitet von Baron Rothschild, verkauft worden. Das verringerte ihre wirtschaftliche Attraktivität vor allem der hohen Tarife wegen. Die faktische Attraktivität dieser ersten Gebirgsbahn war ungebrochen …

---

53 Dazu Wolfgang Schivelbusch, Geschichte der Eisenbahnreise. Frankfurt, Berlin, Wien 1979. S. 9 ff.

„Die Strecke wandte sich und bald immer wieder. Es war, als stiege man über eine gewundene Treppe zum Dach eines Gebäudes empor. Das kurze zischende Vorbeifliegen der Wand in gemauerten Einschnitten gab den Blick wieder frei für ein neues Bild, das jetzt in's Treffen trat und sich in die Aussicht schob, die viele Male schwarz verschluckt und verschlossen wurde von den Tunnels. Clayton hatte die Empfindung, schon sehr hoch zu sein, aber es ging noch höher. Jetzt sah er drüben im weiten Bogen die Bahntrasse liegen, über welche man eben vorhin gefahren war. Die Abstürze neben der Strecke wurden steiler und tiefer und schließlich schwindelnd, als man durch eine Art offene Galerie fuhr. Ihre Pfeiler zischten vorbei. In der nächsten Kurve sah er, so rückwärts wie vorne, die Lokomotiven donnernde Dampfstrahlen emporwerfen …"[54]

Die zweite Gebirgsbahn verband die wichtigsten Tiroler Städte Innsbruck und Bozen über den Brenner (1867). Von den Plänen, Lombardo-Venetien, das bereits durch die Eisenbahnlinie Mailand-Venedig erschlossen war, durch die alte Venedigerstraße über den Saifnitzer Sattel mit Kärnten zu verbinden, mußte nach 1859, als Österreich die Lombardei verlor und endgültig 1866, nach dem Verlust Venetiens, abgerückt werden. Die in Frage kommende Bahnlinie wäre die Pontebbabahn von Udine über Tarvis und Villach. Sie war seit 1864 in Planung.

Durch Kärnten wurde außerdem die transversale Linie Franzensfeste – Marburg angelegt, die auch von der Südbahngesellschaft betrieben wurde und Südbahn und Brennerbahn verband.

Tarvis wurde zuerst von der Kronprinz-Rudolf-Bahn erreicht, die von Wien Westbahnhof über Amstetten durch das Gesäuse nach Villach führte. Der seltsame Umweg von Wien aus war notwendig geworden, weil die Südbahntrasse über den Semmering vermieden werden sollte. Von Tarvis nach Aßling bis Laibach führte die „Oberkrainerbahn" (1870/73).

Die Pontebbabahn wurde dann trotz politischer Schwierigkeiten verwirklicht und 1879 dem Verkehr übergeben. Für das Kanaltal bedeutete dies einen Aufschwung, aber nicht die Ideallösung, zumal schon beim Bau des Grenzbahnhofes die Schwierigkeiten begannen: Man konnte sich nicht über

---

54 Heimito von Doderer, Die Wasserfälle von Slunj. München ⁴1978. S. 10. Wilhelm Carl von Doderer, der Vater des Autors, war ein vielbeschäftigter Bauingenieur, besonders durch das Alpenbahnprogramm, das 1901 vom Kaiser abgesegnet worden war. Es bescherte seiner Firma große Aufträge beim Bau der Karawankenbahn sowie der Tauernbahn-Südrampe.

eine gemeinsame Station einigen, und so wurde ein großer österreichischer Grenzbahnhof in Pontafel gebaut, der mit einer Brücke über den Grenzfluß Pontebbana mit dem italienischen Grenzbahnhof verbunden wurde. Die Pontebbana war durch diese Grenzprobleme nicht gerade attraktiv für den internationalen Verkehr.

Schon bald nach der Eröffnung der Südbahn war der Ruf nach einer zweiten Hinterlandverbindung, vor allem mit dem alpinen und süddeutschen Raum, laut geworden. Bereits seit 1864 gab es in der Triester Handelskammer eine Kommission, die eine zweite Eisenbahnlinie nach Triest betreiben sollte.[55] Die Kommission sprach sich 1867 für die Pontebbana aus, also die Linie über Pontafel/Pontebba und Udine. Aber politische Gründe sprachen mittlerweile dagegen. Als 1869 der Suezkanal eröffnet wurde, wuchs sich das Fehlen einer zweiten Bahnverbindung des Hafens Triest mit den innerösterreichischen Ländern zum wirtschaftlichen Problem aus. Die Handelskammer in Triest richtete in dieser Sache eine Petition an den Kaiser.

In Tarvis war man an der Diskussion um die zweite Bahnlinie sehr interessiert. Heiß umkämpft waren die Predilbahn, die den Predilpaß untertunneln und durchs Sočatal weiter führen sollte. Die dritte Variante über Bischoflack (Škofja Loka) wurde vor allem von Krain favorisiert. Sie sollte die Oberkrainerbahn queren und damit Tarvis berühren.

Die Trassenführung über den Predil wurde aus strategischen Gründen, wegen ihrer Grenznähe, nicht realisiert.

Von der Bischoflacker Linie wurde nur ein kurzes Stück, die malerische Verbindungsbahn durch das Val Rosandra von Triest S. Andrea nach Herpelje gebaut.

Zur Durchführung kam dann die Wocheinerbahn in Verbindung mit der Karawankenbahn durch den Rosenbacher Tunnel. Tarvis wurde dadurch nur am Rande, über die Verbindungsbahn Tarvis – Aßling, berührt. Außerdem sollte die Tauernbahn nach Salzburg und Bayern weitere wirtschaftliche und touristische Möglichkeiten eröffnen.

Das Kärntner Kanaltal selbst war durch die Pontebbabahn bestens erschlossen. Zwischen Tarvis und Pontafel gab es sieben weitere Stationen auf 25 km, überall Hotels, Gasthäuser und tatsächlich wirtschaftlichen sowie touristischen Aufschwung. Durch den Bahnanschluß und die Entdeckung der Gebirgswelt zu

---

55 Dazu Roberto Casanova, Cronologia della Transalpina. In: Transalpina (Katalog 90 Jahre Wocheinerbahn) Gorizia 1996 S. 35 ff.

Verkehrskanal

Unweit des Tarviser Bahnhofes zweigte die Verbindungslinie nach Aßling/Jesenice ab und führte hoch über die malerische Schlitzaschlucht.

Wanderzwecken wird die Kärntner Bergwelt zur beliebten Sommerfrische. Alles ist im Aufbruch, und der rührige Unternehmer Henckel von Donnersmarck betreibt die Errichtung einer Schmalspurbahn von Tarvis nach Raibl …

Die Schatten des Krieges mit dem bisher verbündeten Italien huschen seit Jänner 1915 über das Kanaltal. Der Güterverkehr über Pontafel/Pontebba wird gedrosselt, Leergarnituren werden zurückgehalten. Am 8. 2. 1915 teilt die italienische Staatsbahnverwaltung mit, daß nur mehr offene Güterwagen im Grenzverkehr zugelassen sind … Am 8. Mai 1915 erhält die Direktion Villach den Auftrag zum Bau von zwei Panzerzügen. Am 9. Mai wird der Personenverkehr Richtung Italien eingestellt. Am 22. Mai meldet der Bahnhof Pontafel, daß die Gleise von der Reichsbrücke bis zum Bahnhof Pontebba aufgerissen sind. Der Streckenabschnitt Pontafel – Tarvis wird geräumt, die Strecke gerät bald unter starken italienischen Artilleriebeschuß.[56]

Das militärische Eisenbahnwesen geht in Österreich auf das Jahr 1868 zurück. In den oberitalienischen Kriegen gegen Napoleon III. und im Krieg gegen die Preußen von 1866 hatte sich die große strategische Bedeutung vor allem des Truppentransports durch die Bahn gezeigt. Das k.u.k. Eisenbahnregiment nimmt im Großen Krieg tatsächlich eine wichtige und mehrfach kampfentscheidende Stellung ein. Besonders die zahlreichen Feldbahnen auf dem Karst, für die Ferdinand Porsche potente Zugmaschinen konstruiert, sorgen für den Transport vom Hinterland direkt zur Front.

Für das Saiseratal wird vom Bahnhof Uggowitz aus, ähnlich wie die Fleimstal- und Grödnerbahn, eine Kleinbahn geplant, die in Friedenszeiten als Elektrobahn touristische Funktionen übernehmen hätte sollen. Tatsächlich genutzt werden die Stollenverbindungen des Raibler Bergwerkes. Im Entwässerungsstollen von Raibl nach Unterbreth unter dem Predilpaß hindurch wird eine elektrische Nachschubbahn angelegt, auf der besonders für die Offensive 1917 umfangreiche Transporte durchgeführt werden können. Selbst eine Bahn von Tarvis nach Raibl wurde als Transportbahn geplant, tatsächlich begonnen und für späteren friedensmäßigen Betrieb ausgelegt, 1917 mit dem Durchbruch der Mittelmächte wurde der Bau eingestellt.[57]

Nach dem Krieg hat sich die Lage völlig geändert. Die Linie Tarvis – Aßling wird durch die neue Grenze hinter Weißenfels zur Bedeutungslosigkeit

---

56 Walter Schaumann, Die Bahnen zwischen Ortler und Isonzo 1914–18. Wien 1991. S. 122 ff.; 9 ff.
57 Ebda., S. 131 ff.

Die Raibler Stollenbahn führte vom Isonzotal direkt in das Raibler Bergwerk unter dem Königsberg.

verurteilt. Ebenso die Wocheinerbahn nach ihrer kurzen Blüte. Tarvis wird zum neuen Grenzbahnhof, der Pontafler Bahnhof als Bahnhof Pontebba geführt, der Pontebbaner Bahnhof jenseits der Brücke für Truppentransport sowie Verladung von Mulis und Pferden der stationierten italienischen Truppen genutzt. Die Linie nach Aßling über die Schlitzaschlucht wird erst noch bis zur Grenze Weißenfels weitergeführt, schließlich erst von Italien, dann von Jugoslawien (1966) eingestellt.

Bahnen verbinden Länder und Menschen. Wenn diese kommunikativen Strukturen nicht mehr gewünscht sind, ist ihre Zeit abgelaufen. Gewissermaßen ist im Großen Krieg und mit den vielen neuen Grenzen auch die Entscheidung gegen die Bahn gefallen. Die Straßen gewinnen wieder an Bedeutung, und der Verkehr mit verbrennungsmotorgetriebenen Kraftfahrzeugen nimmt einen ungeahnten Aufschwung. Der Zweite Weltkrieg beschleunigt alle diese Tendenzen und führt den eingeschlagenen Weg weiter. Die Bewegung verliert den gemeinschaftlichen Charakter, der für die Bahn unabdingbar ist, und zerfällt gleichsam in lauter Einzelbewegungen. Aber die Bewegung an sich ist nicht aufzuhalten. Der technische Aspekt der Aufklärung, der mit dem Großen Krieg zum dominanten geworden ist, führt zu immer schnellerer Bewegung. Was am Weg liegt, verliert an Bedeutung.

In der Zeit nach dem Zweiten Weltkrieg bricht sich der Autotourismus an die Adriabadeorte durch das Kanaltal Bahn.[58] Das Kanaltal erlebt zunächst noch ein klingendes Geschäft mit Durchgangstouristen, Grenzmärkten und Tankstellen. Nach dem Autobahnbau in den achtziger Jahren bietet das Kanaltal endgültig verkehrsmäßig das Bild einer Durchgangsschleuse. Der Autobahnbau, gegen den hier keine Proteste laut werden, hat das Kanaltal der letzten theoretischen Möglichkeiten, als Urlaubsort den Anschluß an früheren Glanz zu finden, beraubt und in Lärm und Beton erstickt.

Die neue Bahnlinie führt großteils unterirdisch, und das spart immerhin dem durch Verkehr so geschundenen Tal streckenweise noch weitere Verwüstungen. Auf der aufgelassenen alten Trasse der Pontebbana, heißt es, soll ein Radweg eingerichtet werden.

1900: Sommerfrische im Kanaltal

Als im vorigen Jahrhundert begonnen wird, die Landschaft, und da besonders wiederum die gespaltene und aufgeworfene Erdkruste, als solche zu bewundern, da sind es wieder die Engländer, die zuerst auf Entdeckungsreise gehen. Diese Loslösung aus dem selbstverständlichen Sein in der Natur und das Empfinden gewisser natürlicher Gegebenheiten als Besonderem bringt die Aufklärung mit sich. Und sie schafft auch die Mittel dazu. Zunächst einmal ist es die Bahn, die Wege verkürzt und zur touristischen Entdeckung von Landschaften führt. Nach dem Semmering und dem Salzkammergut sickert der Touristenstrom langsam auch nach Kärnten.

„Lange schon ergoss sich der Fremdenstrom Über Oesterreichs Grenzen, berührte Tirol, Salzburg, Ober-Oesterreich und Steiermark, ehe Kärnten, unser schönes Kärnten, mit seinen mächtigen Bergen und seinen lieblichen

---

58 Seit Einrichtung der automatischen Verkehrzählstelle Unterschütt (km 368.2) zwischen Villach und Tarvis ist eine stetige Zunahme des täglichen Verkehrs zu verzeichnen, von 6.714 Fahrzeugen täglich 1985 auf 16.445 im Jahr 1995. Daneben ist die Bahn praktisch bedeutungslos geworden. Die gerade zwei internationalen Züge, die hier verkehren, fallen dagegen kaum ins Gewicht. Der aufwendige Neubau der Pontebbanatrasse soll vor allem dem Güterverkehr als weitere Nord-Süd-Achse dienen.

Seen auch nur Beachtung fand", schreibt der Gemeinderat Johann Siegel aus Tarvis. „Auch Tarvis und das Kanalthal blieben, obwohl auf einer, schon dem Mittelalter bekannten Hauptader des Verkehres zwischen Deutschland, Venedig und Rom gelegen, lange dem Fremdenzuge verschlossen.

Erst die Bahnbauten, welche Tarvis zum Knotenpunkte der Verbindung mit Villach, Laibach-Triest und Italien machten, öffneten dieses und dessen reizende Umgebung der Touristenwelt, und wenn heute die Reisezeit beginnt, die Junisonne die taufrischen und üppiggrünen Almwiesen überflutet, hält auch der Fremde Einkehr im engen Thale, um sich an den Naturschönheiten des sehenswerten Berglandes zu erfreuen."59

Joseph S., erfolgreicher Malermeister aus dem oberösterreichischen Marktflecken M., ist einer jener frühen Sommerfrischler, die das Kanaltal bereisen. Während Joseph S. es darauf angelegt hat, die Gegend abzuwandern und den einen oder anderen Gipfel zu erklimmen, ist seine Frau Theresia, eine Innviertler Bauerstochter, eher aus gesundheitlichen Gründen (die letzte Geburt hat sie viel Substanz gekostet) mitgekommen.

Wir finden einige Berichte mit Prospekten und Rechnungen von der Sommerfrische der beiden Oberösterreicher:

Pflichtbewußter Brief des Joseph S. an den Schwiegervater (der offensichtlich die finanziellen Mittel, vermutlich seiner ausgezehrten Tochter zuliebe, bereitgestellt hat):

„Wir besteigen den Zug der k.k. Staatsbahn von Salzburg über Stainach-Irdning nach Villach. Die Resl ängstigt sich furchtbar über die vielen Bergwände und erst gar die Tunnele. Da müssen wir durch? O Gott! ruft sie jedes Mal und schlägt drei Kreuzzeichen. Auch ich schreck mich sehr, aber nach und nach vertraue ich stärker auf die Technik. Die Reise ist wunderbar und jeden Augenblick sehen wir einen neuen Prospect. Die Reise im Zuge bietet jeden Comfort. In den Zügen werden gegen die Mittagszeit Speisekörbchen gereicht."

(Zettel, beiliegend:)
… mit kalter Küche, enthaltend Schinken, kalten Braten, Torte, Käse, eine kleine Flasche Wein, eine kleine Flasche Gießhübler, Salz, Pfeffer, ein Trink-

---

59 Woerl's Reisehandbuch Markt-Tarvis in Ober-Kärnten. Verfasst von Gemeinderat Johann Siegel. Leipzig 1903.

glas, ein Korkzieher, ein Messer und eine Papierserviette als Eigentum des Erstehers … **bei allen Zügen** erhältlich!

Ansichtskarte aus Villach:
„Nach etwa zehnstündiger Fahrt in Villach angelangt, machen wir Halt, um im Gasthofe ‚Zur Post', eine geruhsame Nacht zu verbringen. Ein abendlicher Spaziergang über den Marktplatz zur Pfarrkirche mit der Bergwelt im Hintergrund beflügelt unsere frohen Erwartungen."

Die nächste Passage übernimmt Joseph S., wie wir bemerken müssen, ziemlich direkt aus dem Reiseführer der Staatsbahnen:

„Wir verlassen Villach anderntags auf dem Südbahnhofe und haben, dem Hinweise des Bahnpersonals folgend, auf der linken Fahrseite, auf der sich die Bergwelt der Julischen Alpen darbietet, Platz genommen. Alsbald wird die Trace ins Pusterthal verlassen und wir übersetzen auf schöner Brücke in Eisenconstruction die hier stattlich breite Drau. Die Reise führt über Arnoldstein nach Thörl, wo die Bahn in eine sehr anmuthige und interessante Thalenge eintritt, welche knapp Raum gewährt für den Bahnkörper, für die Fahrstraße und für den in schmalem, tief eingeschnittenem Bette abwärts rauschenden Gailitz(Zilica)- Bach. Diese Thalfurche scheidet den Gebirgszug der Karawanken von den Carnischen Alpen. Hochgewölbte Durchlässe wechseln mit zierlichen eisernen Brücken, und an schwindelnden Abgründen, über schluchtartige Runsen tosender Wildwässer, windet sich das Schienenband über den Kaunolzgraben zum ersten Goggauer Tunnel, um durch denselben in einer Steigung von 1:50 auf einer kühn angelegten Gitterbrücke den tief unten rauschenden Wagenbach zu übersetzen und in den grossen Goggauer Tunnel (516,6 m lang) einzumünden. Schließlich fährt unser Zug in Tarvis ein.

Die Stadt ist ein Bahnknotenpunkt, indem hier die Kronprinz-Rudolph-Bahn der k.k. österr. Staatsbahnen nach Laibach abzweigt. Unsere Linie Villach-Tarvis wird von der Pontebbabahn Tarvis – Pontafel/Pontebba Richtung Italien fortgesetzt.

Der Bahnhof liegt in ausnehmend schöner Position und gewährt einen prächtigen Blick auf die Julischen und besonders auf den Mangart. So sehr es uns lockt, einem der unzähligen Ausflügler zu folgen, die unserem Zug jetzt entsteigen und die Weissenfelser Seen besuchen, den Mangart besteigen oder Raibl mit Raibler See, Königsberg, Wischberg, den Predil oder gar dem majestäti-

1900: Sommerfrische im Kanaltal

Tarvis, Gasthof Gelbfuss.

schen Triglav entgegenwandern, so sehr uns das bunte Treiben und die vielen einadenden Gasthäuser und -gärten locken: allein wir fahren weiter. Der Ort unserer Sommerfrische ist nicht weit. Auf der Fahrt nahe vor Saifnitz erblicken wir zur Linken nach Südwesten Kirche und Häuser auf dem weithin berühmten heiligen Luschariberg. Weiter gelangen wir zur Haltestelle Wolfsbach am Ausgange des sich im Süden öffnenden großartigen und höchst besuchenswerthen Saiserathales. Folgt die Haltestelle von Uggowitz, einem freundlichen und recht anmuthig gelegenen Orte. Alsbald treffen wir, nachdem der Zug das auf einem Felskegel errichtete Sperrfort des unvergesslichen Hauptmannes Hensel passirt, in Malborgeth ein. Dies ist ein reizender Sommerfrischort inmitten saftiger Wiesen und Felder des Canaltales, vielbesucht von Erholungssuchenden und Kurgästen. Einer der hier wartenden Wagen bringt uns zum Hôtel Schnablegger, unserem Aufenthaltsort für die nächsten vier Wochen"

Hotelprospekt, beiliegend:
Enthält mit allem Comfort ausgestattete Fremdenzimmer, herrlichen 3 $\frac{1}{2}$ Joch grossen Naturpark, vis à vis dem imposanten Mittagskofl. Lohnende Spaziergänge mit schöner Aussicht auf die colossalen prächtigen Dolomite.

Restauration mit guter Küche und reellen Getränken. Wannen- Douche- und Freibad.

Die Schwefelquelle zeichnet sich vorzüglich durch die Wirkung auf die Haut und auf alle dieselbe neu belebenden und erfrischenden Organe aus. Sie ist daher nicht allein als Bade, sondern Trinkcur umsomehr zu empfehlen, indem der Genuss derselben den wohlthätigsten Einfluss auf die Nerven ausübt und dadurch auf die Lebensthätigkeit auch aller anderen Organe sich bestens bewährt hat. Es ist daher dieser Badeort erfahrungsgemäss vorzüglich zu begrauchen: für Hautausschläge aller Art insbesondere Sommersprossen und Leberflecke, Frauenkrankheiten, Blasen-, Nieren-, chronischen Rheumatismus, Homoridial- und Gichtleiden. Für Botaniker und Geologen lohnende Ausbeute.

Anmerkung auf der Rückseite:
„*All dies hat sich auf das beste in den nächsten Wochen bewährt. Unvergesslich bleiben uns die gemeinsamen Abende im Hofe unter der altehrwürdigen Linde, bei Geplauder und Musiciren sowie an heißen Tagen die Stunden im unvergleichlichen Sommerhause. Überhaupt ist Malborgeth ein reizender Sommerfrischort. Es ist ein fruchtbares Thal, alle Häuser mit Holz gedeckt. Die Leute reden alle wendisch und deutsch. Sie sind freundlich und lustig. Die Resl wird das Curbad aufsuchen und ich will in die Berge gehn. Führer sind hier genügend zu finden.*"

Berichte über Ausflüge (auf eigenen Zetteln):
Auf den Luschariberg:
„*Eine kleine toskanische Steinsäule auf der Poststraße zwischen Ober-Tarvis und Saifnitz, der ‚steinerne Engel', markirt den Wallfahrtsweg zum heiligen Berg. Folgt man seinem Blicke, sieht man in südlicher Richtung die vielbesuchte Wallfahrtskirche auf dem Berge stehen. Bei den ‚Hütten' am Eingange in den Luscharigraben vereinigen sich Wallfahrtsweg und Grabenweg. Hier wird dem Gaste Stärkung aufgetragen und ist auch der Schlitten für die Rückfahrt hier zu bestellen! Es ist ein bequemer und vielbegangener Steig bis zur Luschari-Alpe, wo ein freundlicher Wirt Wein, Bier oder Milch kredenzt. Hier vereinigt sich der Weg mit dem Alpenvereinsweg von Tarvis über den Prisnigboden her und mit dem Pfad, der vom Raiblerthale nahe Kaltwasser seinen Ausgang nimmt. Von der Alpe aus eine halbe Stunde bequemen Wanderns, wobei das stete Zu- und Abströmen der Wallfahrer große Abwechslung bereitet. Am Ziele wird unwillkürlich ein Ausruf der Verwunderung den Lip-*

Maria Luschari, berühmtester Wallfahrtsort der Gegend.

pen des Beschauers entschlüpfen. Welch herrliche Bergrundsicht! Von den Zinnen des Steinernen Jägers schweift der Blick im Süden zu den ernsten Wänden des Wischberges und Montasch, streift von Westen über den Mittagskofel, die Karnischen Dolomite, Gail- und Drauthaler Alpen, im Hintergrunde die mächtige Gletscherkette der Hohen Tauern mit Sonnblick, Ankogel, der alles überragenden Pyramide des Großglockner; kehrt, die steirischen Gebirge und das Wörtherseebecken berührend über Karawanken und Savethal zu den Julischen Alpen zurück, um in der herrlichen Manhartgruppe den Abschluß zu finden! So schwer es ist, sich von dem prächtigen Anblicke zu trennen, müssen wir doch auch der nächsten Umgebung unseres Standpunctes nun Aufmerksamkeit zuwenden. Luschari ist ein Wallfahrtsort par excellence und nimmt unter den Wallfahrtskirchen Kärntens den ersten Rang ein. Die fromme Legende lautet: Ein Schafhirt entdeckte an der Stelle, wo heute die Kirche steht, ein wunderbares Marienbild und trug es pietätvoll hinab nach Saifnitz. Doch welch Wunder! Trotz sorgfältiger Verwahrung im geschlossenen Schranke kehrt das geheiligte Kleinod immer wieder zum gleichen Platz am Berge zurück ... Bald verbreiteten sich Gerüchte über die Wunderkraft des Madonnenbildes am Luschari ...

Abwärts sausen wir mittelst eines von einem Kundigen gelenkten Handschlittens. Auf dem eigens zu diesem Zwecke hergerichteten Wege geht es pfeilschnell und höchst vergnüglich zu Thal. Ein Vergnügen ersten Ranges!"

Die Schlitzaklamm in Tarvis:
„Tarvis ist ein alter Ort, davon zeugen oft burgähnliche Häuser mit Erkern, Wappenschildern und gothischen Fenster- und Thürgewandungen. Die Umgebung ist malerisch, ein kleiner Ausflug in die Schlitzaklamm kann dies bezeugen. Vom Marktplatze durch Untertarvis, von der Weissenfelserstrasse auf den Römerweg abbiegend, wird derselbe soweit verfolgt, bis ein schmaler Weg nach rechts zweigend sich gegen die in der Tiefe rauschende Schlitza hinabzieht. Ein schmaler, in den Fels gesprengter Pfad führt zum ‚Graf Karl-Steig'. Das Silberband eines Wasserfalles, zu welchem ein hochgelegter, mit Drahtseilgeländern versehener Steg hinüberleitet, markiert den Beginn desselben. Schroffe Felsen engen hier das tiefe Bett des schäumenden Wildbaches ein, und längs derselben, am rechten Bachufer führt ein kühn angelegter Steig in das Innere der Klamm. Auf einem erhöhten Puncte darin steht das Denkmal für den bei der Gemsenjagd verunglückten Grafen von Arco-Zinneberg. Wir halten an einer Bank ein und gewahren die zierliche Gitterbrücke der Staatsbahn in einer Höhe von 56 Metern über dem tosenden Wildwasser. Abwärts, durch einen gemeisselten Tunnel, kommen wir bei der Arco-Ruhe bis zur Thalsohle und klimmen schließlich den felsigen Hang wieder hinan und zurück zur Weissenfelserstrasse."

Raibler Thal:
„Das schöne Raiblerthal betreten wir, nachdem wir die letzten Häuser von Tarvis auf der Görzerstraße passirt haben. Wir kommen nach Flitschl und folgen dem mit weissen Kalkblöcken und rotem Porphyr gefüllten Flussbett bis zur Brücke am Eingang des Kaltwasserthales. Aus dem Düster des Grabens heben sich die Gebäude der ärarischen Bleihütte ab. In der Tiefe wälzt sich der Kaltwasserbach an den massiven Schutzmauern der Gewerkschaft vorüber dem Seebache zu, um mit demselben in geräuschvoller Harmonie vereint als Schlitza nach Tarvis zu fließen. Nach 20 Minuten erreichen wir das Hotel Zlatorog auf der Mauth. Ein romantischer Naturpark schliesst sich an das Gebäude. Zwar ist diese Wildnis beim Hotel Zlatorog auch heute noch eine Sehenswürdigkeit, obgleich der poetische Zauber derselben zum grössten Teil dem Henckelschen Industrie-Eifer zum Opfer gefallen ist. Hier fand einst der große Sänger des Trenta-Thales, Rudolf Baumbach, des öftern seine Muße. Die augenfälligste Erscheinung, eine wahre Zierde des Thales, ist der im Nordost aufsteigende Fünfspitz, eine Gruppe von fünf Felspüramiden in wildpittoresker Zuckerhutform, deren bildliche Aufnahme wün-

schenswerth wäre. Nach einer weiteren halben Stunde Weges sehen wir den Bergort Raibl vor uns. Der erste Blick auf den Ort und die Hänge des Königsbergs belehrt uns, dass wir uns in einem Mittelpunkte bergmännischer Thätigkeit befinden. Mit ‚Glück auf' begrüßen uns die einheimischen Bewohner. Zwei Gewerkschaften teilen sich den Besitz des Bergbaues, der Staat und die Grafen Henckel-Donnersmarck. Touristisch ist Raibl eine wichtige Station, denn dasselbe kann als Schlüssel zu der Feenwelt der unser Gebiet umlagernden Julischen Alpen, des Manhart-, Canin- und Wischbergstockes betrachtet werden."

Mittagskofel, Somdognapass:
„Wir nächtigen in der Saiserahütte und gehen los, sobald der Tag zu grauen beginnt. Von der Hütte führt ein markirter Pfad, dem Grabenrande folgend, durch Buchenwald das Kröpfach hinan. Nach drei Viertel Stunden ist das Ende der Markirungen erreicht: wir sind an der Grenze Österreichs angekommen, und ein grosser Pfeil weist uns die Richtung, welche wir einzuschlagen haben, um den Dogna-Sattel zu gewinnen. Durch eine etwas schroffwandige Grabenmulde auf ziemlich verwahrlostem Steige schreiten wir den dürftigen Almboden zur Einsattlung hinauf. Von dort gelangen wir über Schuttfelder und leichte Felsen zum Gipfel (2091 m). An die Hänge des schöngeformten Berges schmiegt sich manch Sternlein Edelweiss."

Saisera und Wischberg:
„Den Wischberg oder Jôf Fuart besteigen wir vom grossartigen Hochthal der Saisera aus. Ein Aufblick von der Saisera Hütte auf der Deutschen Alpe belehrt uns, dass wir dies herrliche Fleckchen Erde durch Umschau würdigen müssen, denn ein erhaben schöneres Rund von Bergen umgürtet keine Alm. Wer die Grossartigkeit dieses stillen Hochthales voll geniessen will, verabsäume nicht, bis zum Spranjegraben vorzudringen; von hier aus giebt es nur mehr Wildnis, Felstrümmer und tosende Wildwasser. Wir steigen weiter über den Naboissattel, durch einen tunnelartigen Schluf auf den Ostgrat, und auf diesem nordwärts zum Gipfel. Die Aussicht von dort ist überwältigend und gewiss die schönste von allen Gipfeln der Raibler Alpen! Als nächster Nachbar im Westen steht in unerreichter Hoheit die stolze, herrliche Gestalt des Jôf del Montasio mit ihren Zacken und Türmen, während aus der Tiefe im Norden der kleine Luschari mit seinem Kirchlein bescheiden heraufwinkt."

Der Mangart:
„*Für diese Tour bin ich in Scheidtenberger's comfortablem Gasthof Post einquartirt. Von Raibl aus verkehrt ein Post-Cariol-Wagen[60] zwischen Raibl und Görz, aber die Fahrt zum Predil-Pass dauert gleich lange wie der Fußmarsch. Nach einer Stunde passiren wir, der Raibler Führer Anton Oitzinger und ich, das Fort, und nach weiteren 10 Minuten biegen wir dort wo der Mangartgraben herabkommt zur Mangart Alm und weiter etwas steil zur Mangarthütte des Alpenvereins. Von hier steigen wir zur Lahnscharte, geniessen den grandiosen Blick auf die Tauernkette mit den aufragenden Firnen des Grossglockner, Venediger, Sonnblick und anderer Fürsten der Bergwelt, sowie auf die in der Tiefe ruhenden Mangartseen. Wir steigen zum Fusse des kleinen Mangart, weiter durch den Sattel zwischen beiden Bergen und den Fels steil hinan, auf der Nordseite der Felspyramide entlang und traversiren endlich vom Osten hinauf zum Gipfel. (Ueber Grat und Gipfel zieht die Landesgrenze zwischen Krain und dem Küstenlande.) Den Abstieg nehmen wir über Weissenfels zur Eisenbahn-Station Ratschach-Weissenfels. Ein sehr lohnende, nicht allzu schwere Tour!*"

Notiz aus dem Tagebuch:
„*Unweit des Gipfels begegneten wir einem Wanderer. Oitzinger Anton, mein immer witziger und freundlicher Führer, und der Fremde begrüßen sich herzlich. Der Mann war mir schon von weithem durch seinen festen Schritt aufgefallen. Sein „Bergheil" klang warm und irgendwie von einer starken Begeisterung getragen. Ich hatte gleich das Empfinden, einem besonderen Menschen begegnet zu sein, und alles was ich später von ihm und über ihn erfahren habe, bestätigte diesen Eindruck. –*

Es handelte sich um den schon genannten Dr. Julius Kugy aus Triest. Ich fragte Oitzinger über diesen Dr. Kugy aus.

Der erzählte mir:

Dr. Kugy, der in Wien die Rechte studirt hat, führt das renommirte Kommissionsgeschäft, eines der ersten am Platze, vormals Pfeifer Kugy in Triest. Ich hatte später einmal das Vergnügen, so Oitzinger, dieses Zauberreich zu besichtigen: Die Waaren: Kaffee, Öle, Südfrüchte aus aller Herren Länder, werden an die Kaufleute des österreichischen und ungarischen Inlandes, der Schweiz, des südlichen Deutschlands, Polens, Rußlands und der Balkanländer

---

60 Zweisitziges Coupé mit Packraum. Hier mit zwei Sitzplätzen und einem auf dem Kutschbock.

weitergegeben. In Geschäftssachen ist er von absoluter Ehrenhaftigkeit und Vertrauenswürdigkeit. Einer von denen, die eher sterben, als leichtfertig oder gar unehrlich zu erscheinen, die vom frühen Morgen bis zur späten Nacht keine Minute ungenützt verstreichen lassen. Dieser Mann war die eindrucksvollste Persönlichkeit, die ich bisher in meinem Leben kennengelernt habe."

Beigelegter Zettel. Vermutlich nicht abgeschickt:
„Lieber Vater und liebe Mutter!
Es ist hier sehr schön. Die Leute sind freundlich und das Wetter meistentheils sonnig. Doch fehlen mir unsere Wiesen und Felder und ich freue mich darauf wenn ich wieder Euch sehe und die viele Arbeit am Haus und im Garten, die stehengeblieben ist, weitermachen kann. Eure Euch liebende Resl!"

Letzter Brief:
„Wir hatten uns für einen der nächsten Tage in Malborgeth verabredet. Der Abend in Malborgeth wird uns unvergesslich bleiben. Später haben wir erfahren, dass sich Doctor Kugy in Triest eine eigene Orgel hat bauen lassen. Er spielte Beethoven, und das Spiel war von einer Musicalität, der Anschlag von einer Zartheit, die keiner je bei dieser kräftigen Erscheinung vermuthet hätte. Eine Musicalität, die den ganzen Abend wie eine zarte Schwingung anhielt und nicht dem geringsten Mißton Platz ließ. Meine Tochter Hermine muß auf jeden Fall das Clavierspiel lernen!

Am meisten jedoch konnte man von Julius Kugy über die Berge, seine geliebten Julischen, lernen. An manche seiner Aussprüche kann ich mich wörtlich erinnern:

‚Unsere Weisheit den Bergen gegenüber muß sein, dass wir zu ihnen kommen und von ihnen gehen immer mit einem frohen Lächeln auf den Lippen.'

Er war immer dabei, die Seele der Berge zu ergründen, hielt innige Zwiesprache mit ihnen, den Pflanzen und dem Gethier, das er sämmtlich mit offenen Augen wahrnahm. Das Wahrnehmen war seine Leidenschaft. Über seinen zugelaufenen Hund, den er respektvoll „Dr. Toni Kugy" nannte, konnte er lange in den wärmsten Tönen berichten. Sein Verhältnis zur Welt, besonders zur Bergwelt, war eines der Dankbarkeit, frommer Bewunderung und Demut. Er war bei Gott kein Gipfelstürmer und doch einer der erfolgreichsten Bergsteiger, der darob nie der Fabelschau in die ungeheuren Tiefen und Räume letzten Endes der eigenen Seele vergaß.

Die Zauberwelt der Julischen Alpen und das liebenswerthe Tarvis und das

Kanalthal und seine Menschen verliessen wir nach vier Wochen ungern, traurig und doch so reich beschenkt!"

Soweit die Reiseberichte von Joseph und Therese S. aus M. Wer will sich über unseren Beschluß wundern, den Zauberort zu finden, den unser Oheim Joseph S. so genoß, fast hundert Jahre später. Es war übrigens sein einziger Urlaub; eventuelle spätere Pläne flossen, angesichts seines geschäftlichen Unterganges, den Bach hinunter…

1998: Was blieb von der Sommerfrische?

Wir denken an eine entsprechende Anreise mit dem Zug. Allein, die einzige ansprechende Verbindung von Salzburg aus am Vormittag hieße uns in Tarvis Grenzbahnhof aussteigen; eine Verbindung nach Malborgeth gibt es nicht mehr. Also doch mit dem Auto. Das ist bequem. In zwei Stunden etwa sind wir dort!

Den Autobahngrenzübergang passiert, kommt die Ausfahrt Tarvis ziemlich rasch, so rasch, daß wir sie erst einmal übersehen oder nur mehr mit einem gefährlichen Bremsmanöver hätten erwischen können. So fahren wir weiter zur nächsten Ausfahrt, ohnehin nur ein paar Minuten, und fahren an derselben Stelle, Pontebba, wieder auf und zurück. Das war schon das Ganze! Wir haben das Kanaltal schon durchfahren! erkennen wir leicht verwundert. Auf der Rückfahrt sehen wir einen Parkplatz: „Museo Naturalistico ‚La Foresta'". Wir fahren rechts hinein. Reproduzierte Valvasor-Stiche vom Kanaltal und ein Kiosk mit weiteren Bildern und Informationen. Draußen ein kleiner Naturlehrpfad. Wir folgen ihm. Er ist dort, wo ein kleines Gerinne vom Cuel dei Pez herunterkommt, unterbrochen, der Steg beim letzten Hochwasser weggerissen. Wir kunden weiter aus. Unter der Autobahn durch. Ein Kiosk. Der Schwefelbrunnen. Kein Zweifel! Es ist dieselbe Schwefelquelle, die dereinst der Therese S. so gutgetan hat. Schwefelwasser, mit dem eindeutigen Geruch! Kein Kurort weit und breit. Wir sind in Bagni di Lusnizza. Also die Quelle rinnt noch. Der Autobahnparkplatz – ein Zugeständnis der modernen Verkehrsplaner an einen überrollten einstigen Kurort.

Weiter nach Tarvis. Die Autobahn ab bei Malborghetto. An Ugovizza vorbei sehen wir die Reste von Fort Hensel und verlangsamen. Der Felsen mit der Anlage wird mittels Tunnel durchfahren. Gleich darauf hart rechts: ein Parkplatz und dahinter – das Denkmal für Hensel und seine Leute. Der

Löwe. Neben seiner rechten Pranke ein Strauß Plastikblumen. Das finden wir schnöde und entfernen die Attrappe. Bei unserem nächsten Besuch ist das Ensemble wiederhergestellt. Man wacht.

Gleich nach dem Denkmal folgt die Abzweigung nach Malborghetto. Wir fahren weiter, halten rechts und bleiben in Kirchennähe stehen. Davor die Prangersäule. Gegenüber der sogenannte *palazzo veneziano* – das ehemalige Hôtel Schnablegger! Das alte Patrizierhaus der altösterreichischen Geschlechter Mandorffer, Zenegg und Paul – die sich bei den Kämpfen des Imperiums gegen die Türken hervorgetan hatten: alte, nun nicht mehr sichtbare Graffitiarbeiten im Herrschaftshaus zeigen Szenen daraus – und Canal. Die reiche Villacher Familie der geadelten Canal hielt den Besitz, überstand Glaubenskämpfe, zahlreiche Plünderungen seitens venezianischer Banden, Überschwemmungen, Beben und Brände. 1809 diente der Palast als Absteige des italienischen Vizekönigs Eugen Beauharnais (Napoleons Aufenthalt hier [1798] ist nur Legende). Tatsächlich hatte die französische Besetzung auch für den Palast außer Zerstörungen nichts gebracht. Im Jahr der Aufstände 1848 gewährte der Palast den ständig durchziehenden Truppen Aufnahme. 1874 verkaufte Ludwig Graf Arco von Zinneberg den Besitz, der bald darauf in den Besitz des reichen Tarviser Gewerken Cajetan Schnablegger überging. Kriegszeiten … Vom *Ente Nazionale per le Tre Venezie* von der letzten privaten Besitzerin Josefa Kowatsch Gelbmann requiriert, wird das Haus schließlich in den achtziger Jahren zum Museum ausgebaut und restauriert. Venezianisch ist an dem Herrschaftshaus übrigens bestenfalls der Anblick, besonders die Trifore über dem Portal. Wer die Originaleinrichtung, zumindest teilweise, sehen will, der möge sich nach Philadelphia (Pennsylvania, USA) begeben. Im dortigen Stadtmuseum ist die gotische Einrichtung des Stiegerhofes bei Villach nachgebildet, einem Herrenhaus, das dem in Malborgeth im wesentlichen gleicht.[61] Heute beherbergt das sauber restaurierte Gebäude ein Heimatmuseum, in dem der vorsichtige Versuch nicht unterbleibt, auf die Tatsache hinzuweisen, daß mindestens 90% der heutigen Einwohner des Kanaltales ihre Wurzeln nicht hier, sondern irgendwo im Süden Italiens haben.[62]

Daneben das Restaurant Schönberg mit feiner Altkärntner Speisekarte,

---

61 Dazu Raimondo Domenig, Il palazzo veneziano di Malborghetto. Udine 1986.
62 Raum 5 und 6, Beizettel „Come eravamo".

freilich nicht für den Alltagsgebrauch. Wir machen eine kurze Rast, als einzige Gäste bei der häkelnden Wirtin. Übernachtungsmöglichkeit finden wir im benachbarten Saifnitz.

Wir sehen uns um. Der einst ländliche Charakter des Tales ist großteils verloren, die Dörfer haben durch brüske Neubauten im italienischen Stil ihren Charakter eingebüßt und tun dies weiterhin durch Neubauten im aufdringlichen Lederhosenstil, Appartmenthäuser besorgen den Rest. Auf den Heustadeln, wo es besonders ins Auge fällt, und auch sonst keine Holzschindeln mehr, sondern rostiges Blech. Eine Kulturmischung, die nicht organisch ist, sondern immer etwas Verkrampftes, Unschönes an sich hat.

Der Bahnhof von Saifnitz, nur noch für ein paar Fernzüge und Güterzüge da und bald überflüssig wie alle anderen Kanaltaler Stationen, steht auf einer kaum merkbaren Anhöhe, ganz leicht fallen die Gleise Richtung Tarvis und Richtung Uggowitz ab: hier scheiden sich die Wasser, der Luscharibach zur Donau hin, der Bach aus der Saisera zur Adria: eine natürliche Grenze: kaum merkbar.

Die Kanaltaler Orte haben mit Beginn des Automobiltourismus in Richtung Adria einen gewissen Aufschwung erlebt, übergroße Gasthäuser, Tankstellenreste und Fragmente von Imbißstuben, weiter unten verlassene Goldgräberbuden, zeugen davon. In der Zeit der Sommerfrischen zu Beginn des Jahrhunderts gab es fünf Gasthäuser in dem kleinen Saifnitz. Noch prangt das Gebäude des Gasthofs Schojer und das ehemalige Hotel Rosenwirth, jetzt Da Mattia. Wir steigen beim ehemaligen Rosenwirth ab, die Dame spricht angelerntes Deutsch, ab und zu scheinen noch Deutschsprechende vorbeizukommen. Man setzt hier auf Appartments, auch ihr Gasthaus ist zu Appartments umgebaut. Mitten im Ort entstehen gerade Appartments, anderswo schon längst als der Tod eines Ortes erkannt.

Anderntags beim Frühstück seltsamer Trubel in der Bar beim Schojer. Der Pächter Virgilio Clama hinter der Theke reagiert auf den Ansturm von Kärntnern mit stereotypem *perfetto* und erklärt alles zu Spezialem. *Aan cappuccino bittschen – sí capuccino speciale, perfetto. A holbe Bier – una birra speciale perfetto.* Wir erkämpfen uns noch die letzten der dargebotenen Faschingskrapfen und zwei *cappuccini specali perfetti*. Draußen sehen wir einen Kärntner Autobus. Es sollte eine Eintagesreise nach Venedig und zurück werden. Bei Dogna war die Straße gesperrt – eine alliierte Bombe aus dem Zweiten Weltkrieg war gefunden worden. – So kommt der ehemalige Schojer wieder zu touristischen Brosamen.

Berichte über Ausflüge
Maria Luschari:
Wir nehmen nicht den Grabenweg, sondern zunächst einmal den Weg nach Podbuas, wo die moderne Seilbahn auf den *Luschariberg* abgeht. Wir lesen im Prospekt:

„*Am 11. November 1987 ist die neue Gondelbahn des Luschariberges eröffnet worden. Die erste Messe wurde am 18. Januar abgehalten. An den Gottesdiensten haben im Durchschnitt 30–50 Personen teilgenommen: sie waren meistens Schifahrer, die ihren Beitrag zu einem guten Gelingen der Messe gegeben haben.*

Die vorherige Seilbahn hatte zwei Kabinen und eine Tragfähigkeit von ca. 150 Personen pro Stunde. Jene der neuen Gondelbahn ist von ungefähr 800 Personen pro Stunde. Die Fahrt ist bequem und ermöglicht auch älteren Leuten, den Berg problemlos zu erreichen …

Um am Luschariberg die Souvenirs und die Erinnerungsstücke zu kaufen, können die Wallfahrer das Geld in der RAIFFEISENKASSE CAMPOROSSO-TARVISIO wechseln. Sie befindet sich an der Bundesstraße nach Udine. Die Zentrale ist von Montag bis Freitag von 8 Uhr 20 bis 13 Uhr 30 geöffnet. Die Zweigstelle im Zentrum von Tarvis/Via Vittorio Veneto …"

Gerade fährt ein Reisebus der Linde-Reisen vor. Eine Werbefahrt offenbar. Die Beworbenen, eher älteren Semesters, wirken unschlüssig; die Fahrt mit der Gondel scheint im Paket nicht inbegriffen zu sein. Wir gehen weiter nach Wolfsbach und wollen uns dem Heiligen Berg vom Süden her nähern. Das Saiseratal entlang biegen wir beim „Agriturismo Prati Oitzinger" rechts ab und wenden uns dem „Steinernen Jäger" zu, mit dem Ziel, ihn zu erklimmen. Die Nachfahren des wackeren Anton Oitzinger haben hier einen Reitstall eingerichtet. Wir folgen dem steilen Waldweg hinauf auf den Braschnik-Sattel, der hinüberführt ins Kaltwassertal. Wir wenden uns nach Norden und steigen auf den Steinernen Jäger (Cacciatore, 2.071 m), einem waldigen, dann immer steinigeren Steig folgend. Nach etwa einer halben Stunde passiert es uns, daß wir den Steig verlieren. Es sind einfach zuviele Gemsen hier unterwegs, die sich einen Dreck (perlen- oder geballt knödelförmig) um die alpine Wegkultur scheren. Unsere Losung hingegen ist: *aufi aufi!* Und so geschieht es, daß wir zwei Nebenspitzen des Steinernen Jägers erklimmen, beide sehr bröselig, nicht ungefährlich. Jedesmal sind wir gespannt, was uns am Gipfel erwarten würde, und enttäuscht, als es nur steile Abhänge sind. Beim dritten Mal erwischen wir den richtigen. Erleichterung. Wir steigen ab, in südlicher Richtung, dem Kirchlein Luschari zu, das wir malerisch heraufleuchten sehen. Bei der letzten Kreuzwegstation treffen wir auf den Grabenweg. Den entlang zum Dörfchen Luschari. Wenige Leute. Die letzte Gondelbahn ist schon abgefahren. Der Ort wirkt ruhig, nicht aufgeputzt wie Mariazell oder gar Lourdes, nein, wir fühlen uns geborgen. Zwischen den Häusern eines, von dem nur mehr die Außenmauern stehen, ein kleiner Souvenirladen. Die Kirche umfängt uns mit freundlicher Ruhe. Was für ein Gefühl für einen gläubigen Pilger, nach tagelanger Wanderung endlich an diesem Gnadenort angelangt zu sein. Wir ahnen etwas von dem alten Zauber, von Erleichterung (schließlich waren wir auch in Gefahr abzugleiten), von nachlassender Anstrengung, Erfüllung beim Anblick der Madonnenstatue und Trost. Der alte Luschariwirt ist nicht hier, wir trinken ein wohlverdientes Bier (Sanssouci!) im Wirtshaus.

Die Gründungslegende von Maria Luschari folgt einem in ganz Europa gängigen Muster. Der Wallfahrtsort geht auf das Jahr 1360 zurück, als ein Hirte auf der Suche nach verirrten Schafen in einem Wacholderbusch eine aus Holz geschnitzte Marienstatue fand, woraufhin an dieser Stelle ein Wallfahrtskirchlein erbaut wurde. Mit der Zeit wurde der heilige Berg zum meistbesuchten Wallfahrtsziel im weiten Umkreis, und die Pilger kamen aus allen Himmelsrichtungen. Auf dem Luschariberg begegneten einander Kärntner, Steirer, Krainer und Friulaner in christlicher Eintracht, *„in der Kirche aber sammeln sich alle, beichten und beten zum Schöpfer in den verschiedensten Idiomen".*[63] Den größten Zulauf soll es im 18. Jahrhundert gegeben haben, als jährlich etwa 100.000 Pilger dem Luschariberg zustrebten. Dies mußte dem vernünftigen Josef II. zuviel gewesen sein, denn 1786 wurde die Wallfahrtskirche aufgehoben, das Gnadenbild nach Saifnitz gebracht, die Altäre zerstört, die Glocken entfernt und das Kirchenpflaster aufgerissen. Die Pilger zogen daraufhin zur Ruine. Josefs Nachfolger Leopold II. machte den Befehl 1790 wieder rückgängig. Im 19. Jahrhundert waren es jährlich etwa 30.000 Wallfahrer, die den Berg bestiegen, 1860, zur 500-Jahres-Feier, zählte man 102.000 Menschen, die der Gebirgsmuttergottes huldigten. Ein überhöht dargebotener Bericht aus dem Jahr 1865 vom Zusammentreffen dreier Nationen, die alle aus demselben Grund hier heraufkamen, vermittelt ein verklärtes Bild von der verbindenden Kraft des heiligen Ortes:

---

63 J. Prettner, J.: Der heilige (Luschari) Berg in Kärnten. In: Jb.OeAV 1, 1865, S. 207.

„In zarten, melodienreichen Gesängen die Himmelskönigin preisend ziehen die sangeslustigen Slaven, im lauten und kräftigen Chorale die lauretanische Litanei intonierend die Italiener ein, die Deutschen kommen meist still oder in Gruppen leise betend und weilen am liebsten, wenn sie in Beicht und Gebet ihre Seele erleichtert, auf den Höhen still sinnend verloren im Anblicke der wundervollen Alpenwelt."[64]

Abwärts ging es dann meist mit einem Schlitten, auf dem man die Strecke vom Luschariberg bis ins Tal auf einer eigens präparierten Piste in weniger als einer halben Stunde (*"in pfeilschneller ganz ungefährlicher Fahrt"*)[65] zurücklegte (Kosten 1865: 1 Gulden). 1915 war es dann vorbei mit dem Sommerrodeln und der trauten Eintracht der „verschiedensten Idiome". Maria Luschari stand an seiner exponierten Stelle im Geschoßhagel italienischer Artillerie. Als am 16. September 1915 der italienische König Viktor Emanuel III. der Front einen Besuch abstattete, veranstaltete die königlich-italienische Artillerie zu Ehren ihres gekrönten Oberhauptes ein eindrucksvolles Schauschießen auf die Wallfahrtskirche. Nach erfolgreicher Beendigung dieser Kriegsshow lag Maria Luschari in Trümmern. Laut dem Text einer österreichischen Kriegsansichtskarte, die Maria Luschari in Trümmern zeigt, war es nicht der italienische König sondern der französische Marschall Joseph Joffre, dessen Frontbesuch die Artillerie zur Beschießung der Wallfahrtskirche inspirierte. Wie auch immer, der Tag hinterließ ein Ruinenfeld. Nach dem Ersten Weltkrieg wurden Kirche und Unterkunftshäuser wieder aufgebaut. Die drei Glocken kamen erst im März 1927 mit Hilfe von drei Gespannen mit je 16 Ochsen auf den Berg.

Wir verlassen den mythischen Kraftort. Bereits in der Dämmerung nehmen wir den Abstieg über die Luscharialm und den Wallfahrtsweg.

In der Saifnitzer Bar Centrale anderntags gibt es keine frischen Croissants zum Frühstück, nur verpackte. Die Kellnerin fragt uns *fahrts Ihr nach Italien?* Sie geht wohl davon aus, daß wir uns wegen Reifenpanne oder Motorschaden auf dem Weg nach Italien hier aufhalten. Aber wir halten uns nicht auf, wir bleiben hier in der Gegend, ja wir sind absichtlich da. Der skeptische Schleier will nicht aus ihrem Blick.

---

64 Ebda.
65 Zit. bei Georg Winter, Das Kanaltal/La Val Canale bis 1919. Ein Beitrag zur Aufarbeitung der Geschichte eines Alt-Kärntner Gebietes. Phil.Diss. Wien 1984, S. 208.

Tarvis:

Wir brechen auf nach *Tarvis*. Vorbei an der monströsen Appartmentanhäufung „Belvedere". Die Appartments können in *time-sharing* gleichsam geleast werden. Überhaupt geschieht schon einiges für den Fremdenverkahr im Kanaltal. Luschariberg zum Beispiel: Die Gondelbahn auch für den Schitouristen. Sogar ein Mountainbikerennen auf den Luschariberg lockt die Ehrgeizigen. Die Eisenbahn, die im Kanaltal bald nur mehr ein Tunneldasein führt, druckt Prospekte, in denen sie in der Aktion Fahrrad im Zug, *bici in treno* das Kanaltal anpreist und sogar Malborghetto bewirbt, *treno trekking*, an dessen Station kein Zug mehr hält. Schließlich gibt der Fremdenverkehrsverband des Gebiets Tarvis/Sella Nevea sehenswerte Wanderführer über Manhart (!) und die Weißenfels-Seen, Saiseratal oder Luschari heraus, auch in slowenischer und deutscher Sprache. Und die Bewerbung der Region für die Olympischen Winterspiele 2006 ist der Hoffnungsträger schlechthin! Sogar eine Befragung ergeht an uns. Ein junges Mädchen legt uns einen Fragebogen vor, auf dem zu beantworten ist, wieviel Geld wir wofür ausgeben, wo nächtigen usw. Sie kommt von Doxa International Passenger Survey. For any information call N° 167828109.

Der Wandel des Tourismus in den letzten 50 bis 100 Jahren ist grundlegend, er betrifft Anreise (im eigenen Pkw), Aufenthalt (im eigenen Appartment) Tätigkeit (Sport, *action*), und gibt der Landschaft ein anderes Gepräge (Appartmentkomplexe, Aufstiegshilfen, Pistenplanierung), als es die Sommerfrischler taten.

In Tarvis, wo wir die unbestrittenen Segnungen der italienischen Kaffeekultur genießen, machen wir den kleinen Schwein**s**braten-Test. Tatsächlich, wir entdecken auf den Speisekarten keine Germanismen wie Schwein**e**braten, wie sie etwa in Westösterreich gang und gäbe sind. Hier gibts noch Schweinsbraten, auch wenn die Speisefolge mit Vorspeise, erstem und zweitem Gang dem italienischen Muster folgt. Auf dem Weg nach Untertarvis grüßen wir die Büste des feschen Cajetan Schnablegger, die hier noch zwischen seltsamen Architekturauswüchsen in einem kleinen Parkrest steht. Die alte Bausubstanz des Ortes, zuweilen noch an einer Hauswand zu erahnen, ist geschickt unkenntlich gemacht worden. Als Ulrich von Liechtenstein Mitte des 13. Jahrhunderts hier durchzog, hatte er Schwierigkeiten mit dem *potestât*, dem Stadtvorsteher, der ihn nicht sein Turnier stechen lassen wollte. Obwohl er *vil hohes muotes hinz Tervis* gezogen war.[66]

---

66 Ulrich von Liechtenstein, Frauendienst. Hg. v. Franz Viktor Spechtler. Göppingen 1987. Vers 494, 282–289 (aus dem Turnier von Friesach).

Cajetan Schnableggers Büste in Tarvis.

Von einem mittelalterlichen Charakter zeugt hier nichts mehr. Wir schauen kurz in den dichten Bazar hinein. Grade sind zwei diesel- oder naftaqualmende Busse, einer aus Polen und einer aus Tschechien, angekommen.

Da wart gestozen vil manic stoz,
der tampf was von den orssen groz
und wart dez ie mer und me;
mit ringen si in taten we,
ir ringen daz waz hurteclich;
da was vil maniger muotes rich,
die sach man (Brechen) durch die scher
mit grozen hurten her und dar

Vielleicht ändert sich doch nicht allzu viel. Nur daß eben nicht ein paar Müßiggänger herumstochern, sondern jeder geiert was das Zeug hält. Wir kommen weiter auf die Weißenfelser Straße und fragen eine vor einem baufälligen Haus sitzende Gestalt. Der Mann dürfte etwa sechzig Jahre alt sein, entblößt seinen Zahn, als er auf meine Frage antwortet. Er ist einer von den Verkehrsbeobachtungsposten, die den ganzen Tag ausharren und weder mitzählen noch Autotypen kennen. Nur eine leichte Kopfbewegung verrät ihre Funktion. Der Mann kennt sie nicht, die berühmte *Schlitzaschlucht*. Obwohl er hier wohnt, keine fünfzig Meter davon entfernt. Seit er hier wohnt, schätzungsweise sechzig Jahre, war er noch nie da drunten. Wir zweifeln. Sollte sie zugeschüttet worden sein? Es wäre nicht sehr verwunderlich. Hier ist kein Stein auf dem anderen geblieben. Erst der Autobahnbau, jetzt der Bau des neuen Bahnhofes der Hochgeschwindigkeitsstrecke. Verwüstungen unbestimmten Grades, aber zweifelsohne massivster Art. Beton, aufgerissene Erde, dahinter Appartementhaufen. Es ist die Stelle, wo wir die Ausfahrt Tarvis versäumt haben. Kein Mensch würde hier eine romantische Schlucht wähnen. Wir suchen weiter. Von einer eleganten Brücke ist die Rede. Ja, wir sehen sie! Die Eisenkonstruktion der Verbindungsbahn nach Ratschach/Rateče und Aßling/Jesenice. Es gibt sie noch. In den zwanziger Jahren war das eine beliebte Selbstmörder-Absprungstelle. Auf dem Tarviser Friedhof gibt es für die Unglücklichen eine eigene Abteilung. Unterhalb der Brücke, tatsächlich, ein romantisch blaugrün in der tiefen Schlucht schillernder Fluß! Die Schlitzaschlucht. Weiter die Straße entlang das Denkmal der Franzosenkämpfe 1813, gegenüber der Bahnhof Tarvis (Tarvisio centrale). Wir versuchen den Abstieg. Es ist kein gepflegter Wanderweg mehr. Die Interessen haben sich verlagert. Leute wie den hierher versetzten Verkehrsbeobachtungsposten von vorhin interessiert sowas einfach nicht. Die im Transit Begriffenen haben keine Ahnung und die hier abgestiegenen Touristen würden bestenfalls durch die Schlucht *raften*. Die Brücke erscheint von hier aus tatsächlich fragil und zierlich, wie für Spielzeugdampflokomotiven geschaffen.

Raiblertal:
Weiter führt der Weg das Schlitzatal entlang Richtung *Raibl*. Die Schlitza führt kaum Wasser und die Kalkbrocken und Porphyrsteine liegen, wahrscheinlich noch wie damals, im Flußbett. Wir kommen nach Kaltwasser. Riofreddo ist heute ein Ort absoluter Trostlosigkeit, Übermütigen und Euphorischen zur raschen Abkühlung anzuempfehlen. Weiter nach Mauth, seltsam der Gedanke, daß sich hier einmal ein Hotel und ein Naturpark befunden haben soll. Weiter die Schutthalde entlang nach Raibl. Umsonst suchen wir nach den einst wohlbekannten Gasthäusern Post und Schnablegger. Touristenhäuser an der Sommerstraße zum Predil sind an verblichenen Aufschriften ansatzweise auszumachen. Besonders bei Schlechtwetter ist auch dieser Ort ungefestigten Psychen nicht zu empfehlen. Härteren Naturen hingegen ist der direkte Einblick in die Vergänglichkeit menschlichen Fleißes zuzumuten. Plötzlich kann die Stim-

Wolfsbach zu Julius Kugys Zeiten.

mung der Verlassenheit und des Verfalls in eine grandiose Zukunftsvision umschlagen: so wird der Planet aussehen, nachdem aller Gewinn aus ihm geschlagen ist. Trostlose Reste vergeblichen Bemühens, verseuchter Boden, ausgehöhlte Berge, und dazwischen, jetzt, vereinzelte Stämmchen von Seidelbast, Zwergwacholder, Hahnenfuß, Alpenrosen …

Heute wechseln wir das Quartier. Wir fahren ins Saiseratal, nach Wolfsbach. Bergsteigerische Reminiszenzen im Ortsbild. Das Oitzingerhaus, wo Julius Kugy, Jahrgang 1858, schreibend die Sommer seines Lebensabends verbrachte, ist niederrestauriert und herabgekommen. Dann die *piazza Kugy*, der *vicolo Oitzinger* und die *via Comici*. Emilio Comici, Jahrgang 1901, war der Bergsteiger der neuen Generation. Während Kugy und seine Freunde noch mit ihren genagelten Schuhen und weitgehend ohne Zuhilfenahme von technischem Gerät unterwegs waren, ab und zu ein Seil, zuweilen eine Räuberleiter vielleicht, war Comici schon der moderne „Klempner" und ein Vorläufer des modernen *Indoor*kletterns. Kugy, der wohlhabende Geschäftsmann und Naturliebhaber – Comici, der kleine Angestellte in einem Triester Hafenmagazin, Aufsteiger und ehrgeiziger, athletischer Sportler – es sind zwei Generationen und zwei Schichten, die hier einander begegnen und schließlich bekriegen. Die Jüngeren tragen den Sieg davon. Für den kleinen Schreiber, der gegen die angestammte Herrschaft aufbegehrt, war der 30. September (1918), als Triest sich von Österreich unabhängig erklärte, ein großer Tag, nach dem er seine Sportvereinigung nannte.

Für Kugy bedeutete der Krieg das Ende, zunächst für sein Geschäft: *„Im Augenblick, da Italien in den Krieg eintrat, änderte sich die Sachlage vom Grunde aus. Alle Nachschaffung an Ware hörte sofort auf … Die Lager erschöpften sich rasch durch Einkäufe der Kundschaft oder durch Konsignationen ins Hinterland. Als Importhaus konnte man die Hände in den Schoß legen. Ich hätte können ‚Kriegsgewinner' werden, mit Ware meiner altgewohnten oder fremder Gattung herumschachern oder spekulieren. Das lag mir nicht. Dazu war ich zu stolz. Wer dieses Buch*[67] *bis hierher gelesen hat, wird wissen, was ich tat. Ich meldete mich trotz meiner siebenundfünfzig Jahre kriegsfreiwillig zum alpinen Dienst und ging als ‚Alpiner Referent' in die Front der Westjulier … Man erwarte nicht von mir, daß ich hier meine Kriegserlebnisse schildere. Die Absicht, ein Kriegsheldentum für mich in Anspruch zu nehmen, liegt mir ferne. Ich habe nur meine Pflicht erfüllt. Kein aufrechter Mann, sondern ein Schwächling und Feigling, wer sein Land in der Not nicht verteidigt!"*

Das sind Worte. Beim nächsten Krieg war es nicht mehr möglich so zu reden. Zu sehr hatte sich da schon Rache für den mißglückten Friedensvertrag von 1919, Großmannssucht und Verbrechen vermischt. Hier noch, beim „Untergang des Abendlandes" waren Leute wie Ludwig Wittgenstein, Robert Musil oder Arnold Schönberg ohne zu zögern in den Krieg gezogen, bei dem es nicht um Länder, sondern um ein ganzes – das abendländische – Wertsystem in seinen imaginären Grenzen ging.

Während Kugy alles verliert und in Wolfsbach der „Welt von Gestern" nachsinnt, beginnt für Comici, der nichts zu verlieren hat, der „heroische Alpinismus". Für das offizielle Triest war Comici der Held und ist Kugy gestorben[68], obwohl er sich nie anders als korrekt verhalten hatte und nach 1918 auch loyaler Staatsbürger Italiens blieb.

Selbst heute noch, als man zögernd beginnt, sich der Generationen lang

---

67 Julius Kugy, Arbeit, Musik, Berge. Ein Leben. München 41925. S. 281.
68 Im Dizionario Enciclopedico Italiano vol.III, Roma 1970, ist Kugy mit keiner Zeile vertreten, Comici mit sieben. Im Lessico Universale Italiano vol.V, Roma 1970, ist Comici mit zehn Zeilen vertreten, Kugy nicht!

Verschwiegenen zu erinnern, ist das gar nicht so leicht: Das Triester Büro Geos SNC, das den Fremdenverkehrsprospekt über die Julischen Alpen ausgearbeitet hat, schreibt über Kugy: *„Der gebürtige Österreicher, Wahl-Triestiner, überzeugte Europäer, Naturfreund, Bergsteiger, Schriftsteller und Musiker lebte von 1858 bis 1944 ..."* Kugy ist eher zufällig in Görz geboren und war kein *Wahl*triestiner und, wie Comici und alle anderen Triestiner, legal gesehen Österreicher, und schon gar kein überzeugter Europäer, wie es die Förderung des Prospektes durch die Europäische Union zu behaupten nahelegt, sondern ein Altösterreicher.

Kugy stand den Bergen respektvoll, demütig und vorsichtig gegenüber. Er war auch noch später für Comici eine Autorität. Comici berichtet voll Stolz, daß er am 7. September 1930 den von Kugy angelegten Ringweg um den Wischberg vollenden konnte. Nach dieser bergsteigerischen Großtat steigt er ab zur Pellarini-Hütte, in Eile, um den Zug in Wolfsbach noch zu erwischen, und vergißt nicht, dem Doktor Kugy davon zu berichten, der dem Kühnen, wie Comici berichtet, mit freudenglänzenden Augen gratuliert.[69]

Kugy später über Comici: *„Noch schmerzt mein Herz um Emilio Comici. Wer hat nicht von ihm gehört. Er war ein ganz Moderner, der berühmte König der ‚Rocciatori‘, der neuen Abart des Bergsteigers. Entzückend, hinreißend, fabelhaft in seiner wundervollen Gewandtheit. Aber die Grundverschiedenheit unserer Ansichten und Einstellungen war wohl zu tiefgreifend, als daß er auf meine Worte hätter hören können. Beim modernen Klettern kommt eine neue Gefahr hinzu: ‚die Tücke des Objektes‘! Ein ausgeliehenes Seil! An einer verhältnismäßig leichten Stelle ist es gerissen. Das ist schon so, wo übertrieben wird: wie leicht schlüpft da durch irgendeine versehentlich offengelassene Lücke der Tod herein!*

Ein grundgütiger Mensch, ein lauterster Charakter, ein wahrhafter Gentleman."[70]

In Wolfsbach suchen wir ein Zimmer. Bei Paula Grünwald ist kein Platz frei. Wir versuchen es daneben. Frühstück Enrico heißt das Haus. Die Hausfrau, nach einigem Herumirren im Fernsehzimmer aufgestöbert, gibt uns einen Schlüssel. Das Haus ist ziemlich leer. Das ist ihr offensichtlich kein Problem. Uns ist das recht.

Wir schlendern noch zum Talschluß zurück. Überall hier werden Ur-

---

69 Emilio Comici, Alpinismo eroico. Bologna 21961.
70 Julius Kugy, Aus vergangener Zeit. Graz 1943. S. 9.

Kanaltal

Herbert Boeckl (2. v. l.) als Offizier in Malborgeth, 1915.

lauberhütten und Häuschen aller Scheußlichkeitsgrade gebaut. Ständig begegnen uns Militärfahrzeuge. Am hinteren Ende der Straße rechter Hand eine Kaserne, in den Karten nicht zu finden: Geheimnis! Mittlerweile jedoch schon wieder aufgelassen. Es ist fast immer derselbe Lkw, stellen wir fest, der ständig auf und ab fährt. Fahrschule. Immerhin eine Spur von Sinn in der fahrig leerlaufenden Kriegsmaschinerie. Wir gehen ein Stück zum Talschluß, der sich prächtig vor uns aufbaut. Der Maler Herbert Boeckl war ab Mai 1915 als Beobachtungsoffizier in Malborgeth stationiert, ebenso wie der Kunsthistoriker Bruno Grimschitz. Boeckl hinterließ uns neben zahlreichen Bildnissen seiner Umgebung auch vom Saiseratal mehrere Landschaftsbilder.[70]

---

70 Nach einem freundlichen Hinweis von Prof. Leonore Boeckl.

Mittagskofel, Sompdognapaß:
Anderntags bleibt das Frühstück aus, wir gehen in eine Bar und marschieren los auf den Mittagskofel. Später erst haben wir erfahren, daß die Pension Besitz der Familie Frühstück gewesen war; wie irreführend! Zunächst wandern wir auf einer 1915 angelegten Heeresstraße. Wir kommen zur Kapelle für die Kaiserin Zita, Frau des letzten österreichischen Kaisers Karl. Gepflegt. Weiter auf den Mittagskofel/Jôf di Miezegnot. Einer der vielen heiß umkämpften Gipfel im Großen Krieg. Auf Schritt und Tritt finden wir Höhlen, Bunker, Gräben, Stacheldraht, Gefechtsstände. Wer hier saß, hatte das Kanaltal strategisch im Griff. Wir steigen ab in Richtung Sompdogna. Hier kam der Nachschub für die italienischen Truppen aus dem Dognatal. Wir wandern über den leichten Sattel zur Grego-Hütte. Ein kleiner Rundweg auf das Köpfach/Jôf di Sompdogna zeigt uns weitere Befestigungen, überall Spuren des furchtbaren Krieges. Der Wirt auf der Grego-Hütte spricht Deutsch, kärntnerisch gefärbt, etwas Slowenisch, sonst Italienisch und Friulanisch. Warum er das kann: Er ist Tarviser, heißt die erstaunlich logische Antwort. Er lebt an der Grenze, da gehört das dazu. Kein Intellektueller, ein Elektriker, der im Sommer frei bekommt und die Hütte mit seiner Freundin bewirtschaftet. So herzhaft wie seine Denkart sind dann auch die *tagliatelle*, raffiniert mit Pilzen, Oliven und Kräutern. Dazu Friauler Merlot. Was will man mehr!

Saisera und Wischberg:
Am nächsten Tag gehen wir das großartige Hochtal der Saisera aus. Wir kämpfen uns den schotterigen Spragnegraben hinauf, nur mehr Wildnis, Felstrümmer und tosende Wildwasser. Auf der Bärenlahnscharte, in der Italianisierung etwas kompliziert *Forca Lavinal dell' Orso* schlagen wir den Klettersteig „Anita Goitan" ein. Über die Kastreinspitzen, absurd stark befestigt, die Spitze mit Stacheldraht umgeben, mitten im Hochgebirge, ganz oben Schützengraben und Gefechtstände, ein Wahnsinn. Weiter den herrlichen Steig, ausgesetzt aber wunderbar, über die Mosesscharte auf den Wischberg/Jôf Fuart von Süden her. Das letzte Stück über Kriegssteige. Weiter ziehen wir über die Gamsmutter und durch den Kaltwassergraben zum Pellarini-Schutzhaus. Es ist neu hergerichtet, etwas *cool* für unsere Begriffe, aber *ok*. Ciao bella Anita!

Mangart:
Unsere letzte Wanderung führt uns auf den *Mangart*. Erstaunt bemerken

wir, daß von Tarvis nach Weißenfels ein Bus fährt. Das Vorhaben, nach Weißenfels/Fusine zu Fuß zu wandern, haben wir angesichts des rasanten Verkehrs und der klaffenden Verwüstungen infolge Verkehrsbauten rundum rasch aufgegeben. Wir gehen es gemütlich an, sagen wir uns, versuchen, mit unseren Rucksäcken und Bergschuhen zwischen lauter Einkaufstouristen sehr exotisch wirkend, eine halbwegs genießbare Pasta zu bekommen, trinken in einer Weißenfelser Trattoria *Villacher* Bier und halten, etwas irritiert, aber doch noch die Stimmung durch.

Wir zahlen die stark zerkochten Maccheroni und gehen zurück zur via *Roma*, diesmal in Weißenfels. Ein klimatisierter Linienbus bringt uns zu den *laghi di Fusine*. Da! Ein Tieflader-Lkw trägt groß die Aufschrift *Weißenfels* und transportiert die dort gefertigten Eisenketten, seltsame Kontinuität, Ketten wie zu Siegels Zeiten und eigentlich seit dem Mittelalter. Er zwängt sich durch den Bahnviadukt der längst stillgelegten Linie Tarvis – Aßling. Etwas weiter Richtung Jesenice, an der Haltestelle Ratschach-Weißenfels, war man zu Siegels Zeiten noch ausgestiegen. Wir entsteigen dem Bus am unteren See und wandern zum oberen weiter. Dort endet die Fahrstraße in einem breiten, großen asphaltierten Parkplatz. Die Hütte *Ai Sette Nani* macht einen gemütlichen Eindruck. Ein hübscher dunkelgrüner Bergsee, dahinter baut sich eindrucksvoll der Mangart auf. Das Wetter ist nicht schlecht, und doch wenig Betrieb. Ein Paar Camper, ein paar in Campingstühlen um die Autos Herumsitzende. Wir machen uns auf zum rifugio Zacchi, *aperto tutti i giorni* lesen wir, eine Schutzhütte ohne Ruhetag! Nichts wie hin. Nach etwa einer Stunde gemütlichen Wanderns erreichen wir das Knusperhäuschen. Wir sind allein, ein junges, etwas molliges Mädchen, Italienerin, bedient uns sehr unaufdringlich. Wir bestellen zu trinken, ob wir einen *Gaudi Radler* wollen? Ausgerechnet! Aber warum nicht? Wir sind uns einig über die Großartigkeit des Talschlusses, auf den wir blicken, aber nicht darüber, welcher nun der Mangart (2.677 m) sei. Das Mädchen, überfragt, holt Auskunft bei einer älteren kettenrauchenden Frau im hinteren Teil der Hütte und kommt mit der zwingend logischen Auskunft zurück: der höchste davon! Wir kennen uns aus. Nach dem nächsten Bier kommt ein Mann, offenbar der Hüttenwirt, vorgefahren, mit Angelausrüstung! in der Hand. Später fährt noch ein jüngerer Mann, er gehört zu dem Mädchen, vor. Wir bleiben die einzigen Gäste und die einzigen, die sich für die Berge hier interessieren. Der Mangart ist unser Ziel für den nächsten Tag. Siegel spricht von drei Zugängen auf den

Manhart[72] (2648[!]m): Der häufigste Anstieg über Raibl und Predil den Manhartbach hinauf zum Manhartschutzhause (2000 m) der Sektion Villach des D.u.Oe.A.V. Oder von Weißenfels über die Lahnscharte oder den Trauniksattel, oder durch das Römertal über die Römertalscharte. Bleibt also der Weg über den Travnik-Sattel. Eigentlich gar nicht schlecht, daß dieses Gebiet nicht mehr zu Kärnten gehört, denken wir nicht ganz selbstlos in Erinnerung an überfüllte Hütten in den österreichischen Alpen, während der Abend in der Betrachtung der mächtigen Bergkulisse von Ponza, Vevnica, Mangart bis zum Breitkofel beschaulich ausklingt.

Anderntags verlassen wir nach bekömmlichem Frühstück die gastliche Zacchi-Hütte und wandern den Talschluß des Seetales aus. Die Flora ist vielfarben, reich, und Salamander schlängeln, Schmetterlinge tanzen, Schafherden trotten und Adler gleiten über uns. Irgendwo im Geröllfeld eine Tafel, die auf die Gründung des *Club Alpino Italiano, Sektion Lussari* hinweist und die Anlage des „Via Italiana" *di tutto italiano*. Gut. Wir steigen an und kommen zum Bivak Nogara. Nogara? Ein bekannter Name in der Raibler Gegend. Nogara, quasi Nachfahre der Gewerken Struggl, Schnablegger und Henckel von Donnersmark, einst allmächtig, jetzt Patron einer Bivakschachtel, die allerdings nett aufgeräumt ist. Weiter hinauf zum Travnik-Sattel, von wo wir auf die alte Militärstraße und zum Schutzhaus *na Mangartom sedlu* sehen. Wir rasten hier, und der Blick schweift hinaus bis ans Meer. Die Bergsteiger, denen wir nun in Scharen begegnen, sind alle mit dem Auto hierher gefahren, ganze Autokolonnen parken hier, und klettern von hier den letzten Steig hinan. Es gibt den Normalweg und den *slovenski smer*, einen gesicherten Klettersteig, allerdings aufgrund des Andranges mit Wartezeiten. Wir sitzen übrigens ungefähr auf der Grenze zwischen Italien und Slowenien (*einst zog über Grat und Gipfel die Grenze zwischen Krain und Küstenland*). Die Leute, denen wir begegnen, grüßen mit *dober dan, buon giorno, griaßeich, bon dì*, das ist erfreulich bunt. Nur als uns eine Gruppe hartnäckig immer mit *ahoi* anredet, kommen wir uns etwas gehänselt vor. *Was soll das*, fragt mein Compagnon, das ist ein Gruß, antwortet eine Frau, heißt Servus auf Tschechisch. Eine Gruppe Prager Urlauber, die in Bovec campen, war uns entgegen gekommen, *ahoi* also. Eigentlich ist Prag gar nicht so weit weg,

---

72 Beim Namen „Manhart" spricht Siegel von deutschem Ursprung und weist die slowenische Bezeichnung einer Verhärtung des „h" zu, während der k.u.k. Reichsbahnführer von der volkstümlichen Bezeichnung Mangart (slow. Mangrt) ausgeht und in Manhart (harter Mann) eine versuchte und gewagte Einbürgerung sieht.

zumindest nicht weiter als vor hundert Jahren, auch wenn es so scheinen mag. Der Blick vom Gipfel mit Großglockner, Venediger, Triglav, Collin, Wischberg, Montasch dürfte sich die letzten Jahrtausende kaum verändert haben. Wir freuen uns daran und an der Hinfälligkeit der politischen Grenzen.

Raibl und das Bergwerk

Noch bevor man von Österreich kommend ins merkantile Zentrum von Tarvis vorstößt, biegt über Windungen eine Straße nach Untertarvis ab, die von dort weiter entlang der tosenden Schlitza/Torrente Slizza in Richtung Bergwerkssiedlung Raibl/Cave del Predil führt. Eine enge Tallandschaft, bewaldete Berghänge und der rauschende Bach sind die ständigen Begleiter. Nach einigen Kilometern zweigt an einer Straßenbiegung ein Fahrweg mit einer Wandermarkierung in den Kaltwassergraben ab. Hier liegt die Ortschaft Kaltwasser. Kaltwasser, italienisch Riofreddo, friulanisch Ríul Frêt, Albtraum jedes Wanderers des ausgehenden 20. Jahrhunderts. Ehemals befanden sich hier eine k.k. Bleischmelze und ein gutgehendes Pochwerk des Grafen Henckel von Donnersmark (für 1910 sind noch zwei Wirtshäuser verbürgt), ist Kaltwasser heute das herabgekommene Überbleibsel einer versunkenen Gewerkenzeit, das wunderlicherweise noch immer von Menschen bewohnt wird. Vielleicht drei Dutzend davon nennen den abseits jeder modernen Zivilisation und Arbeitsstätte dahinfristenden Ort ihre Heimat. Kläffende Hunde, neugierige Blicke, im Wind flatternde Leintücher und der knatternde Motor eines Lamborghini-Traktors begleiten unseren traurigen Spaziergang durch diesen vom Rest des Tales und der übrigen Welt verlassenen Platzes. Das wuchtige Gebäude des Pochwerkes, jetzt Rumpelkammer, wird von abgenützten Wohnhäusern und kurz vor dem Einsturz stehenden Garagen umgürtet. Weiter unten in der Schlitzaschlucht gehen zahlreiche Ruinen von Pochhäusern dahin. Nach wie vor sagen die Bewohner von Raibl, und das dürften sie von altersher übernommen haben, jenen von Kaltwasser eine gewissen Blödsinnigkeit nach, sie schauen also nicht nur geographisch auf die Kaltwasserer herunter.

Weiter die Straße erreicht man den Weiler Maut/Muda mit drei Häusern, eine Wüstung, die über kurz oder lang wieder der Natur anheim fallen wird. Weitläufige Abraumhalden des Bergwerks weisen rechter Hand den Weg nach Raibl. Es ist kaum zu glauben, daß dieses enge von Bergen beherrschte Tal mit der merkwürdigen Siedlung Raibl am halbherzigen Talschluß dereinst zu

Kaltwasser um 1900.

Schnitzlers Zeiten erholungssuchenden Städtern als herausgeputzter und entzückender Fremdenverkehrsort anempfohlen wurde. Aber es war so. Die „Fremden-Zeitung, Central-Organ zur Förderung des Fremdenverkehrs in Oesterreich und in dem angrenzenden bayerischen Hochlande" widmete in ihrer Ausgabe vom 28. August 1897 der Sommerfrische Raibl ihre Titelgeschichte und beschrieb diesen so gar nicht fröhlich anmutenden Flecken Heimaterde (auch wenn er damals noch ein Teil Kärntens war, welchem Land ja ein besonderes Maß an Fröhlichkeit nachgesagt wird) in bewegten Worten: *„Der Bergort Raibl liegt so ganz im Herzen von vielbesuchten und aussichtsreichen Bergen und ist schon seit vielen Jahren […] weit über die Grenzen unseres lieben Oesterreich hinaus bekannt."*[73] Das hört sich freilich besser an als die Rede von steil aufragenden, den Menschen be- und den Ort erdrückenden Bergen. Und die freundliche Mitteilung, daß *„auch zur heissesten Jahreszeit und an den anderwärts schwülsten Tagen hier nur wenig über die Hitze geklagt werden kann"*[74], ist eine wohlmeinende Umschreibung für jenes Wetter, wel-

---

73 Josef Katnik, Die Sommerfrische Raibl. In: Fremden-Zeitung 28. 8. 1097.
74 Ebda.

ches der Tourist an seinem Urlaubsort so gar nicht goutiert. Richtig: es regnet oft. Der Regen scheint über Jahrhunderte hinweg bis zum heutigen Tag eine ausgesuchte Freude an dieser Gegend gefunden zu haben. Schon Gustav Jäger schrieb in seinem Touristen-Standardwerk von 1873 über das Kanaltal: *„Raibl hat die größte Regenmenge Kärntens"*[75], nämlich 73 Zoll pro Jahr, währenddessen es in der Hauptstadt Klagenfurt damals nur 35 Zoll viel regnete. Ein anderes Standardwerk (von 1891) hilft uns da ein bißchen weiter; jährliche Niederschlagsmenge in Raibl: 1.995 mm, jährliche Niederschlagsmenge im Landesdurchschnitt: 983,8 mm.

Trotzdem, so hat es den Anschein, trugen die gute Luft und die bärige Kost und die grobknochigen Menschen das ihre dazu bei, in oder an der großen Stadt erkrankte Menschen wieder zu Kräften und zu Gewicht zu verhelfen. Einen schlagenden Beweis für dieser Behauptung liefert die „Fremden-Zeitung", und zwar in der Person des Doktoranden V. aus Wien, der sich im altrenommierten Gasthaus „Zur Post" des greisen Ehepaares Scheidenberger einquartierte, um seine stark angegriffene Gesundheit wiederherzustellen. Bei seiner Ankunft in Raibl wog Herr V. 69 Kilo. Als V. vollkommen hergestellt und überglücklich den Ort wieder verließ, hatte er ein Gewicht von 82 Kilo, sage zweiundachtzig Kilo, dank Raibl und dem greisen Ehepaar Scheidenberger!

Wie ein Denkmal steht die frühere Haupteinfahrt in das Bergwerk mit der Bezeichnung „Kaiser Franz Erbstollen" zwischen leeren Gebäuden, stillstehenden Förderbändern und Jahrzehnte alten Abraumhalden. Einige hundert Meter davon entfernt erinnert ein richtiges Denkmal, errichtet 1914 vom k.k. Ministerium für öffentliche Arbeiten, an ein am 8. Jänner 1910 an dieser Stelle versunkenes Krankenhaus, in dessen Folge der Werksarzt Josef Vesely, seine Gattin und Sohn Josef, sowie Josef und Marie Landsteiner, Walburga Eichletter und Antonia Crnota ums Leben kamen. Einzig der fünfzehnjährige Kostgänger Ernst Bierkopf hatte noch durch einen raschen Sprung aus dem Fenster sein Leben retten können. Das Unglück war durch einen Sprengschuß ausgelöst worden, wodurch ein nicht gepölzter Stollen unterhalb des Spitals einbrach und ein Trichter mit fünfzig Meter Durchmesser und fünfzehn Meter Tiefe entstand, in dem das Spital versank. Da sich der Trichter schnell mit Wasser füllte, war eine Bergung der Verschütteten nicht mehr möglich.

Die trostlose Ansiedlung war früher weit weniger trostlos. Die Sommerfrische paarte sich scheint's kongenial mit der Suche nach Zink- und Bleierzen.

---

75 Gustav Jäger, Touristen-Führer im Kanalthal. (Kärnten.) Wien 1873, S. 50.

Raibler Bergwerk um 1914.

Über 1.000 Arbeiter, meldet die Statistik, waren vor dem Ersten Weltkrieg hier beschäftigt, die meisten von ihnen Slowenen von der drüberen Bergseite aus Breth (Log) und Flitsch (Bovec) im Isonzotal, die sich nach 1918 mittels einer 5 km langen Stollenbahn quer durch den Berg zum Arbeitsplatz schleusten. Dieser Stollen wurde 1905 als Ablauf für das Grubenwasser auf der 13. Ebene 240 Meter unter der Stolleneinfahrt angelegt und tritt im Isonzotal hinter dem Friedhof von Breth wieder ans Tageslicht. Im Ersten Weltkrieg wurde der Tunnel mit einer elektrischen Stollenbahn armiert und als Nachschubstrecke für die Isonzofront verwendet. Bis in die fünfziger Jahre fuhren hier täglich die jugoslawischen Bergarbeiter, beäugt von italienischen Zöllnern, unter der Grenze hindurch ins italienische Bergbaurevier.

Das Bleibergwerk in Raibl war lange Zeit der wichtigste Wirtschaftsbetrieb der Region. 1914 wurden 30.000 Tonnen Zinkerz und Bleischlicke an der Westflanke des Königsbergs (Monte Re) gefördert, in den achtziger Jahren waren es noch ebensoviel. Viele der slowenischen Bergarbeiter blieben in Raibl für immer hängen, sodaß auch in der Gegenwart noch etwa ein Drittel der inzwischen auf 600 Menschen zusammengeschmolzenen Einwohnerschaft slowenischer Zunge ist. In der verwuzelten Bar „Centrale" in der Via Garibaldi 14 gleich vis-à-vis dem Kirchenwrack verweist ein schmutziges Fähnchen auf die sportlichen Ambitionen der Einwohnerschaft: „1. FC Raibl".

Als die faschistische Regierung die bestehenden beiden Bergwerksunternehmen 1923 zusammen der *Societá Anonima Miniere Cave del Predil* anvertraute, stand Bernardino Nogara der Gesellschaft vor. Nogara stammt aus einer bedeutenden vatikanischen Familie, sein Bruder ist der nachmalige Bischof von Udine, während sein anderer Bruder Bartolomeo die vatikanischen Museen leitet. Bernardino war es auch, der die immensen Gelder, die der Vatikan infolge der Lateranverträge zwischen dem Hl. Stuhl und Italien (Mussolini) 1929 von Italien erhielt[76], verwaltete und zwar als „Bankier Gottes": Nach den Gesetzen des Geldes, in Kriegsgerät, Goldgeschäften und Banken, und nicht etwa den Grundsätzen der Ethik. Papst Pius IX. hatte ihm dazu freie Hand gelassen.

Nach einer vorübergehend florierenden Phase kam das Unternehmen 1931 in die Krise und mußte zugesperrt werden, wurde in einer Art *stand by*-Zustand stillgelegt. 1933 war es Giovanni Nogara, der Neffe Bernardinos, der die Bergwerksgeschäfte übernahm, als Direktor der *Raibl Societá mineraria del Predil*, bis zum Verkauf der Mehrheitsanteile nach Zeiten des Booms in den fünfziger Jahren an die sardinische *Societá mineraria e metallurgica di Pertusola*. Kurz nach dem Krieg, 1945, besetzten die Jugoslawen den Bergwerksort (sie hatten wohl auch mindestens soviel Recht dazu wie die Italiener), mußten es aber bald wieder räumen. In den fünfziger Jahren gab es eine Phase erhöhter Betriebsamkeit: die alte Siedlung wurde abgerissen, charmante Hochhäuser, die sogenannten *caserme,* aufbetoniert. Aber es sollte sich bald zeigen, daß die Gesellschaft Pertusola keinerlei Interesse an der planmäßigen Gewinnung der Bodenschätze hatte, sondern nur am Gewinn. Raibl wurde an verschiedene Gesellschaften mit klingenden Namen wie AMMI oder SAMIM weiterverkauft. Und ständig gings bergab. Spätestens seit 1986 wurde nach Alternativen gesucht. Die Übernahme durch die Bleiberger Bergwerks Union scheiterte an alten italienisch-österreichischen Animositäten.

Zuletzt gelang es zumindest, die öffentliche Aufmerksamkeit auf Raibl zu lenken: Die 55 Männer der Frühschicht des 6. Februar 1991, die um 6 Uhr wie an jedem anderen Tag einfuhren, blieben aus Protest unter der Erde. Im 17. Stock untertag, in einer Tiefe von circa 500 Metern, wie immer bei 98 % Luftfeuchtigkeit und Temperaturen oft unter 7° C. Es war ein langer, drama-

---

76 Die einmalige Zahlung an den italienischen Staat in der Höhe von 1,75 Mrd. Lire oder 81 Mill. Dollar galt als Entschädigung für die Einziehung des Kirchenstaates.

tischer Versuch der Aufrüttelung. In Raibl hatte man viel zu verlieren und immer schon ein starkes Problembewußtsein gehabt. So gab es schon 1835 einen Streik, aufgrund dessen dann 120 Arbeiter entlassen wurden. Es gab aber auch schon seit 1873 einen Konsumverein. In den rauschenden fünfziger Jahren waren Wohnungen, Strom aus dem betriebseigenen Kraftwerk, ärztliche Versorgung und Brennholz gratis. Damals sind freilich interne Standesdünkel zwischen den privilegierten Angestellten und den Arbeitern aufgebrochen. An der Tagesordnung waren Arbeitskämpfe gegen die *Pertusola* und ihre ausbeuterischen Praktiken.

Als am 22. 2. die völlig erschöpften Helden der Arbeit nach 17 Tagen lebendigen Begrabenseins geborgen wurden, hatte der Bürgermeister Rosenwirth immerhin einige lindernde Maßnahmen ausgehandelt und ein geordneter Rückzug war in Sicht. Die Raibler Kumpel haben sich noch gegen die Benachteiligung der slowenischen Arbeiter als Kategorie „B" gewehrt. Es gab den Streit um die betriebseigenen Kraftwerke, die gruppo Cividale kümmerte sich um die Stillegungsarbeiten wie Betonierung der offenen Stollen und einige Verschönerungsarbeiten wie die Wiederaufstellung alter Tunnelportale *Kaiser Franz Erbstollen*. Schließlich suchte man auch noch nach sinnvoller Weiterverwendung des Geländes, bemerkenswerte Vorschläge wie die Errichtung eines Minigolfplatzes wurden diskutiert. Der 30. 6. 1991 bedeutete das absolute Ende.[77]

Was sich dem Besucher des Ortes in der Gegenwart präsentiert, ist daher kein Abglanz der ehemaligen Sommerfrische, eher ein furioses Konglomerat von süditalienischen Wohnschachteln und slawischen Gebirgstypen in ruinöser Industrieatmosphäre. *Via industria* nennt sich so sinnig auch eine Straße, die nach kurzer Zeit im Nichts ausläuft. Zentraler Punkt des Ortes bildet die 1969 neuerbaute Kirche aus Beton, angelehnt an das Wrack der alten St. Anna Kirche. Der stetig zerbröselnde Kirchturm des vom Bamberger Bischof Georg im Jahr 1550 gestifteten Kirchleins scheint nur mehr eine einzige Funktion zu besitzen, nämlich die kaputte Turmuhr noch einige Zeit an ihrem Ort zu halten: Seit 5 vor 7 steht hier die Zeit still.

Einen Ausweg aus diesem Szenario bietet jene Straße, die sich hinter dem Ort am Raibler See durch das Seebachtal (Val Rio di Lago) vorbei an der mit Gras überwachsenen Festung „Werk Raibler See" entlangschlängelt und über den Nevea-Sattel in das Raccolanatal mit seinen fast ausgestorbenen Dörfern führt. Nach etlichen Kilometern sind wir an der alten Grenze angelangt: Ein

---

77 Paola Tessitori, Rabil-Raibl Cave del Predil. Udine 1996.

Raibl heute.

unscheinbares, zumeist wasserloses Bachbett namens Rio di Confine trennt die Gemeindegebiete von Tarvis hier und Chiusaforte/Sclûse drüben. Bedeutungsvoller als heute war der Bärenlahngraben, so die deutsche Bezeichnung für dieses Rinnsal, als Grenze zwischen Österreich und Italien bis 1918. Ein Felsblock markiert hier seit 1757 die Grenze. Auf der einen Seite des Felsens eingemeißelt das Symbol Venedigs, der Markuslöwe, auf der anderen das bambergische Wappen. Ein auf dem Felsblock zementierter Grenzstein mit einem „A" und einem „I" bestätigte 1887 den Grenzverlauf. An diesem schönen Ort brachten sich in den Oktobertagen 1917 italienische und österreichische Soldaten für Kaiser, König und Vaterland gegenseitig ins Grab, als die 59. Gebirgsbrigade und Landjäger aus Galizien zum Sturmangriff gegen die hinter einem drei Meter hohen und dreißig Meter tiefen Drahtverhau harrenden Italiener schritten.

Eine kurze Strecke weiter hinauf erreicht man schließlich den Nevea-Sattel/Sella Nevea, von wo sich eine alte italienische Militärstraße ins Raccolanatal hinabwindet. Auf der Sella Nevea befanden sich früher einige Almhütten und das Schutzhaus „Ricovero di Nevea", welches von Touristenführern der Jahrhundertwende als Jausenstation empfohlen wurde.

Zurück nach Raibl. Ein anderer Ausweg von hier führt nach Slowenien. Vorbei am Ortsfriedhof und Müttern mit Kinderwägen führt die sogenannte

„Winterstraße" (die Sommer- und ehemalige Poststraße ist heute nur mehr Wanderern und Traktoren zugänglich) über den 1.156 Meter hohen Predilpaß, früher ein unwichtiger Übergang vom Herzogtum Kärnten ins Küstenland, anschließend ein zu vernachlässigender Binnenpaß des Königreichs Italien, später Grenzpunkt zwischen der (inzwischen) Republik Italien und der Sozialistischen Föderativen Republik Jugoslawien, heute ein gleichwohl unwichtiger Grenzübergang zwischen der (noch immer) Republik Italien und der Republik Slowenien: Baumlose, steinige Landschaft, die Grenzgebäude gleich aufgelassenen Tankstellen, hier angeödete Grenzkontrollorgane aus der Basilicata, fünfzig Meter weiter gelangweilte Grenzkontrollorgane aus dem Isonzotal, inzwischen ergänzt durch geschäftstüchtige Mitarbeiter eines nach 1991 quick errichteten *duty free shops* in berglerischer Einöde, der vorzüglich vom Raibler Publikum angesteuert wird.

Potemkische Festungsbauten

Die Geschichte staatlicher oder herrschaftlicher Grenzen ist auch eine Geschichte ihrer Befestigungswerke. Im Kanaltal trifft man im Gegensatz zu anderen Regionen jedoch auf keine Burgen oder mittelalterliche Festungen bzw. deren Ruinen, die von Efeu bewachsen und von Sagen umrankt in der heutigen Zeit romantisch verklärt zum Ausflugsort freizeitorientierter Besucher geworden sind. Der nächste herrschaftliche Ansitz war Federaun bei Villach, und der bambergische Vizedom, der die Bischöfe von Bamberg vertrat, hatte seinen Sitz in Wolfsberg. Statt dessen trifft man im Kanaltal auf ausrangierte Befestigungswerke aus dem 19. und 20. Jahrhundert, die in ihren Mauern nach wie vor den kalten Hauch des Krieges tragen. Vier Befestigungsanlagen sollten Österreich vor einem möglichen militärischen Angriff aus dem Süden schützen: Fort Hensel auf dem Tschalawai bei Malborgeth im Kanaltal, das Depot Predil auf der heute slowenischen Seite des Predilpasses, die Batterie Predilsattel knapp unterhalb des Predilpasses und das dazugehörende Werk Raibler See im Seebachtal.

Zwischen Tarvis und Pontebba schiebt sich nahe Malborgeth der 800 m hohe Felsvorsprung des Tschalawai wie ein natürlicher Riegel ins Kanaltal. Dem Verkehrsfortschritt Tribut leistend ist heute keine Umfahrung des Hügels mehr vonnöten, ein Straßentunnel bohrt sich geradlinig durch den Tschalawai hindurch. Der Hügel ist in der Gegenwart stark bewaldet, sodaß die immer noch eindrucksvollen Fortifikationen auf dem Bergrücken vom Tal aus nur teilweise sichtbar werden. Über Waldpfade ist eine Begehung der Anlage möglich. Man betritt eine Welt des schrecklichen Gestern. Die ausgedehnte Trümmerlandschaft mit meterdicken Mauern, eingebrochenen Kasematten, verschütteten Verbindungsgängen, eingestürzten und zerschossenen Panzertürmen, dazwischen in die Felsen geschlagenen Kavernen und einem unterhöhlten Waldboden, in dem sich jederzeit heimliche und nur dünn bewachsene Öffnungen auftun können, erzählen vom Untergang des Forts im Jahr 1915. Im Zentrum der Festung ist in eine Steinplatte in riesigen Lettern „Fort Hensel" eingraviert.

Die Festung erlangte bereits im Jahr 1809 traurige Berühmtheit. Damals rückten die Franzosen im Krieg gegen Österreich auch von Italien aus vor und erreichten am 14. Mai 1809 den Ort Malborgeth. Der Befehlshaber der 150.000 Mann starken Armee war der Stiefsohn Napoleons und italienische Vizekönig Eugen Beauharnais. Vier Tage lang verteidigten 290 österreichische Soldaten, großteils Kroaten vom Oguliner Grenz-Infanterie-Regiment Nr. 3 unter Führung von Ingenieur-Hauptmann Friedrich Hensel mit zehn Kanonen und einer Haubitze die notdürftig aus Holz errichtete Talsperre gegen die anstürmenden Franzosen. Am 17. Mai wurde die Festung dann im Sturm genommen, Hauptmann Hensel und 80 seiner Mitstreiter fanden dabei den Tod. Auf der Gegenseite blieben im Vorfeld des Hügels Tschalawai etwa 1.300 Franzosen liegen. Als ein Zeichen aus dieser Zeit ist heute über dem Eingang des Hauses von Paula Grünwald in Malborgeth Nr. 71 eine Kanonenkugel eingemauert. Die Inschrift besagt, daß diese am 17. Mai 1809 im Haus einschlug.[78] Friedrich Hensel, für sein tapferes Aushalten von Österreich zum Nationalhelden erkoren, wurde in zahlreichen Schriften und im Schulunterricht als Vorbild für mutiges Verhalten hingestellt und erhielt 1847 sein Heldendenkmal. Es steht am Fuß der Festung an der westlichen Tunneleinfahrt: Vor einer Quadersteinpyramide liegt ein in Bronze gegossener sterbender Löwe, den todbringenden Speer in der Brust.

1881 bis 1883 wurde die neue Talsperre errichtet und nach dem Verteidiger von 1809 „Fort Hensel" genannt. Die Festung wurde bis 1910 immer wieder ausgebaut und hatte mit irgendwelchen altertümlichen Vorgängerbauten nichts mehr gemein. Sie glich in ihrem Aussehen schon eher den Be-

---

78 Entgegen der landläufigen Meinung, es handle sich um ein französisches Geschoß, dürfte die Kugel wohl von einem österreichischen Festungsgeschütz abgefeuert worden sein.

Friedrich Hensels Tod bei Malborgeth 1809.

tonbunkersystemen des 20. Jahrhunderts und hatte in seinem ganzen Erscheinungsbild etwas Bedrohliches an sich. Die Besatzung des Forts legte ein Gedenkbuch „Malborghetto im Canalthale" an, wo sich als erster 1891 Herzog Wilhelm von Württemberg eintrug. Die letzte Eintragung stammt von Hauptmann Adolf Schöberl, Festungskommandant, am 1. September 1914. Auf den folgenden Seiten sind zahlreiche Fotografien des vom italienischen Artilleriebeschuß arg beschädigten Forts aus den Jahren 1915 und 1916 zu sehen. Seither hat sich am Aussehen von Fort Hensel wenig geändert, nur die Natur hat sich, wie es ihre Art ist, des verlassenen Menschenwerks angenommen. Stille über Fort Hensel. Ein erhalten gebliebenes Schreiben von Armeegruppenkommandant General Franz Rohr an den Generaladjudanten Kaiser Franz Josephs vom 3. November 1915 läßt durch die Wipfel der Bäume kurz einen kalten Luftzug streichen.

„Falls sich der treu- und ehrlose Feind überhaupt noch an die von meinen kampfgierigen Truppen verteidigten Linien heranwagen sollte – wird die Besatzung von Fort Hensel gewiß bis zum äußersten kämpfen, wenn notwendig

aber mit Ehren zu sterben wissen und dadurch sich würdig erweisen, daß sie das Erbe Hensels übernehmen, wahren und verteidigen durfte."⁷⁹

Szenenwechsel: Predilsattel, heute Grenzübergang zwischen Italien und Slowenien. Im Ersten Weltkrieg rollte über den Predil der Nachschub für die Isonzofront, Schrecken aller Kampfabschnitte, nur vergleichbar mit der Hölle von Verdun, später dann in den Schatten gestellt von der Hölle von Stalingrad, ihrerseits abgelöst von den apokalyptischen *killingfields* Indochinas usw. usf. Auf dem Predil war außerdem das erste Opfer der Italienfront im Jahr 1915 zu beklagen, und das kam so: Die Gräfin Latour befand sich auf einer Wohltätigkeitsveranstaltung in Treffen bei Villach und wollte hernach mit ihrem Automobil heim nach Görz. Auf dem Paß überhörte der Chauffeur den Anruf des Wachsoldaten, der daraufhin seinen Karabiner von der Schulter riß und dem Auto nachschoß. Die Kugel traf ihr Ziel und die Latour erlag im Fond des Wagens den vom eigenen Militär zugefügten Verletzungen. Vergleichsweise freundlicher hingegen ist die Vorstellung von den emsigen Gailtalern, die im 18. und 19. Jahrhundert mit ihren gutbeladenen Fuhrwerken die Transitroute über den Predil nahmen und auf diese Weise den größten Teil des Oberkärntner Weinbedarfs deckten.

Kurz *vor* den absurd in der Gegend stehenden Grenzgebäuden verhalte man still. Rechter Hand dösen die Reste der „Batterie Predilsattel", ein in die schöne Natur gesetztes Wehrwerk aus dem späten 19. Jahrhundert. Auch dieses zementierte Sperrfort zeigt sich wie Fort Hensel von seiner kalten Seite. Die Batterie war mit drei Kanonen und zwei Maschinengewehrnestern bestückt, und sollte im Kriegsfall eine Besatzung von 118 Mann aufnehmen. Das Vorfeld des Werks war mit 24 Torpedobüchsen vermint, zusätzlich waren Fußangelnetze und Drahthindernisse ausgelegt und die nächtliche Szenerie mit Azetylenscheinwerfern erhellt. Angelegt gegen den angenommenen Feind aus Italien, der über das Raccolanatal nach Österreich vordringen könnte, hatte die Batterie Predilsattel 1915 bereits wieder ausgedient. Die Artillerie hatte bis 1915 in Kaliber, Reichweite und Durchschlagskraft derartige „Fortschritte" gemacht, der die nur 30 Jahre vorher erbaute Festung nichts entgegensetzen konnte. 1915 wurde sie wohlweislich desarmiert. Anstatt der 118 Mann Besatzung stellte man lediglich ein paar Beobachtungsposten in die Anlage, von wo

---

79 ÖStA, Kriegsarchiv, K VII b 81–10g Schreiben von General Franz Rohr an General Eduard Graf Paar, 3.11.1915.

Raibler Seefestung nach ihrer Zerstörung 1915.

aus die Straße zum Grenzbach Rio di Confine observiert wurde. Die Batterie Predilsattel wurde dann auch tatsächlich von den Italienern in Grund und Boden geschossen. Verfallen. Auch das vorgeschobene „Werk Raibler See", das auf einer Halbinsel des Sees errichtet wurde, heute zum Teil versunken und kaum noch auszunehmen ist, wurde 1915 zusammengeschossen.

Kurz *nach* den absurd in der Gegend stehenden Grenzgebäuden (samt *duty free shop*) verhalte man noch einmal still, bevor man auf slowenischer Seite unter dem Eindruck einer grandiosen Naturszenerie dem Talboden des Isonzo entgegenstrebt, an jener Stelle, wo der traurige Löwe ins Gesichtsfeld tritt.

„Hart an der Straße steht das schöne Denkmal, welches Kaiser Ferdinand dem am 18. Mai 1809 hier gefallenen Helden Ingenieur-Hauptmann Johann Hermann und dessen Kampfgenossen setzen ließ: es zeigt einen verendenden Löwen in erhabener Arbeit aus Bronze, sein Herz ist von einem Speer durchbohrt, seine ausgestreckten Klauen aber schützen noch immer das österreichische Wappen."[80]

Gustav Jäger, Tourismusfachmann von 1873, schrieb diese Zeilen im Angesicht des in Dreiecksform in der Bergeinsamkeit aufragenden Denkmals in sein

---

80 Gustav Jäger, Touristen-Führer im Kanalthal. (Kärnten.) Wien 1873, S. 80.

Monument Predil für Hauptmann Hermann.

Büchlein nieder. Das einsame Denkmal ragt inmitten des Festungsvorwerks des „Depots Predil", durch das sich die Straße in Richtung des heute nur noch in der warmen Jahreszeit bewohnten Ortes Oberbreth (Strmec) zwängt („*das von aller Welt verlassene, merkwürdige Pfarrdorf Oberpreth*", schrieb 1887 ein Herr Hauser)[81]. Das Denkmal hat seit 1847, ebenso wie sein Pendant für Friedrich Hensel in Malborgeth, alle Stürme streitender Staaten überstanden und ragt noch heute. Die Hauptfestung oberhalb der Straße, jahrzehntelang hinter einer jugoslawischen Baumgruppe im Verborgenen gelegen, wurde vom jungen slowenischen Staat wachgeküßt und grüßt von einer frisch abgeholzten Bergkuppe zur Straße herunter. Das Depot Predil hatte bereits vor dem Ersten Weltkrieg jede Verteidigungsaufgabe verloren und sollte im Kriegsfall als Nachschub- und Versorgungsstelle dienen: Hier waren verschiedene Magazine, Lebensmittelvorräte, Brennmaterial, eine Bäckerei sowie ein Taubenschlag untergebracht. In Friedenszeiten war das Depot Predil nicht besetzt.

Hier an dieser Stelle blockierte Johann Hermann von Hermannsdorf im Mai 1809 vier Tage lang den Durchmarsch eines 8.000 Mann zählenden französischen Heeres, ihm zur Seite eine wackere Schar von 220 Österreichern, die sich in diesem Fall aus Kroaten zusammensetzte (für Militärhistoriker: Szluiner Grenzregiment No. 4). Nach vier vergeblich geführten Attacken seitens der Franzosen und vier von Hermann zurückgewiesenen Angeboten zur Kapitulation wurde die hölzerne Paßsperre in Brand gesteckt und überrannt. Von den Verteidigern kamen alle bis auf acht ums Leben. Das Thema „Predil 1809"

---

81 Karl Hauser, Der Predilpaß und der Isonzo. In: Carinthia 77, 1887, S.132.

Menagegarnitur, Hauptmann Hermann zugeschrieben,
zuletzt aufbewahrt im Gasthaus „Zur Post" in Raibl.

nahm im österreichischen Geschichtsunterricht der folgenden hundert Jahre breiten Raum ein und wurde als herausragendes Beispiel der Hingabe für Kaiser und Vaterland hingestellt. Hauptmann Hermann, der Held der Nation, Predil 1809, „Österreichs Thermopylen", als Schlacht der Schlachten in den österreichischen Geschichtsbüchern. Ein Stich von der Erstürmung des Sperrwerks, auf dem ein Gemetzel betrachtet werden kann, befand sich als angeblich einziger Wandschmuck in Kaiser Franz Josephs Arbeitszimmer, ein allen hier Vorbeikommenden traurig entgegenblickender Löwe und, zu guter Letzt, eine österreichische Grenadiermütze sowie eine dem Hauptmann Hermann zugeschriebene Menageschale, die angeblich bis heute im alten Gasthaus „Zur Post" in Raibl aufbewahrt werden sollen. Sollen. Denn das alte Gasthaus „Zur Post", zuletzt geführt von der greisen Else Buchal, einer ehemaligen Opernsängerin, die an der Mailänder Scala ebenso wie in Bayreuth als begnadete Sopranistin gefeiert wurde, Kaiser Franz Joseph und den König von Sachsen als Gäste in ihrem alten Haus bewirtete und im Alter von 70 Jahren einen schweigsamen, kaum 30jährigen Bergknappen aus dem Raccolanatal ehelichte, der hernach Selbstmord beging, wurde in einem der letzten Jahre von einer Mure überfahren, wodurch auch das Interieur den Weg alles Irdischen ging.

Von hier führt der Weg abwärts ins Isonzotal mit seiner nach wie vor präsenten Geschichte: ein von zuunterst nach oben gekehrtes Erdreich, drei lange Jahre eine einzige große Kaserne und Waffenkammer, vom Schwarzen Kreuz betreute Heldenfriedhöfe, und überall alte Basen für zwölf geschlagene Isonzoschlachten. Ein Triestiner Zoologe, der sich in den neunziger Jahren auf die Suche nach der ausgestorben geglaubten Isonzoforelle begab, stellte in diesem Zusammenhang fest, daß 80 Jahre nach dem Ende des Ersten Weltkrieges der Isonzo noch immer an den bleiernen Folgen der Kriegsereignisse leidet.

Kanaltal

Herbert Boeckl: Die zerstörte Wallfahrtskirche Maria Luschari im Jahr 1917 (siehe S. 89).

Mosaikboden der Kathedrale von Aquileia, 4. Jhdt. (siehe S. 124).

Friaul

Gescheiterter Versuch: Individualverkehr auf Schienen (siehe S. 150).

Ehemalige österreichisch-italienische Grenze bei Brazzano (siehe S. 139).

Friaul

Resiatal – Vergessene Welt

Das Kanaltal durcheilt, das enge Ferrotal mit der ruinierten und langsam absterbenden Ortschaft Dogna hinter uns gelassen, ist die kahle, aber im Grunde nicht unschöne Straßensiedlung Chiusaforte (friulanisch *Sclûse*) nichts weiter als ein Wegweiser nach Süden. Überall drängt das Leben von hier weg in Richtung Udine, und zurück bleiben nur jene, die dem industriellen und dienstleistungsmäßigen Sektor widerstanden oder von diesem nicht, noch nicht oder nicht mehr gebraucht werden, im wesentlichen Mütter, Junge, Alte.

Einige Kilometer weiter liegt Resiutta am Eingang ins Resiatal, Valle di Resia. Je eine Häuserzeile links und rechts der Straße, an Schottergruben gemahnendes Brachland, ein paar Gemüsegärtlein, dann das Hinweisschild mit der Aufschrift „Resia", links abbiegen. Bevor wir Geschwindigkeit aufnehmen, sehen wir am rechten Straßenrand zwei mit den Händen wachelnde Gestalten, wild aussehende Typen, deren Heimat wohl hinter den sieben Bergen zu suchen ist: Resianer! Wir bleiben stehen und nehmen sie mit. Der junge heißt Alessandro, ein kluges Bürschchen, Baggerfahrer, er hält uns gleich sein *curriculum vitae* unter die Nase, er ist auf Stellensuche, wahrscheinlich wird er nach Angola gehen. Er war schon weit herum, Rußland, Antillen, Villach ... Der andere, Onorazio Bottolo, braucht das nicht, er ist geistig behindert, *pazzo*.

Wir bringen die beiden nach Prato, eine Ortschaft, die von vielen Neubauten geprägt ist. Das Erdbeben von 1976 hat hier nicht viel stehen gelassen. Einen Ausflug in die Bar, warum nicht? Wir trinken einen *sbriz*, einen weißen G'spritzten, zusammen. Die Bar in Prato ist gesteckt voll, auch der Bürgermeister residiert hier. Ein lautes Durcheinander von slawischen und romanischen Lauten schallt durch den Raum. Die Stimmung ist arm an Hoffnung, alkoholdünstend, Alessandro hat es nicht leicht, er ist absturzgefährdet, er muß anderswo Arbeit finden. Prato heißt auch Ravanca, so haben wir es auf einem Straßenhinweisschild gelesen. Ob sie slowenisch sprechen, wollen wir wissen. O nein, niemals, *parliamo resiano* kam die Antwort stante

Friaul

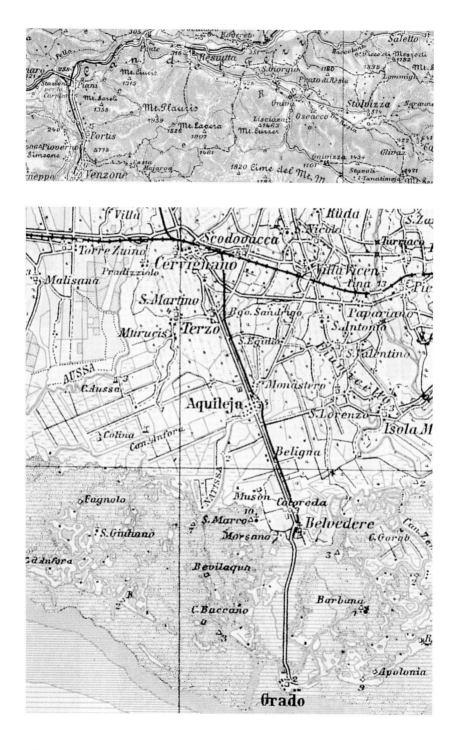

pede, mit den Slowenen haben wir nichts gemein; *rozajansk*, von den Talbewohnern unisono zur selbständigen Sprache erhoben. Am nächsten sei das Resianische mit dem Russischen verwandt, wird uns bedeutet (und wir wollen's einfach nicht glauben). Die Feldforschung russischer Linguisten aus dem 19. Jahrhundert ist in den Köpfen der Resianer des 20. Jahrhunderts anscheinend immer noch lebendig.

Die Bewohner des Resiatales sind unfaßbar. Ihre Vorfahren sind vor über 1000 Jahren, von Norden kommend, in dieses abgelegene Tal eingewandert, Slowenen auf der Suche nach Boden und Heimat. Die Resianer haben sich daraufhin in der internationalen Geschichte Mitteleuropas recht rar gemacht, zu hören ist von ihnen Jahrhunderte lang so gut wie nichts. Erst nach 1837 wurde das Tal für Gefährte zugänglich gemacht. Die Wissenschaft machte die Bewohner zu sogenannten „Altslowenen". Isoliert in ihrem Tal lebend, politisch seit jeher Italien zugewandt und mit den Slowenen aus Krain und Slowenien sprachlich nicht ganz auf du und du, bildeten die Resianer im Lauf der Jahrhunderte eine ganz eigene Identität aus.

Weil der Boden des Resiatales nicht besonders viel hergab, traten seine Bewohner ebenso wie die Bewohner anderer Gegenden durch ihre Wanderberufe in Erscheinung. Gröden – die Schnitzer, Holzbildhauer und Spielzeugmacher, Fassa – die Maler, Deutsch-Westungarn – die Maurer, Lungau – die Sauschneider, Tschitschenboden – die Essighändler, Oberungarn – die Beuteltuch- und Leinwandhändler (Pitlikari und Platenići), Krávara – die Bettler, und eben Resia – Scherenschleifer, Früchtehändler und Maurer. Gustav Jäger fügte 1873 noch den Beruf des Geschirrhändlers dazu (wir wollen's ihm glauben), und mutet ihnen als Verkaufsort gleich alle Weltgegenden zu: *nach Baiern, Salzburg, Steiermark, Oesterreich, Wien und selbst Rußland.*[82]

Rußland! Abgesandte der Schutzmutter aller Slawen fanden im 19. Jahrhundert als Forscher Eingang in das abgelegene Tal. Zunächst, das war 1790, kam noch ein Pole namens Potocki ins Resiatal, und hielt als erster die resianische Sprache schriftlich fest. Es folgten um 1841 Professor Sreznevskij aus Charkow und danach Baudouin de Courtenay, Professor in St. Petersburg. Letzterer veröffentlichte mehrere Studien über das Resianische. Seine Mitarbeiterin, eine Frau von Schultz-Adaiewsky setzte seine Arbeiten fort und konzentrierte sich zunehmend auf die resianische Folklore. Ihnen allen war gemeinsam, daß sie das Resianische als eigenständige Sprache ansahen, was

---

82 Jäger 1873, S. 88.

nach der heutigen Sprachwissenschaft zwar nicht haltbar ist, aber auf die Identitätsfindung der Resianer offenbar einen nachhaltigen Einfluß ausübte. Die Tradition der von Russen durchgeführten Sprachforschungen setzte sich im 20. Jahrhundert fort: N.I. Tolstoj überarbeitete 1966 das resianische Wörterbuch aus dem 19. Jahrhundert und A. Krasnovskaja unternahm 1967 und 1980 ethnologische Studien. Hieß es in einer österreichischen Zeitschrift von 1853 noch: *Die Sprache der Resianer ist ein verkümmerter slavischer Dialekt*[83], so kam 1873 ein neues Wissensdetail hinzu: *Sie halten sich für Abkömmlinge der Russen.*[84]

Von Prato/Ravanca fahren wir weiter bis Stolvizza/Sòlbica, dem hintersten ganzjährig bewohnten Dorf des Tales. In der Bar essen wir etwas Käse und Wurst. Man redet italienisch und *rozajansk*. Die Jungen sprechen kaum mehr *rozajansk*, sagt der Wirt, mit Italienisch kommen sie weiter. Er selbst schätzt seine Sprache. Sie enthalte etwa ein Drittel russische Vokabeln, klärt er uns auf, wieder ein Nachhall auf die Anwesenheit der russischen Sprachforscher. Der Wirt beklagt die Abwanderung in Richtung Udine, das Sterben der Landwirtschaft und die Staatsbürokratie, die jeden Kleinbauern umbringt. Tatsächlich ist auch im Resiatal ein dramatischer Bevölkerungsrückgang zu verzeichnen. Kein Leben an der Peripherie, im Zentrum muß es sein. 1950 lebten noch 3.500 Menschen im Tal, 1997 waren es nur mehr 1.200, und Kühe, so der Wirt aus Stolvizza, gebe es seines Wissens im gesamten Tal keine mehr. Der Käse schmeckt übrigens sehr gut. Woher er ihn habe, wollen wir wissen. Der Wirt hat ihn aus Uggowitz von der Genossenschaft, *cooperativa agricoltori Valcanale*. In Uggowitz wird doch auch slawisch gesprochen, fragen wir. Nein, meint er, damit könne er nichts anfangen, die reden anders …

Auf dem Rückweg von der Ortschaft Choritis, die nur während des Sommers bewohnt ist, begegnen wir einer steinalten Frau, mit einem Buckelkorb auf dem Rücken voll mit schweren Holzprügeln. Wir bleiben stehen und nehmen sie mit. Der Korb wiegt sicher über 30 kg und die *baba* ist heilfroh, die paar Kilometer bis Stolvizza mit dem Auto zurückzulegen, die Gestalt aus dem archaischen Zeitalter hätte ihr Heim sonst sicher erst nach der Dämmerung erreicht.

---

83 Die slavischen und deutschen Anwohner Kärntens im nachbarlichen Friaul. In: Carinthia 43, 1853, S. 1.
84 Gustav Jäger: Touristen-Führer im Kanalthal. (Kärnten.) Wien 1873, S. 89.

Leseprobe: „Vater unser" auf resianisch

Otja näš Vy ky stö taw nöbe
svete bode wašö imö,
pride nän waša krajuska,
bode sdilana waša sveta volontad
da na bode jtaku tuw nöbö pa ta simje.
Daite nän wsaki din näš kroh,
udpustite näm dölu näše dolhe,
jtakumy i pustjuwano näšin dolsniken;
vypijte näs, vybränite näs,
od wsakaha hüdaha krivaha.
Jtaka tö bodi.[85]

Grenzmark Friaul/Friûl

Friûl – ein vielfältiges Land, das vielen Völkern Heimat war, ruhig und klar zwischen Alpen und Meer, rauh und würzig Erde und Luft. Die Landschaft gebirgig im Norden, hügelig in der Mitte und flach an der Küste. Niemals ist Friaul als Nationalstaat hervorgetreten, nie wurden von hier aus andere Länder unterjocht. Macht hielt sich hier immer in Grenzen. Sie kam immer von anderswo her, Rom, Byzanz, Venedig, Wien, Rom …

Friaul ist die alte Grenzmark, *porta d'Italia* und Übergang in die deutschen Lande. Obwohl es eine recht eindeutige Grenzgeographie aufweist, – im Norden die Karnischen Alpen, im Süden die Adria bis zum Timavo, im Osten Isonzo und Timavo und im Westen die Livenza – ist es selten einheitlich erschienen. Bis heute ist Friaul als einheitliche Provinz nicht verwirklicht. Das Volk Friauls läßt sich anthropologisch nicht bestimmen. Anthropologen sprechen von einer „diffusen Ethnizität", und selbst ein eindeutig Friauler Haustyp ist nicht auszumachen.[86] Auch heute, nach all den Wogen von Nationalismus, Fremdenhaß und Gleichmacherei, die über das Land gekommen sind, werden hier noch vier Sprachen gesprochen: Das Slawische im Natisone-Gebiet, im Resia- und im Kanaltal, das Deutsche in Pladen, in der Zahre, Tischlwang und im Kanaltal, das Italienische im städtischen Bereich

---

85 Zit. bei Ernst Steinicke, Friaul – Friuli. Bevölkerung und Ethnizität. Innsbrucker geographische Studien, Band 19. Innsbruck 1991, S. 119.
86 Vgl. ebda. S.172 ff.

von Udine, Görz, in den Gegenden von Latisana und Monfalcone, und das Friulanische im Rest des Landes. Obwohl spätestens mit dem vehementen Eintreten Pier Paolo Pasolinis für seine Muttersprache das Furlan „entprovinzialisiert" wurde, haftet ihm der ländliche Geruch noch immer an. Als „nursprachliche Gruppe" scheinen die Friulaner nicht schützenswert im italienischen Staatsverband. Friulanische Ortstafeln werden erst langsam da und dort montiert. Mit seiner zähen Sperrigkeit gegenüber Vereinnahmungen und Systematisierungen jeder Art überdauert dieses Land in seiner Vielfalt und Einmaligkeit.

Acuilee/Aquileia – Patriarchen und Gegenpatriarchen

Von der römischen – julischen, also durch Julier (Caesar, Augustus) – Gründung Aquileias erzählt Jacob Christoph Heer in seinem Buch *Bilder aus Süd-Österreich* so:

„Eines Tages im Jahr 182 v. Chr. standen die Väter zu Rom früher auf, als sie sonst zu tun pflegten; denn der Fall war ernst: die Kelten und Illyrier, die bislang in den julischen Bergen und Wäldern gesessen, zeigten Lust, sich in den venetianischen Gefilden längs der Adria niederzulassen ... Sie schickten drei angesehene Männer mit einigen Priestern in den italienischen Osten, und als diese an jenen flachen Strand und Winkel kamen, wo – um mit den jetzigen Namen zu reden – der triestinische aus dem venezianischen Golfe tritt, pflügten sie mit einem Ochsen auf einer breiten Landwelle, etwas abseits vom Meer, ein Viereck aus, das ein Quadrat sein sollte und eins war. Da trat P. Scipio Nasica, einer der drei Abgesandten, in das Pseudoquadrat, erklärte ernst und feierlich: „Hierher kommt eine Stadt!" Die Priester fielen mit heiligen Messern über die Opfertiere her ... und flehten von den unsterblichen Göttern Gedeihen herab auf die Stadt ... Dreitausend Kolonisten bauten den ager colonicus um sie her; die Kelter und Illyrier sahen aus achtungsvoller Entfernung zu ..."[87]

---

87 Jacob Christoph Heer, Ferien an der Adria. Bilder aus Südösterreich. Frauenfeld ²1907. S. 45f.

Über die römische Gründung der Stadt wissen wir gut Bescheid.- Sagenhaft wird die Geschichte erst, wenn wir an die Erzählung von der trojanischen Gründung der Stadt durch Antenor, den Gefährten des Äneas, glauben.[88]

Von der Gründung der Kirche in Aquileia fast ein halbes Jahrtausend später weiß man wieder nur in Sagen zu berichten: Der Evangelist Markus habe seinen Schüler Hermagoras nach Rom begleitet, woselbst ihn Petrus zum ersten Bischof von Aquileia geweiht habe.[89] Schon aus dem frühen vierten Jahrhundert haben wir ein lebendiges Zeichen, den Mosaikboden aus der Kathedrale[90], bezauberndes Bildwerk aus frühchristlicher Welt.

Im vierten Jahrhundert galt Aquileia zunächst als die wichtigste Diözese im italischen Raum nach Rom, bis ihr das ambrosianische Mailand den Rang streitig machte.[91] In der Mitte des fünften Jahrhunderts spielte ein Kirchenstreit in die friulanische Diözese: Der sogenannte *Drei-Kapitel-Streit*. Das ist ein dogmatischer Konflikt um die Personen und das Werk dreier Theologen, die zum kirchlichen Zankapfel geworden waren. Im Konzil von Konstantinopel 553 wurden die Drei Kapitel verdammt. Mailand und Aquileia wehrten sich am heftigsten gegen diese Verdammung und hielten an den *Drei Kapiteln* fest. Das bedeutete Schisma, Glaubensspaltung! Die Patriarchen von Aquileia verharrten, während die Mailänder schon 573 nachgaben, noch über ein Jahrhundert im Schisma.[92]

Als 568 die Langobarden von Pannonien kommend über den Birnbaumer Wald in Friaul einmarschierten, fühlte sich der Oberhirte Paulus bedroht, packte den Kirchenschatz und floh auf die Insel Grado. (Auch der Mailänder Bischof floh vor den Langobarden, nach Genua, ebenfalls unter byzantinischen Schutz.) Paulus legte sich den Patriarchentitel zu. Die Langobarden ließen ihn, der unter byzantinischem Schutz stand, in Ruhe. Sie waren offensichtlich ein

---

88 Im ersten Buch von Vergils Aeneis (I, 242 ff) ist die Rede von der Flucht des Antenor; sie führte ihn bis zum illyrischen Golf und ins Quellgebiet des Timavo. Durch diese Angaben sollte vor allem die Mühsal dieser Flucht hervorgehoben werden. Von einer Gründung Triests oder Aquileias ist aber nicht die Rede, wohl aber von der Gründung Paduas.

89 Das ist zuerst in des Cividalenser Langobarden Paulus Diaconus *Liber de episcopis Mettensibus* nachzulesen.

90 Der Boden unter der Kathedrale aus dem 11. Jh. wurde im Jahr 1909 von österreichischen Forschern wiederentdeckt und geborgen. Aquileia gehört überhaupt die Zuneigung österreichischer Forscher. Der Sohn des illustren Grafen Cassis Faraone, der seinerseits die Gegend rundum fruchtbar machte, war ein großer und begeisterter Entdecker des alten Aquileia. Sein Epitaph aus dem Jahr 1866 findet sich im Eingang zur Basilika.

91 Harald Krahwinkler, Friaul im Frühmittelalter. Wien, Köln, Weimar 1992 S. 67.

92 Dazu Krahwinkler, a.a.O. S. 69 ff.

konziliantes Volk. Selbst heidnisch oder arianischen Glaubens, näherten sie sich allmählich dem Christentum. In den Grenzen Friauls errichteten die Langbärte ein erstes und stabiles Herzogtum. Unter die germanischen Namen der Herzöge wie Gisulf, Grasulf, Wechtari, Rodoald mischten sich auch bald lateinische Namen; der letzte König hieß Desiderius ... Die Langobarden waren zudem mehrsprachig, kunstsinnig; sie übernahmen für den gehobenen Gebrauch das Lateinische und konnten nicht selten auch die Sprache der Slawen.

Es fehlte nicht an Versuchen, die abtrünnigen Bischöfe wieder in den Schoß der Kirche zu zwingen. Dabei ging es nicht zimperlich zu. Der byzantinische Exarchat Smaragdus nahm den Bischof Severus bei einem Überfall auf Grado gefangen und entführte ihn nach Ravenna. Papst Gregor I. brachte ihn mit Zustimmung des oströmischen Kaisers Maurikius vor die Synode nach Rom. Aber er und vor allem die istrianischen Suffraganbischöfe seines Sprengels blieben hart. Als es 607 den Byzantinern gelang, ihren Bischofskandidaten Candidianus durchzusetzen und in die Gemeinschaft mit Rom zu überführen, da ernannten die Bischöfe des langobardischen Kirchensprengels, unterstützt vom Langobardenkönig Agilulf und den Friauler Langobardenherzog Gisulf II., den früheren Abt Johannes als eigenen Patriarchen. Nun gab es also zwei Patriarchen: einen kaiserlichen mit Sitz in Grado, der für den byzantinischen Küstenbereich zuständig war, und einen langobardischen, schismatischen, von „Alt-Aquileia", der seinen Sitz zunächst in Cormòns nahm. In den zwanziger Jahren des siebten Jahrhunderts geriet der Gradenser Stuhl in Gefahr, noch einmal von einem Anhänger der Drei Kapitel usurpiert zu werden. Der abtrünnige Bischof Fortunatus mußte aber bald fliehen, auf langobardisches Territorium, nicht ohne seinerseits den Gradenser Kirchenschatz einzupacken und nach Cormòns abgeschleppt zu haben.[93]

Erst auf der Synode zu Pavia 698/99 gelang es, die abtrünnigen Agleier[*] in die römische Kirche zurückzuführen. Es blieb aber weiterhin bei zwei Bischöfen, die gleichermaßen anerkannt wurden. Der Alt-Agleier Bischof Calixtus übersiedelte dann in die Hauptstadt Cividale. Sein Nachfolger Siguald war der erste Langobarde auf dem Bischofssitz ... Aquileia, Grado, Cormòns, Cividale, Görz und Udine – durch seine bewegte Kirchengeschichte weist Friaul eine enorme Dichte an Bischofs- und Patriarchensitzen in nächster Nähe auf.

---

93 Ebda. S. 78.
*   „Aglei" ist der deutsche Name für Aquileia.

Tiutsche Gäste

In der frühen Zeit ist also die Nord-Süd-Grenze in Friaul, zwischen dem byzantinischen und dem langobardischen Bereich, kritisch. Nach der fränkischen Eroberung bestand das alte Dukat zunächst weiter. Die Schlüsselstellen wurden unter Karl dem Großen nach Beherrschermanier frankisiert. In der Reichsversammlung zu Aachen 828 wurde das alte Dukat aufgelöst, in vier Grafschaften: Friaul, Istrien, Krain, Karantanien. Die Franken vertrugen sich mit Byzanz und beließen Grado beim Kaiser.

Die Venezianer lösten sich im 9. Jahrhundert allmählich aus der byzantinischen Oberhoheit. Langsam wurde die Ost-West-Grenze kritisch. Im Westen wurde Venedig immer mächtiger, und begann seinen östlichen Nachbarn zu bedrängen. An der Ostgrenze Friauls schlugen die Franken die Awaren, die mit den Bajuwaren verbündet waren, und die Slawen drängten stetig vor; in Istrien, im Natisonetal, auf dem Karst, und jetzt kamen auch noch die Ungarnstürme dazu.

Im Auge des Orkans, gleichsam im Kreuzungspunkt der Grenzen, lag Aquileia. Hier begann sich ein Patriarchenstaat innerhalb des Deutschen Reiches zu festigen, la *patria di Friûl*.

Der Patriarch Sigehard, 1077 von Heinrich IV. eingesetzt, war deutscher Fürst und italienischer Metropolit. Er erhielt auch die Grafschaft Istrien und die Mark Krain. Die strenge patriarchalische Ordnung galt nun für Jahrhunderte und garantierte dem Volk, einem *cocktail* aus Franken, Langobarden, Goten, Lateinern, Byzantinern, Kelten, gepflegte Umgangsformen und solide Politik, die den Menschen sehr zugute kam, so Gianfranco Ellero in seiner Geschichte der Friauler.[94] Tatsächlich ist in diesen Jahrhunderten die Mentalität der Furlans tief geprägt worden. Deutsch war die Gesellschaftsordnung, die Oberschicht aus Kärntner und bayerischen Geschlechtern, Eppensteiner, Spanheimer …, die meisten Patriarchen und die herrschende Ritterschicht im Mittelalter Friauls. Burgen entstanden an seinen Rändern: Rabenstein, Großenberg, Perchtenstein, Scharfenberg, Schattenberg, Spengenberg, Pramberg … deren Namen in Oberflächenübersetzung großteils bis heute überlebt haben[95]: Ravistagno, Grossumbergo, Partistagno, Sofumbergo, Sattimbergo, Spilimbergo, Prambergo …

---

94 Gianfranco Ellero, Storia dei Friulani. Udine 1987. S. 81, 83.
95 Bernhard Wurzer, Die deutschen Sprachinseln in Oberitalien. Bozen ²1969. S. 181–185.

Deutsch und welsch waren die Vasallen und Ministerialen: Villalta, Savorgnano, Strassau (später Strassoldo); Valvasone, Spilimberg, Pramberg … Während die einfachen Leute großteils ihr Friulaner Idiom sprachen und deutschsprachige Hörige, ähnlich wie in Tirol, dort im Fersental oder den sieben Gemeinden, nur in den unwirtlichen, gebirgigen Gegenden, hier Bladen, Zahre, Tischelwang, Halt fanden.

Auf den spannungsgeladenen Patriarchenstuhl kam nun, im Jahre 1209, ein bemerkenswerter Mann: der frühere Bischof von Passau, Wolfger von Ellenbrechtskirchen. Seine Persönlichkeit ließ keine Grenzen aufbrechen: er war ein kluger Politiker wie auch ein Mann der Künste. Die Lage war keineswegs einfach, weder im Inneren des Patriarchats, – der Trevisaner Suffraganbischof lehnte sich wieder einmal gegen den Patriarchen auf und erhielt Schützenhilfe von dessen eigenem Schutzvogt, dem Grafen Meinhard von Görz. Im Reich tobte der Thronstreit und schwärte die ständige Rivalität zwischen Kaiser und Papst, Scharen von Ketzern durchzogen das Land. In diesen Zeiten bewirkte Wolfger die Wiederbelebung des Patriarchats mit Istrien und festigte das theokratische Patriarchat. Dazu war er schon in Passau hervorgetreten als Mann der Künste. An seinem Hof wirkte der Dichter der letzten Fassung des Nibelungenliedes, sang Albrecht von Johannsdorf, und Walther von der Vogelweide geht aus einer Reiserechnung von 1203 bereits als Beschenkter des großherzigen Kirchenfürsten hervor. Walther war häufiger Gast in Aquileia. Hier wirkte auch der italienische Rechtsgelehrte Buoncompagno, so deutsch der eine, so italienisch der andere.

An Wolfgers Hof entstand auch ein seltsames Werk eines Domherrn aus Cividale, des Thomasîn von Zerclære „Wälscher Gast". Thomasîn war selbst Welscher und schrieb ein großes Lehrgedicht, – auf Mittelhochdeutsch. Er sprach es fast fehlerlos, seiner höflichen Bitte um Milde zum Trotz:

wan ich vil gar ein walich bin: (69–70)
man wirtes an mîner tiusche inn.

Thomasîn hat in früheren Zeiten Lyrik im modernen provencalischen Stil verfaßt. Das Altfranzösische und vor allem das Provencalische waren die damals gängigen Literatursprachen, dazu war das Mittelhochdeutsche gekommen. Das *Volgare*, die Vorform des Italienischen aus dem Latein, stand noch immer im Wettstreit mit der Ausgangssprache. Als italienische Dichtung hat es bisher nur die sizilianische Dichterschule, von Dante später als *dolce stil nuovo* bezeichnet, gegeben, und zwar am Hof des Stauferkaisers Friedrich II. Thomasîn hätte in jedem Fall ein uneigentliches Idiom sprechen müssen, und bezeichnenderweise entschied er sich für das Mittelhochdeutsche. Es lag näher.

Um Klarheit zu schaffen, betont er schließlich nochmals seine für andere verwirrend klingende Lage:

> Mîn buoch heizt der welhisch gast, (14681f)
> wan ich bin an der tiusche gast

Das Buch heißt der welsche Gast, weil er Gast am deutschen Hof ist. Am Hofe des Wolfger von Ellenbrechtskirchen; Wolfger aber war deutscher Gast im welschen Land: der letzte große Träger der Reichsidee in Italien, des geistigen und literarischen *Imperium germanicum* auf welschem Boden.[96] Es wirkt fast so, als ob Thomasîn mit seiner strengen Sittenlehre die Spannungen dieser Zeit registriert hätte und mit seiner großangelegten Tugendlehre lösen wollte. Der Wälsche Gast will, gewissermaßen mit seinem Sprachzauber, den Status quo, die deutsche Reichsordnung im welschen Land, bewahren.

Wanderung als Schicksal

Das Land Friaul hat aufgrund seiner Natur, aber mehr noch aus Unachtsamkeit der politischen Herrscher, seine Söhne und Töchter nicht immer ernähren können. So schreibt der Präsident der Gesellschaft der Ausgewanderten Friauls *Friuli nel Mondo* nicht ohne Bitternis.[97] Auswanderung ist das Schicksal vieler Friulaner.

Sie beginnt in der venezianischen Herrschaft 1420–1797 und trifft vor allem das gebirgige Karnien. Die nunmehrige venezianische Kolonie war gegenüber dem imperialen Rest Friauls in wirtschaftlichen Rückstand geraten. Vor allem Handwerker wanderten aus Karnien über die Alpen. Die zweite große Auswanderungsphase dauerte von 1866 bis zum Ersten Weltkrieg. Im italienischen Teil Friauls wurde gleich Namenszauber betrieben. Ein Kollege des großen Sprachgeisteraustreibers aus Welschtirol, Ettore Tolomei, der dereinst ganz Südtirol mit neuen Namen beglücken würde, – Prospero Antonini, machte sich gleich eifrig ans Italianisieren. Cormòns entging seiner klangvollen Umgestaltung in *Cormonsio* nur dadurch, daß es hinter der Grenze

---

96 Hans Teske, Thomasin von Zerclaere. Heidelberg 1933. S. 26.
97 Gino di Caporiacco, L' Emigrazione dalla Carnia e dal Friuli. O.O. (Udine) 1983. S. 7.

Un saluto da Cormòns.

lag. Wirtschaftlich geschah wenig Effektives, daher emigrierten aus der zur *madre Italia* heimgeholten Provinz ganze Heerscharen von Arbeitern. In den siebziger Jahren setzte eine dramatische Massenemigration nach Südamerika, besonders Argentinien, ein. *Aber wenn die Auswanderung ein Fluß war, dann war die Saisonwanderung ein Meer,* so Ellero.[98] Die Saisonarbeiter zogen über die Alpengrenze nach Österreich-Ungarn, ins Deutsche Reich und weiter, bis nach Rußland. Selbst die Transsibirische Eisenbahn verdankt ihr Entstehen zu einem guten Teil den Friulaner Arbeitern.

Die Bedingungen dieser Arbeiter waren oft hart an der Überlebensgrenze. Sprichwörtlich geworden ist das Elend der Ziegeleiarbeiter, der *fornasîrs*. Sie zogen vom oberen Friaul in die rasch wachsenden Städte der Gründerzeit wie etwa München. Die bayerische Gewerbeaufsicht berichtete von entsetzlichen Zuständen der italienischen Arbeiter.[99] Die Arbeit war meistens im Freien zu verrichten, in morastigen Tongruben, oder an den mörderisch heißen Brennöfen. Gearbeitet wurde von einer Dämmerung zur anderen, also von vier Uhr früh bis sieben oder acht Uhr abends. Die Ernährung bestand im

---

98 Gianfranco Ellero, a.a.O. S. 175.
99 Dazu Näheres bei René Del Fabbro, Transalpini. Osnabrück 1996. S. 205 ff.

allgemeinen aus Polenta, mit Wasser und Salz gekocht, dazu schlechtem Käse. Die Vitamin-B-Mangelkrankheit Pellagra war keine seltene Erscheinung. Die Friulaner waren sparsam, genügsam, sie wählten bei Unterbringungsmöglichkeiten oft die günstigere Lösung, sie wollten das Geld nach Hause bringen. Die Herbergen bestanden oft in den Zwischenräumen unter dem Dach der Brennöfen, aus denen nicht selten Gase austraten, viele lagen erschöpft auf dem Boden, über ihnen die feuchten Kleider, ein eigenes Bett war nicht für jeden vorgesehen … In der Gegend von Buia, aus der besonders viele Saisonarbeiter kamen, verflucht man heute noch: *Dio ti mandi in fornás! Daß Gott Dich in die Brennöfen schicke!* Das Verständnis für die unter den jammervollen Bedingungen Arbeitenden war nicht immer groß; der italienische Konsul Sandicchi meinte einmal, die Ziegler, die von klein auf an Polenta gewohnt seien, hätten eben einen so ausgedehnten Magen, daß sie andere Speisen gar nicht mehr vertrugen, andere sprachen von der angeborenen Unreinheit der Südländer …[100]

Für die Familien, auch wenn sie zuhause geblieben waren, bedeutete die Saisonarbeit oft unüberwindliche Belastung. Die Frauen hatten den Agrarbetrieb aufrechtzuerhalten, den Haushalt zu führen und die Kinder aufzuziehen.[101] Die Friulanerin wurde gern als „überaus arbeitsam", wenn nicht gar als „nützliches Tier" beschrieben, die *gerla*, ein geflochtener Arbeitskorb, war von ihrem Rücken kaum mehr wegzudenken. Familiäres Leben gab es nur während der kurzen Wintermonate, es bestand seitens der Männer häufig aus „Nichtstun, Saufen und die Frau Befruchten".

Der Hunger trieb die Menschen über die Grenzen. Grenzübertritte waren ihnen das Tor zu besseren Lebensbedingungen. Als seit dem Mord in Sarajewo der Krieg in der Luft lag, wurde dieses Tor geschlossen. Die Arbeiter hatten dafür wenig Verständnis, oft kam es zu Tumulten bei der Verweigerung der Ausreise. Die Saisonarbeiter wurden in Pontebba und Ala aufgehalten und zurückgeschickt. Das bedeutete für sie in den meisten Fällen Rückkehr in Hunger und Elend, und für das Land ein verheerendes Ungleichgewicht an Arbeitskräften. Die örtlichen Behörden forderten die Beschäftigung durch Vorverlegung öffentlicher Bauvorhaben. In Rom wußte man freilich, daß dieses Land bald riesiger Kriegsschauplatz werden würde, und daß sich folglich andere öffentliche Arbeiten als Grenzbefestigungen und dergleichen nicht ren-

---

100 Ebda. S. 214.
101 Ebda. S. 264 ff.

tierten und also unterblieben. *So zahlen die Friulaner wie immer für alle, im Stillen, ohne Lohn* heißt es im Buch der Auslandsfriulaner.[102]

Seit Herbst 1914 gab es in Friaul Aufstände und Tumulte der Arbeitslosen. Der Winter 1914/15 wurde hart in Friaul. In den Versammlungen der Arbeiterkammer im Saal *Cecchini* in Udine kam es immer wieder zu Ausschreitungen. Die sozialistischen Arbeiter riefen in Chören:

Abbasso l'odio nazionale!	Nieder mit dem Nationalhaß!
Abbasso le frontiere!	Weg mit den Grenzen!
Abbasso la guerra!	Nieder mit dem Krieg!
Evviva la fratellanza sociale!	Hoch die internationale Solidarität!

Viele der Emigranten waren gewerkschaftlich organisiert: In Carnia zum Beispiel gab es schon seit 1906 eine Konsumgenossenschaft der Arbeiter. Die sozialistischen *neutralisti* und die kriegerischen *interventisti* lieferten sich heiße Schlachten. Am 28. Februar 1915 mußten Soldaten im karnischen Villa Santina gegen 4000 Protestierende aufmarschieren. Im März 1915 gab es in Friaul 83.575 Emigranten, davon waren 57.191 arbeitslos, davon 42.118 notleidend. Die Zeitung „La Patria del Friuli" mit dem mutigen Herausgeber Domenico Del Bianco polemisierte gegen die großen kriegstreibenden Blätter wie *Gazzettino, Messaggero, Corriere della Sera,* und fluchte auf den imperialistischen Rausch, der in Italien um sich greife, umsonst.

Heute haben die Furlaner ihre Wirtschaft längst im Griff, sie sind bekannt für ihre Möbel, Fliesen, Sanitärkeramik, alles in Qualität und Design hervorragend. Aber sie stöhnen unter der italienischen Bürokratie, die ineffektiv und teuer ist und die Unternehmer praktisch zur Steuerhinterziehung zwingt. Der Staat zieht ihnen 76 % ihrer Einnahmen ab, heißt es seitens der Vereinigung freier europäischer Unternehmer (LIFE = liberi imprenditori federalisti europei), zum Unterschied von den 34%, die in Österreich verlangt werden. Am 14. Februar 1997 machen sich daher 500(!) italienische Unternehmer, darunter 53 Friulaner, auf den Weg nach Klagenfurt, um die Möglichkeit einer Betriebsansiedlung dort zu erörtern. *Wir wollen aus dem Land nicht flüchten, und schon gar nicht aus Friaul, aber das steuerliche und organisatorische System zwingt uns in die Illegalität.*[103] Die Arbeit ist zwar teuer in Österreich, heißt es, aber dafür gibt es keine Streiks, und die Regeln werden eingehalten …

---

102 So Caporiacco a.a.O. S. 101. Im folgenden vgl. S. 96–103.
103 In: La Vita Cattolica, Udine 15. 2. 1997. S. 4–5.

Wo ist denn Venezia Giulia ?

Venezia Giulia ist eine seltsame Provinz. Manche behaupten sogar, daß es sie gar nicht gebe.[104] Und in der Tat, man muß schon recht genau schauen, um sie zu finden. Und das kam so: Nachdem Napoleon bei seinem Siegeszug durch Europa kräftig umgerührt hatte, auch in dieser Gegend, die er zu den *Illyrischen Provinzen* seines neuen Königreiches erklärt hatte, war etwas geblieben: das KÖNIGREICH ITALIEN – eine faszinierende Idee, die auch nach der Wiederherstellung der alten Ordnung im Wiener Kongreß weiterstrahlte. Nach dem Spuk, 1815, wurde Friaul mit der Lombardei im kaiserlichen Königreich Lombardo-Venezien zusammengefaßt, das Küstenland mit Kärnten, Krain und Istrien zum kaiserlichen Königreich Illyrien. 1859 kam die Lombardei an das Königreich Sardinien unter den Savoyern. Savoyen selbst mußte als Unterpfand für die Zustimmung Frankreichs an dieses abgetreten werden. 1866 fiel Venezien an das nunmehr geeinigte Königreich Italien. Der beim Kaiserreich verbliebene Rest Friauls gehörte zum Küstenland. Politisch gesehen bildete er die Gefürstete Grafschaft Görz und Gradiska (auch Grado und Aquileia gehörten dazu).

Für Friûl war zumindest die Grenze am Judrio nach dem Großen Krieg 1919 weggefallen, einer der wenigen Vorteile für das Land, denn das Gespenst Emigration war keineswegs gebannt. Für Mussolini war es eine Frage allerhöchster staatlicher Wichtigkeit, ein geeintes Friaul mit Udine und Görz zum Bollwerk gegen den Feind auszubauen.[105] Die Görzer waren gar nicht für diese neue Einteilung, sie mußten massiv zur Ordnung gerufen werden. Mussolini sprach von *confini storici naturali* – sowas ist meist verdächtig. Er übersah nebenbei eine wirklich unnatürliche Grenzveränderung Friauls, nämlich die Zuteilung Portogruaros ans Veneto, zufolge eines bürokratischen Aktes der österreichischen Behörden von 1838, zu korrigieren (sie besteht bis heute). Was er mit *natürlich historisch* gemeint hatte, war die Abgrenzung seines Machtbereiches gegen die Slawen. In einem so durchmischten Gebiet wie jenem von Görz ein bemerkenswertes Unterfangen.

Trotz des großen Landgewinns des Königreichs Italien durch den Krieg stand Triest aber in bezug auf Um- und Hinterland nachher ziemlich arm da. Da zogen die Triestiner einen alten Vorschlag wieder aus dem Ärmel: Die Re-

---

104 Gino di Caporiacco, Venezia Giulia, La regione inesistente. Reana 1978.
105 Vgl. Ellero, a.a.O. S. 219–232.

gion *Venezia Giulia*. Ursprünglich die Kopfgeburt eines Görzer Sprachforschers jüdischer Herkunft: Graziadio Isaia Ascoli: Er wußte, wie wichtig Namen sind, und daß Namen wirksame Symbole sein können, wenn sie einfach genug sind. Ähnlich dem Kunstnamen *Trentino* für das ehemalige Welsch-Tirol schwebte ihm ein griffiger Name für Istrien, das Umland von Triest und Görz vor. Es war ihm ein Dorn im Auge, drei oder vier Namen gebrauchen zu müssen, um diese Sache sagen zu können. *Le Venezie* hieß seine Antwort. Die Dreieinheit Veneziens: Einmal das eigentliche Venezien. Dann das Tridentinische Venezien, damit meinte er Welschtirol, und das Julische Venezien. Das umfaßte alles, Istrien, Triest und Görz mit Umland, von Pula bis Gradisca, und Triest als Hauptstadt! Mit einem Begriff: VENETO hatte er das ganze Oberitalien erfaßt: Venetien, Tirol, Friaul, Görz, Triest, Istrien. Genial!

Graziadio Ascolis Idee war vergessen worden, aber in der neuen Situation nach dem Krieg kam sie manchen Triestinern – nicht den Furlanern! – gerade recht. Triest sollte nun zur neuen Hauptstadt werden. Auf der Suche nach einem neuen Hinterland wurde man in Friaul, das ja nie etwas mit Triest zu tun gehabt hatte, fündig. Nach dem Ersten Weltkrieg hatte man ja immerhin auch Teile Krains und Istrien erschachert. Nach dem Zweiten, genau 1947, war es endgültig wieder verloren. Triest war zunächst Freistaat und kam wieder zu Italien. Nur war es jetzt noch weiter im Eck, das Hinterland war jetzt noch enger geworden und die Frage *wohin damit?* erhob sich von neuem. Triest wurde mit Friaul zur Region *Friuli Venezia Giulia* zusammengeschlossen, das Sonderstatut für die Region 1964 eingeführt, Triest zur ungeliebten Regionshauptstadt des ganzen Friaul. Die Provinz Triest selbst ist ganze 212 km² groß, die kleinste Italiens und macht nicht ganz 3% Friauls aus. Görz ist die zweitkleinste. Beiden scheint etwas zu fehlen, nämlich das Umland, oder gar Istrien, „Fiume" und Zara, aber das ist slawisch, oder umgekehrt, auch Slowenien scheint etwas zu fehlen, nämlich Görz und Triest, es sind Enklaven in ihrem Siedlungsgebiet. Das Grenzproblem, so einmal der Triestiner Historiker Angelo Ara in diesem Zusamenhang, das mit der Auflösung der Habsburgermonarchie geschaffen wurde, ist viel tiefer als man es je hätte ahnen können und gibt nach wie vor Anlaß zu Auseinandersetzungen und Kriegen.[106]

Venezia Giulia ist also so klein, daß der große Name nicht auf Landkarten Platz hat. Für die Staatsideologen ist es natürlich größer, schließlich hat Italien

---

[106] Angelo Ara, La ricerca di una convivenza. In: Mauro Manzin, Spine di Confine. Triest 1997. S. XI.

formal nie den Anspruch auf Istrien aufgegeben – und zwar genausogroß wie das slawische Julijska Krajina. Es müßte schon eine ziemlich brauchbare Wanderkarte sein, wo der Name genug Platz fände, um aufscheinen zu können. *Venezia Giulia* ist eine Kopfgeburt und fast hat es sich wieder in eine solche zurückverwandelt.

Sarvignan/Cervignano italianissima

> *Di che reggimento siete*
> *fratelli? ...*
> Giuseppe Ungaretti, *Soldato* (1916)

Sarvignan ist ein friulanisches Städtchen, das wie so vieles heutzutage aus den Fugen geraten ist. Einzelne alte Häuser, dazwischen protzt penetrant Beton. Rundum flaches, fruchtbares Land und das Meer spürbar nahe. Ein heißer Nachmittag. An den Häusern in der Mitte des Ortes lehrt man Geschichte: Zu lesen gibt es Sprüche, die ungefähr so tönen:

> *Das Volk von Cervignano,*
> *Roms Grundbesitz einst*
> *venezianische Herrschaft*
> *dem großen Lateiner Namen rückgebracht*
> *im Morgengrauen des Heiligen Krieges*
> *weihend heute seine Straßen und Plätze*
> *den Helden und Schicksalen des Vaterlandes*
> *sich selbst in unverrückbarer Treue besiegelt mit diesem Marmor*
> *-*
> *Am Geburtstag des Befreierkönigs*
> *XI November MCMXV*

Seltsam. So gar nicht furlan, diese Sprache, dieser Ton ... oder:

> *Das Volk von Cervignano*
> *im Freiheitsruf, ausgestoßen von Triest*
> *dem bewaffneten Feinde ins Gesicht*
> *mit italischem Stolze*
> *seine Abkehr von Österreich verkündend*
> *das gloriose Heer erwartet*
> *siegreich am Piave*
> *dem Ausschusse freier Bürger*
> *vertrauend*
> *die zivile und militärische Macht*
>
> *Am Morgen von Allerheiligen MCMXVIII*

Wir wollen es genauer wissen und stöbern in einer Buchhandlung. Da kommt uns ein Buch in die Hand: *Cervignano Austriaca*. Von Bruno Fontana.[107] Nie gehört. Interessant, wir beginnen zu blättern. Wenig Text, Reproduktionen von Bildern und Urkunden. Es ist ein handgestricktes Büchel. Eigenverlag, keine Internationale Standardbuchnummer, nicht im gewöhnlichen Buchhandel zu haben, der Autor hat offenbar ein paar Exemplare hierhergebracht. Immerhin, es beginnt mit einem anerkennenden Vorwort des Bürgermeisters von Cervignano. Wir erstehen es und ab in die nächste Bar.

Im Vorwort geht der Autor vom Ärger über die verzerrende offizielle Darstellung der Geschichte aus, insbesondere der jüngeren Vergangenheit 1815 – 1915. Da fällt uns Joseph Roth ein, und zwar seine Geschichte von den Trottas aus Sipolje, deren Ahnherr dem Kaiser Franz Joseph in der Schlacht bei Solferino das Leben gerettet hatte. Dieser Hauptmann Trotta, als er die Geschichte seiner Tat zur heroischen Patriotenhistorie verklärt im Lesebuch seines Sohnes wiederfindet, ist entsetzt. Er trägt dieses Entsetzen an den Notar: *„Alle historischen Taten"*, sagt ihm der darauf, *„werden für den Schulgebrauch anders dargestellt …"* Aber Trotta läßt sich nicht beschwichtigen *„es ist eine Lüge!"* sagt er schließlich dem Kaiser und beschließt in dem Augenblick, seinen Dienst zu qittieren. Der Kaiser, nach einer Weile, als ob er den erkannten Fehler des Unterrichtsministeriums wieder gutmachen wollte, ja könnte, zum Hauptmann: *„Wir wollen's besser machen …"*[108]

Bruno Fontana hat sich offenbar auch vorgenommen, den Vorgängen in seinem Heimatort nachzugehen, lesen wir. Er hat die älteren Leute befragt, die die Zeiten noch erlebt haben, Dokumente gesammelt. Er will es besser machen …

Das erste Kapitel behandelt den Kaiser Franz Joseph, damals auch Herr über Cervignano, in der Gefürsteten Grafschaft Görz und Gradiska gelegen. Der greise Herr, der sich als erster Diener seines Staates verstand und den eine gewisse trockene Korrektheit kennzeichnete, war einst von den Bürgern Cervignanos verehrt worden. Ein disziplinierter Mensch. Gerade dieser Aspekt am Kaiser, und die Sehnsucht nach einer korrekten Verwaltung – *L'Austria era un paese ordinato*[109] – ist in den einst habsburgischen Gebieten des heutigen Italien noch immer lebendig.

---

107 Bruno Fontana, Cervignano Austriaca. 1994 o.O. (Cervignano).
108 Joseph Roth, Radetzkymarsch. In: Roth, Werke in 4 Bdd. Köln 1975. Bd. 2. S. 17 ff.
109 Titel eines lokalen (Triestiner) Erfolgsbuches von Carpinteri und Faraguna. 1996 in 6. (!) Auflage erschienen. Ihr Erfolgstitel „Le Maldobrie" erschien 1994 in 11. Auflage.

Weiter unten geht es um den Großen Krieg 1914 bis 1918 (in diesem Gebiet offiziell irreführend mit 1915 [Kriegseintritt Italiens] angesetzt). Am 24. Mai 1915 waren die italienischen Truppen in Cervignano einmarschiert. Von dem Ausdruck „Befreier" hält Fontana in diesem Zusammenhang nichts. Erstens empfindet er den Kriegseintritt Italiens als Unrecht, als Verstoß gegen den bestehenden Dreierbundvertrag und als Verrat an der *italianitá*, die ihm höher steht als politische Vorgänge. Dann, führt er aus, daß es gar nichts zu befreien gab, denn das Gebiet hatte eine gute, funktionierende Administration, stand wirtschaftlich wesentlich besser da als die angrenzenden italienischen Gebiete. Zudem waren die Friauler als ethnische Gruppe anerkannt und Teil der mitteleuropäischen Kultur.

Die italienische Besetzung hatte in diesem Gebiet, das seit der theresianischen Schulreform im wesentlichen keinen Analphabetismus mehr kannte[110], diesen zurückgebracht. Die vielen von den Feldern weg rekrutierten süditalienischen Bauern und Arbeiter, die hier entwurzelt in Horden auftraten, brachten soldatenübliche Vergewaltigungen und Raubzüge über Land und Leute.[111] Die Befehlshaber der italienischen Armee selbst, so Fontana weiter, requirierten die öffentlichen Gebäude und stiegen selbst im herrschaftlichsten, nämlich der Villa Bresciani aus dem Besitz des alten Görzer Grafengeschlecht der Attems, ab. Ein eigenes Kapitel ist die k.u.k. priv. Friulaner Eisenbahngesellschaft, die die Strecke Monfalcone – Cervignano mit eigenen Mitteln errichtet hatte (ebenso das Anschlußstück nach Grado Belvedere, das aber vorwiegend von Wiener Besuchern der k. u. k. Riviera finanziert worden war).

Mit dem Anschluß an Italien fällt auch diese von den Bürgern mit großem finanziellen Einsatz erbrachte Leistung gratis an die neuen Herrscher. Bruno Fontana stellt eine Zinsrechnung an, die der Staat zu bezahlen hätte und die Gemeinde Cervignano 700 Milliarden Lire reicher machen würde …

Nazario Sauro, erfahren wir, hatte ein kleines Transportunternehmen mit

---

110 Dazu auch Sergio Tavano, La cultura della cittá In: Cittá di confine. Conversazioni sul futuro di Gorizia e Nova Gorica. Portogruaro (Ve [!]) 1994 S. 18.
111 In Italien gab es 1861 eine Analphabetenrate von etwa 75 %. Und der Großteil derer, die nominell lesen und schreiben konnten, weil sie eine Zeitlang die Grundschule besucht hatten, waren in Wirklichkeit Analphabeten. Das Italienische selbst, also jenseits der Dialekte, wurde um diese Zeit von 2,5% der Gesamtbevölkerung Italiens gesprochen. Die Situation änderte sich rasch und zu Beginn des 20. Jahrhunderts betrug die Zahl der Analphabeten etwa 50 %, bei den einfachen Soldaten lag sie freilich deutlich höher. Vgl. Anna und Giulio Lepschy, Die italienische Sprache. Tübingen 1986. S. 37f.

einigen Kuttern entlang der istrianischen Küste. Seine genauen navigatorischen Kenntnisse verriet er dem Kriegsgegner und wurde dafür gehängt. Sauro ist aus Fontanas Sicht kein Märtyrer, sondern ein nach dem geltenden Kriegsgesetz Verurteilter.

Enrico Toti sieht er auch nicht als Kriegsheld: Toti, der Einbeinige, der verschiedenste Hilfsdienste verrichtete, gern trank und schließlich in einem Bombardement umkam.

Beide wurden von der italienischen Propaganda zu Heroen stilisiert. Schließlich die Schlacht von Vittorio Veneto: unnützes Abschlachten auf beiden Seiten, nachdem die Kaiserlichen sich gleichsam von selbst schon aufgelöst hatten, fünfunddreißigtausend Opfer auf italienischer Seite, nur der Gloriole des Sieges willen.

Fontana zitiert dazu Giuseppe Ungaretti, einen, der auf dem Karst selbst mitgekämpft hat und der, über alle Grenzen hinweg, den Feind als Bruder erkannt hat, und den Menschen in seiner Zerbrechlichkeit.

Unerhörte Töne. Selbst wenn wir davon ausgehen, daß der Blick in die Vergangenheit oft etwas weich gefiltert ist, die offizielle Version und die Volksversion der Geschichte, wie wir sie bei Bruno Fontana lesen, fallen ungehörig auseinander.

Wer ist dieser Bruno Fontana? Wir stellen ihn uns als ältlichen Herrn vor, elegant und etwas nostalgisch, einen altösterreichischen *signore* vielleicht. Wir rufen an. Die Frau meldet sich und holt ihn ans Telefon. Er sagt, wir sollen nur kommen, wann wir wollen. Also gut, morgen nachmittag.

Das Haus liegt etwas außerhalb des Ortes. Der Mann erwartet uns: Groß gewachsen, kräftig, überhaupt nicht alt wirkend. Einer aus dem Volk, kein Gelehrter. Wir nehmen Platz an einem einfachen Holztisch vor dem Haus. Schotter, ein paar Nutzpflanzen, das Haus einfach, schmucklos. Er bringt eine Flasche Tocai, hier aus der Gegend. Also kein seniler Altösterreicher oder gar Spätadliger. Ein politisch denkender, kämpferischer Mensch, einer mit aufgekrempelten Ärmeln. Das Leben macht er sich nicht leicht. Er ist nicht sehr beliebt im Ort, sagt er. Man hat auch schon versucht, ihn kaltzustellen, ihm einen Staatsverratsprozeß anzuhängen. Er lächelt. *Aber das haben sie lieber bleiben lassen.* Schließlich hat er jede Menge Dokumente.

Und politisch? Er ist Kommunist. Ist und war. Partisan, 1941, in der Legion Garibaldi, *Cominform*, beim Aufbau eines großen Jugoslawien, mit dabei beim Bau der „Straße der Einheit und Brüderlichkeit". Die Provinz Görz sollte kommunistischer Bundesstaat werden, er hat dafür gekämpft.

Und ist betrogen worden. Seine Frau, eine gute Seele, Kroatin, begrüßt uns, redet kurz mit, verschwindet wieder.

Wieder kommt uns Joseph Roth in den Sinn. Der „rote Joseph" der Nachkriegszeit. Sein kommunistisches Engagement, das aus der russischen Volksseele kommt, sein unbestechlicher Antinationalismus und Antifaschismus. Nicht bereit, in Kammern zu leben, sondern in einem großen Haus mit vielen Türen und vielen Zimmern, für viele Arten von Menschen, und bereit, dafür zu kämpfen. Wir erinnern uns auch der *lotta continua*, eine Gruppe intellektueller kämpferischer kommunistischer Idealisten der siebziger Jahre in Italien, und ihre begeisterte Roth-Rezeption, die auf ganz Italien überschlug.

Fontana redet über seine Zeit in Jugoslawien und die grauenhaften Foltern durch das jugoslawische Militärtribunal, Arbeitslager, Umerziehung.[112] Ob er noch Kommunist ist? Ja, natürlich, sein ganzes Leben wäre sonst nichts wert. Er hat keinen Glauben, sagt er, der Papst ist für ihn ein großer Gauner. Daß der Kommunismus in einem großen Betrug am einfachen Volk geendet hatte, werfen wir ein. *Geht es den Leuten in Jugoslawien jetzt wirklich besser? Fragt er. Den* Glauben läßt er sich nicht nehmen. Wer erträgt schon ein Leben ohne Glauben? Joseph Roth hat es nicht ertragen …

Es ist spät geworden. Wir gehen ins Haus. Wir essen etwas *salsiccia*, Käse, dazu Weißbrot und trinken Cabernet. Er legt uns ein dickes Buch vor: Die Volkserziehung im Österreichischen Friaul 1774 – 1915.[113] Auch im Selbstverlag. Ein dreihundert Seiten dickes Werk, voll mit nachgedruckten Dokumenten. Der Mann hat geforscht. Wie er zu all dem Material kommt, fragen wir. *Die Leute wissen, daß ich mich für das alte Zeug interessiere. Sie bringen es mir.* Und er holt aus seinem Privatarchiv eine Urkunde aus der napoleonischen Zeit. Die Kinder haben es mir gebracht, sagt er, es sollte zum Altpapier kommen. Erstaunlich!·[114] Seine Frau, die sich zu uns gesetzt hat und uns aufmerksam bewirtet, nickt anerkennend, nicht bewundernd.

Heute? Heute haben wir die *cultura della chiacchera*, die Kultur des Geschwätzes, und die Jugendlichen wachsen im kulturellen Vakuum auf, heut gibt es nur mehr das große *Gerede* von Europa, sagt er, damals war es mutwillig zerschlagen worden.

---

112 Dazu von Bruno Fontana, La Grande Truffa. O.O. (Cervignano/Manzano) 1995.

113 Bruno Fontana, L'istruzione popolare nel Friuli Austriaco 1774–1915. O.O. (Cervignano/Manzano) 1997.

114 Bruno Fontana und Luigi Gratton, Occupazioni ed Imposizioni Napoleoniche nel Dipartimento del Passariano. Manzano 1997.

Wir machen uns auf den Weg, um den Grenzstein zu finden, der zwischen dem habsburgischen Königreichen Illyrien und Lombardo-Venezien aufgestellt war und den Fontana der Gemeinde von Cervignano geschenkt hat. Es wurde in der Nähe von Strassolt/Strassoldo, dem Stammsitz des alten österreichischen Geschlechtes, am Straßenrand eingelassen. *Fällt Euch was auf?* Fragt er. Tatsächlich, er steht verkehrt! Das haben die Gelehrten getan, sagt es mit dem Stolz des Autodidakten. Wir gehen also von Venedig nach Triest Richtung Lombardo-Venezien! Wir müssen zugeben, daß die Intellektuellen in Grenzfragen tatsächlich oft eine traurige Rolle spielen.

Historischer Grenzstein zwischen den österreichischen Provinzen Venezien und Illyrien, 1. H. 19. Jhdt.

Lebendige Grenzen

Es ist nicht so, daß die Grenze, die die beiden habsburgischen Königreiche durch Friaul gezogen haben, heute wie eine Wunde schwären oder als einstige Ungerechtigkeit die Gegend belasten würde. Ganz im Gegenteil, sie wird hochgehalten und bietet sinnliche Bereicherungen, deren wir alle teilhaftig werden können. Folgen wir ihr ein Stückchen, im auslaufenden Colliogebiet östlich von Udine: Palmanova, der venezianische Wehrstern, gehörte zu Lombardo-Venetien, Cormòns dagegen zum illyrischen Königreiche. Irgendwo auf dem Weg von da nach dort passieren wir Trivignano. Außerhalb des Ortes, von dem Dörfchen Nogaredo kommend, nehmen wir ein stattliches zweistöckiges Gebäude wahr, Albergo Ristorante Pizzeria Birreria *Dogana Vecchia*. Es stand einst an der Grenze zwischen den beiden Königreichen (seit 1815). 1834 wurde es Poststation, und nach dem für Österreich so unglücklichen Jahr 1866 stand es an der Grenze zwischen dem Königreich Italien und dem Kaiserreich. An der Vorderfront eine pazifistische Aufschrift der *Associazione Culturale Mitteleuropa*, die sich wohltuend von den vielen Kriegerdenkmälern und Kasernen in dieser Gegend abhebt. Drinnen offenes Feuer am Pizzaofen und eine Speisekarte, die viel Gutes verspricht, dazu Weine aus dem Collio …

Der alte Grenzstein befindet sich noch neben dem Haus. Im Süden davon Österreich. Die österreichische Grenzstation befand sich nach 1866 in Nogaredo, ein jetzt verlassenes und nicht weiter auffallendes Gebäude. Im Norden lag Italien.

Etwas weiter gegen Nordosten, wo sich die Wege nach Cormòns, Cividale und Manzano kreuzen, finden wir, bei Quattroventi, Gemeinde Corno di Rosazzo, eine Osteria *All' Armistizio 1866*. Zum WaffenSTILLSTAND! 1866 hat Österreich auf Venezien verzichtet, trotz des Sieges von Erzherzog Albrecht bei Custozza und Tegetthoffs Sieg in der Seeschlacht bei Lissa. Aber im unglücklichen Krieg gegen Preußen wurde das alte Kaiserreich dann wirklich besiegt, und mit dem Obsiegen der kleindeutschen Lösung wurde die kulturvermittelnde Rolle des Deutschen in Mitteleuropa endgültig verspielt. Venetien wurde Napoleon III. übergeben, der es dem Königreich Italien schenkte. Nicht irgendwelcher Helden und Siege, nein, des Waffenstillstands wird hier gedacht. Wie weise! Und das bei einem guten Merlot oder Verduzzo, mittags gibt es einfache aber herzhafte Küche.

Nicht weit davon, zwischen Corno di Rosazzo und Brazzano queren wir den Grenzfluß Judrio. Der Judrio war bei Schmugglern sehr beliebt. Er wurde durchtaucht, die schwereren Trümmer warf man ins Flußbett und holte sie dann von der anderen Seite wieder heraus … Das Restaurant zur alten Mühle *Al Mulino* ist ein idyllisch gelegenes Speiselokal. Hier sind Fotos aus glücklichen Grenzzeiten zu betrachten. Hier soll auch der erste Gewehrschuß des Ersten Welkrieges 1915 (italienische Version) gefallen sein … Es wird auf Friaulisch aufgekocht, mit biologischen Produkten, auch vegetarisch. Dazu die köstlichen Tröpfchen aus der Gegend. So erfreulich können Grenzen sein.

Verkehr: Ein künstlicher Knoten

Friaul ist seit keltischen und römischen Zeiten von wichtigen Verkehrsverbindungen durchzogen, deren Hauptrichtung, die *via augusta*, von Norden

Italienisches Zollhaus an der ehemaligen österreichisch-italienischen Grenze bei Trivignano-Nogaredo.

nach Süden verläuft. In Ost-West-Richtung ist vor allem der alte Weg über den Birnbaumer Wald, die *via gemina*, durch das Wippachtal nach Laibach, bedeutsam, wie auch die *via postumia*, nach Istrien.

Görz, im friulanischen Binnenland gelegen, etwa auf halber Höhe zwischen Udine, oder Cividale, und Triest auf südöstlicher Bahn, spielt verkehrsgeographisch keine so eindeutige oder prominente Rolle wie Kanaltal und Ferrokanal als Durchgang, oder Triest als Ziel- oder Ausgangspunkt. Wenn das Kanalgebiet das Gedärm im Verkehrskörper Alpen-Adria darstellt, und Triest den Kopf bildet, so kommt Görz nicht gerade die Rolle des Blinddarms, aber doch eher die nicht so bedeutende Rolle eines Stückchens Magen zu.

Aber zweimal in seiner Geschichte wächst Görz über diese unwesentliche und ersetzbare Rolle hinaus und entzieht dabei dem transportierten Gut auch eine Menge von Nährstoffen, die den Aufbau eines stattlichen Ortes begünstigen und ihm noch Jahrhunderte später anzusehen sind.

Der erste Höhepunkt liegt sieben Jahrhunderte zurück und fällt mit der Zeit der größten Ausstrahlungskraft der Görzer Grafen zusammen. Die Görzer Grafen, mächtige Vogte der Patriarchen von Aquileia, waren über Graf Albert III. mit den Tirolern in Verbindung gekommen. Tirol war seit dem 11. Jahrhundert in die beiden Bistümer Brixen und Trient aufgeteilt. Anders aber als im Erzbistum Salzburg kamen hier weltliche Herrn zu Lehen. Und zwar die immer bedeutsamer werdenden ursprünglichen Vasallen, die Andechser und die Grafen von Tirol.

Tirol ist ein altes Paßland und Übergänge sind hier seit jeher von hervorragender Bedeutung. Die Tiroler Grafen selbst sorgen für den Schutz der Übergänge und Handelswege, sie üben wie die Görzer Grafen das *Geleitsrecht* aus.[115] Die erste Nennung des Görzer Geleits datiert aus 1234. Die Ausübung des Geleits (lat. *conductus*, friaulisch *galaito*) kann in der Ausstattung mit einem Geleitezeichen bis zur Bereitstellung einer bewaffneten Begleitmannschaft bestehen. Das Geleitsrecht übten die Görzer Grafen nicht nur im eigenen Gebiet, etwa dem Pustertal, aus, sondern im weiteren Einflußbereich, und dazu gehört das Herrschaftsgebiet der Patriarchen von Aquileia. Geleithebestellen, an denen die Gebühren eingehoben wurden, waren Lienz, Oberdrauburg, Spittal und im Friaulischen Peuscheldorf (Venzone) und Latisana, zugleich Flußhafen, bis ins 16. Jahrhundert görzische Enklave im seit 1420 venezianischen Friaul.

Auf uns gekommen ist eine Beschwerde des Erzstiftes Salzburg gegen die Grafen von Görz.[116] Die Beschwerde datiert aus dem Jahre 1369, bezieht sich aber wahrscheinlich auf frühere Zustände. Es geht um den Raub eines Weintransports durch ein Mitglied des Görzer Ministerialengeschlechts Reifenberg an der Katschbergstraße im Bereich der salzburgischen Stadt Gmünd,

… und solt der von Goertz di meins herrn belaitten und sichern VON DEM MER UNTZ AUF DEN CHAETZBERG … heißt es in der Anklage. Das Görzer Geleit reichte also vom Meer bis an die Alpen, in direkter Nord-Süd-Verbindung von den damals frequentierten Flußhäfen Portogruaro und Latisana bis zu den Hohen Tauern. Am 2. April 1369 will Herzog Albrecht von Österreich das Geleit, *so man ettlich Zeit zu Pewscheldorff genomen hat,* verlängern, *uber drew Jar.*[117] Die Salzburger Handelsleute, die diese Route befuhren, waren immer besonders interessiert an dem Geleitschutz der Görzer, der aber zur Zeit der Beschwerde schon an ein jüdisches Konsortium aus Cividale verkauft worden war …

Ein halbes Jahrtausend später und unter ganz anderen Umständen sollte Görz wieder zu bemerkenswerter verkehrstechnischer Größe anschwellen.

---

115 Dazu Herbert Klein, Das Geleitsrecht der Grafen von Görz „vom Meer bis zum Katschberg". In: Carinthia I 1957, S. 316–333.
116 Staatsarchiv Wien, Or. Urk.-Reihe 1409. Vgl. Herbert Klein, a.a.O.
117 Privilegienbuch der Stadt Salzburg. Nach: Mitteilungen der Gesellschaft für Salzburger Landeskunde 5 (1865) S. 173.

Quattroventi: Osteria All' Armistizio (zum Waffenstillstand von 1866).

Die Eisenbahn war jetzt das zeitgemäße Verkehrsmittel. 1860 erreichte die Strecke der Südbahngesellschaft Udine – Nabresina – Monfalcone die Stadt Görz und wurde somit in die Kardinale Mailand – Venedig – Triest – Graz – Wien eingebunden. Dazu bedurfte es allerdings einer Intervention der Stadt Görz, und wirksamer wohl das Eintreten des Grafen Coronini-Cronberg aus dem alten Görzer Grafengeschlecht, der Erzieher, „Dienstkämmerer", des jungen Franz Joseph gewesen war, beim Kaiser. Denn es ging darum, die Streckenführung über Görz, die umständliche „Görzer Schleife", auch tatsächlich ausgeführt zu bekommen.

Die damit erreichte Kommunikationslinie mit Oberitalien konnte allerdings, aufgrund des Verlustes der Lombardei (1859) für das Kaiserreich, ihre geplante kommunikative Rolle nie erfüllen. Und seit dem Verluste Venetiens (1866) war auch die Strecke Udine – Görz durch die Grenze am Judrio unterbrochen …

Vom Südbahnhof Görz wurde die Wippachbahn Richtung Birnbaumer Wald, den alten Übergang nach Pannonien, bis nach Haidenschaft 1902 als nächste Verkehrsverbindung errichtet. Lange und vielschichtig gestaltete sich dann die Diskussion um eine zweite Hinterlandverbindung Triests. Für den aufstrebenden Triester Hafen zählte die Notwendigkeit einer effektiven Bahnverbindung vor allem mit dem süddeutschen Raum. Da stand aber auch

Staatsbahnhof von Görz, eröffnet 1906.

den Wunsch der Slowenen, ihr Nationalgebiet eisenbahntechnisch zu verbinden, im Raum. Er fand im Plan der „Illyrischen Eisenbahnen", der 1872 von einem Laibacher Eisenbahnausschuß vergestellt wurde, Ausdruck.[118]

Für Görz war die Diskussion von großer Bedeutung. Die Entscheidung ging auch von hier aus, nämlich als Ernst Holzer in der Handelskammer von Görz 1890 die Pläne für die Wocheinerbahn vorlegte. Dieser Plan schaffte den Durchbruch. Die Entscheidung in Wien fiel 1897, Baubeginn war 1901. Die sogenannte „Transalpina" war eine Verbindung mehrerer Strecken. Die Tauernbahn, die besonders von der Salzburger Handelskammer unter Carl Steiner forciert wurde, bzw. die Bahn durch das Gesäuse brachte im Anschluß an Karawanken- und Wocheinerbahn die kürzeste Verbindung von Salzburg (363 km) über die Tauern (bzw. von Wien über Amstetten) nach Villach, Aßling über Görz zum neu errichteten Hafen und Bahnhof Triest Sant' Andrea. Sie folgte geradezu der Ideallinie zwischen Salzburg und Triest. Damit war Görz zu einem bedeutenden Eisenbahnknoten geworden.

Nicht zuletzt durch den späten Bau der Nord-Süd-Achse, der *Transalpina*, entstanden enorm hohe Kosten für den Staat: Tauernbahn 86 Millionen Kro-

---

118 Peter Vodopivec, Die slowenischen Pläne für den Eisenbahnbau im slowenischen Raum (1836–1901). In: Richard G. Plaschka u.a. (Hg.), Eisenbahnbau und Kapitalinteressen in den Beziehungen der österreichischen mit den südslawischen Ländern. Wien 1993.

nen; Klagenfurt – Görz – Triest 181 Millionen. Zum Vergleich: Donauuferbahn: 2 Millionen.[119]

Der hohe Investitionsbedarf der Alpenbahnen, der nur durch staatliche Mittel gedeckt werden konnte, führte zu einer markanten Vertiefung des Staatsschuldenloches. Das gesamte Alpenbahnprogramm mit den vielen gleichzeitigen Bauvorhaben, an denen zeitweise über 70.000 Arbeiter tätig waren, konnte übrigens nur mithilfe von Fremdarbeitern aus Bosnien und Süditalien bewerkstelligt werden. In Görz gab es also, wie auch in Triest, durch die Verschiedenartigkeit der Bahngesellschaften bedingt, zwei große, wetteifernde Bahnhöfe, und ein flächendeckendes Tramwaysystem für den Stadtverkehr.

Bereits bei der Eröffnung der Transalpina stellte sich tatsächlich heraus, daß die kommunikative Rolle der Bahn nicht mehr allgemein gewünscht war. In der Monarchie, wo jede größere Bahn über mehrere Sprachgrenzen fuhr, war die Frage der Sprache entscheidend. Sollte jemand an dieser Wahrheit zweifeln, dann ist dieser Person die Einsicht in die Sprachverordnungen der österreichischen Eisenbahnen zu raten. Eine heillose Verwirrung wird auch sie alsbald befallen.[120] Praktische Gründe sprachen in der Eisenbahnverwaltung für eine gemeinsame Dienstsprache Deutsch. Aber es konnte schon vorkommen, daß, wie etwa in der Staatsbahndirektion Lemberg, 90% der Lokomotivführer keine deutschen Befehle ausführen konnten.

Als zur Eröffnung der Wocheinerbahn am 19. Juli 1906 der Thronfolger Erzherzog Franz Ferdinand die Bürde auf sich nahm, als offizieller Repräsentant des Staates die Strecke von Villach bis Görz in seinem geräumigen Salonwagen abzufahren, hatte sich der Sprachenstreit in den Ländern, die er dereinst übernehmen hätte sollen, bereits in diffuse Kleinkrämerei verwickelt. Da ging es um scheinbar ganz elementare Dinge: Etwa in welchem Bahnhof in welcher Sprache Fahrpläne auszuhängen seien oder in welchem Bahnhof in welcher Sprache Fahrkarten erstanden werden konnten oder wie es um das ethnische Verhältnis der Eisenbahnarbeiter bestellt sei oder in welcher Sprache die Frachtpapiere der Güterwaggons ausgefüllt waren, all das war stets Anlaß für Anfragen, Proteste, Richtigstellungen und Urgenzen. Diese Probleme gab es nicht nur bei der Eisenbahn, sie durchdrangen den Staat bis in seine letzte Zelle. Die immer schärfer werdende Nationalitätenproblematik des Vielvölkerstaates er-

---

119 Vgl. Christian Dirninger, Staatskredit und Eisenbahnwesen. In: Richard G. Plaschka a.a.O. (1993) S. 218.
120 Siehe Paul Mechtler, Streiflichter auf das Nationalitätenproblem bei den österreichischen Eisenbahnen. In: MÖSTA 15, 1962.

forderte staatlicherseits sowohl Fingerspitzengefühl als auch einen nicht unwesentlichen Verwaltungsaufwand. So erschien das Reichsgesetzblatt in der cisleithanischen Reichshälfte seit 1870 in nicht weniger als acht Sprachen, in Görz auf Italienisch, Slowenisch und Deutsch. Die Landesgesetzblätter des Küstenlandes wurden ebenfalls in italienischer, slowenischer und deutscher Sprache gedruckt, jedoch trotz mehrfacher Interpellationen nicht auf Kroatisch.

Nach diesem Ausflug in die Nationalitätenmisere des alten Österreich kehren wir in den Salonwagen des Erzherzog-Thronfolgers zurück. Erzherzog Franz Ferdinand kam an besagtem 19. Juli *anno* 06 um die Mittagszeit in Görz an, wurde von einer folkloristisch kostümierten friulanischen Landbevölkerung aufs herzlichste empfangen, Josef Goriup von der 1. Görzer Dampfbierbrauerei reichte dem Erzherzog-Thronfolger als Willkomm eine Maß Bier („*Vertreibt Ruß und Verdruß*" bemerkte Franz Ferdinand launig gegenüber seinem Adjutanten), und der Thronfolger brachte aufgrund der begeisterten Aufnahme durch die Görzer Landeskinder den Zeitplan der Visite durcheinander. Nächster Haltepunkt war Triest, dem der Thronfolger mit weniger Enthusiasmus entgegensah: „*Es war ja so schön und fröhlich in Görz – wer kann wissen, ob mich nicht in Triest ein irredentistisches Bömberle erwartet […].*"[121] Bezeichnender als die stürmischen Ovationen in Görz war jedoch die Tatsache, daß Franz Ferdinand in Görz in einen namenlosen Bahnhof einfuhr. Der Görzer Staatsbahnhof war immerhin der bedeutendste der Wocheinerbahn mit dem größten Lokschuppen (für 23 Dampflokomotiven, während in Aßling nur 10 und in Triest nur 11 stationiert waren). Die Grabenkämpfe zwischen den Nationalitäten hatten auch in Görz die Dimension der Wortklauberei erreicht. Diese war aber unerhört wichtig. Ursprünglich war geplant, das zweisprachige Bahnhofsschild „Görz – Gorizia" anzubringen. Dagegen verwahrten sich jedoch die Slowenen, die zusätzlich die Bezeichnung „Gorica" forderten. Dagegen verwahrten sich die Italiener, denen dieses Zugeständnis an die slowenische Volksgruppe zu weit gegangen wäre. Die Sache war prekär. Bei der Anbringung einer dreisprachigen Bahnhofsaufschrift (Görz – Gorizia – Gorica) drohte die italienische Interessengruppe mit einer Demonstration, bei der Anbringung einer zweisprachigen Aufschrift (Görz – Gorizia) drohte die slowenische Interessenvertretung mit einem Aufmarsch. Ergebnis: Die Montage einer Bahnhofsbezeichnung wurde überhaupt unterlassen und Thronfolger Franz

---

121 Paul Mechtler, Erinnerungen des Dr. Karl Freiherrn von Banhans. In: MÖSTA 12, 1959, S. 386.

Brücke von Solkan.

Ferdinand fuhr auf diese Weise in einen unbezeichneten Bahnhof ein, was Einblick in die Tiefen der Kommunikationskrise gewährte. Das ganze sprachlose Elend wurde beschönigend hinter Blumengirlanden verborgen.

„So war Görz eine anonyme Station der Eisenbahn, ein Poste-restante des Verkehrs geworden, nur für eingeweihte Inländer auffindbar, für landfremde Durchreisende leicht überfahrbar. Der Schlüssel zu ihr war nur das Stichwort ‚Görz' im Kursbuch, den man zwischen Plava und Sankt Peter bei Görz ansetzen mußte, dann die dreisprachige Benennung auf der Fahrkarte und der Ausruf des Schaffners in der Station. So spielte Görz Verstecken im Bahnverkehr wie in der Weltgeschichte!"[122]

Ganze acht Jahre dauerte dann das Glück der Wocheinerbahn. Der Bahnhof Görz sollte noch vielfach die Aufschriften und Symbole wechseln.

Krieg. Von nun an gings bergab. Betrachten wir einmal das große Meisterwerk der Wocheinerbahn, die Brücke über den Isonzo von Solkan bei Görz.[123] Die

---

122 Franz Xaver Zimmermann, Görz. Geschichte und Geschichten aus der Stadt, der Grafschaft und ihrem friaulischen Vorland. Klagenfurt 1918, S. 42.
123 Vgl. Gorazd Humar, Il ponte sull'Isonzo presso Salcano. In: Transalpina op. cit. S. 264 ff.

Brücke ist mit ihrer lichten Höhe von 85 Metern die größte Steinbogenbrücke antiker Machart, und eine der letzten. Man pflegte nämlich schon mit Eisen oder Beton Brücken zu bauen, als diese Steinbrücke entstand. Sie allein kostete 1,1 Millionen Kronen. Für ihren Bau wurden fast 2000 Kubikmeter Karstgestein herangekarrt und 1.160 Kubikmeter bestes Holz verbaut, Koniferen für den stabilen Unterbau, Eichen für den Aufbau, der leicht nachgeben mußte. In drei Monaten war diese gewaltige Holzkonstruktion aufgestellt. Am 8. August 1905 wurde das Hilfskonstrukt abgebaut und die Brücke senkte sich nur um 6 Millimeter, der Bau war also bestens geraten. Am 19. Juli 1906 fand die feierliche Einweihung im Beisein des Erzherzogs Franz Ferdinand statt.

Als zehn Jahre später schon der Krieg tobte und die Österreicher Görz aufgaben, zogen sie sich hinter Solkan zurück. Um die nachdrängenden Italiener aufzuhalten, wurde dieses ästhetisch-technische Meisterwerk, am 8. August 1916, gesprengt! Einen Tag später überquerten die Italiener den durch die Gesteinsmassen aufgestauten Fluß. Ein Jahr später wendete sich das Blatt und die Österreicher kehrten wieder nach Görz zurück. Um die Nachschublinie wieder in Gang zu bringen, setzten sie eine Metallkonstruktion vom Typ Roth-Waagner auf die Brückenköpfe. Nach dem Krieg wurde dieses Gebiet den Italienern zugesprochen. Sie stellten die Brücke, etwas schlanker, aber im Prinzip nach der alten Art, wieder her.

Im Zweiten Weltkrieg wurde die Gegend um Görz von alliierten Einheiten bombardiert. Am 15. März 1945 wurde die Brücke von einer Bombe getroffen, diese riß ein Loch in den Schlußstein – aber explodierte nicht. So überstand die Brücke wenigstens diesen Krieg.

Nach dem Ersten Weltrieg fiel Görz und Umland mitsamt Istrien an Italien, die Bahnen wurden von den FS *Ferrovie dello stato* übernommen. Man ging mit großen Plänen ans Werk, sogar an die Durchführung der Predillinie, nun als inneritalienische Verbindung, wurde gedacht. Die Linie Udine – Cividale wurde tatsächlich bis Caporetto (Karfreit) ausgebaut.

Die Wocheinerbahn wurde durch zwei Grenzen, nämlich Podbrdo, damals Piedicolle, und Jesenice, vormals Aßling, in ihrem Lauf behindert. Nach dem Zweiten Weltkrieg, als Italien sich aus den slowenischen und kroatischen Gebieten wieder zurückziehen mußte, kam die Südbahn zu Italien, die Wocheinerbahn nach Jugoslawien. Die Grenze verlief entlang der Wocheinerbahn und durchschnitt, und durchschneidet so noch heute, den Ort Görz: Gurize/Gorizia/Nova Gorica.

Die ursprüngliche Aufgabe der Bahn war somit in ihr Gegenteil verkehrt:

Görzer Staatsbahnhof 1947. Der Stacheldraht markiert die neue Grenze zwischen Italien und Jugoslawien.

sie war keine Kommunikationslinie, sondern zur Demarkationslinie geworden, der Bahnhof Grenze, *terminus*. Der Bahnknoten Görz wurde säuberlich auseinandergeschlagen und zwei verschiedenen Verwaltungen übereignet. Es löst einen Knoten freilich nicht, wenn man ihn durch einen bürokratischen Schwerthieb trennt. Eine Lösung der kunstvollen Verknotung bedürfte einer unendlich subtileren Vorgangs- und Denkweise und wäre sozusagen das Orakel für künftige Kommunikation.

Nachdem die Fronten 1955 geklärt waren, mußte eine slowenische Inlandverbindung nach Sežana hergestellt werden. Die ursprüngliche Linie führte über Repentabor (Monrupino). Dort wächst jetzt das Gras. Immerhin entstand mit der Verbindung Sežana – Koper, das nach der Schmalspurbahn über Muggia nun erstmals wieder eine Bahnverbindung erhielt – eine Art Ersatz für die Transalpina, eine Verbindung Österreichs mit dem Seehafen Koper, statt früher Triest. In Koper wurde eine weitere wichtige Verkehrsmaßnahme für das damalige Jugoslawien gesetzt. Man stellte bei Tomos Mopeds her und lehnte sich dabei technisch an das auf diesem Sektor marktführende Grazer Puch-Werk. So wurde das bekannte *Postler-Moped* MS 50 mit dem genialen 50 cm³ gebläsegekühlten Einzylinder-Motor in leicht variierter Form, wie auch der Fiat 600 oder die Saurer Lastwägen, zur allgegenwärtigen Erscheinung auf den Straßen der Nachkriegszeit auch Jugoslawiens. Und wen sollte es wundern, wenn ein findiger Eisenbahner dem flauen Bahnverkehr mit dem neuen Wunderwerkel auf die Sprünge helfen wollte? Der Mann hieß Slavko Dragič und war Bahnhofsvorstand von Koper. Slavko Dragič konstruierte ein Schienenfahrzeug auf Basis des Postlermopeds. Er wollte mit einem zügigen individuellen Bahnverkehr den Weg in die Zukunft weisen. Das Kreuz war dabei die Eingleisigkeit der Strecke; sie mußte abschnittweise in je einer Richtung befahren werden, eine Stunde hinauf, eine Stunde hinab oder so – und das war es, was Slavkos Pläne letztendlich scheitern ließ. Der knallgelbe Prototyp ist jedenfalls im – mit altösterreichischen Loks gut bestückten – Eisenbahnmuseum von Ljubljana zu besichtigen.

Koper/Capodistria ist mit 30% immerhin der bedeutendste Umschlagplatz für Seetransporte Österreichs (gilt für 1995). Die Jugoslawienkrise und der Krieg haben die Bilanzen freilich wieder gedrückt. 1993 ging der Verkehr gegenüber 1990 um die Hälfte zurück.[124] Auf der Wocheinerbahn rollt allerdings gerade ein Viertel dieser Güter. Die aktuelle Verkehrspolitik der Europäischen Union sorgt dafür, daß die Bahnen gegenüber den Staßen im Nachteil sind, und ihre ökologischen und wirtschaftlichen Vorteile nicht zum Tragen kommen.

Görz wird von einem Zubringer, der bei Villesse von der Autobahn Udine – Triest abzweigt, erreicht. Ein riesiger Lastwagenterminal markiert die Grenze. Auf slowenischem Gebiet wird die Autobahn noch ein Stück Richtung Ajdovščina weitergeführt. Das kleine Slowenien unternimmt alle Anstrengungen, um sein Autobahnnetz für den gemeinsamen europäischen Markt auszubauen.

Als wir, dem makabren Charme des nach dem Krieg verzweifelt auf die Ebene geklotzten Betonmonsters Nova Gorica nicht unterliegend, uns wieder zurück ins italienische Gorizia wenden, fällt uns der Hinweis auf das alte Staatsbahnhotel auf: *Alla Transalpina*. Wir folgen ihm und finden ein gut geführtes, feines einladendes Hotel. Es ist das alte, 1910 gebaute. Zwischen dem Bahnhofshotel und dem Bahnhof ein Zaun: Granica, Confine, Grenze. EU-Außengrenze! Wir können nur hinüberschauen, sogar vom Zimmer aus. Im Garten befindet sich ein Bunker aus dem Zweiten Weltkrieg. Er ist zu massiv, um gesprengt oder abgetragen werden zu können. Die nächstgelegenen Grenzübergänge sind uns verschlossen, II. Kategorie, nur für Anrainer zu übertreten.

Will jemand mit der Bahn nach Görz fahren, etwa mit dem EC 11 „Mimara" von Salzburg ab 15 Uhr 14 über Villach Hbf. 18 Uhr über Jesenice, dort Umsteigen, Ankunft in Nova Gorica 20 Uhr 47 – dann müssen wir dieser Person empfehlen, nach Ankunft im ehemaligen Staatsbahnhof, mit fast

---

[124] Manfred Schuh, Le ferrovie austriache ... In: Transalpina op. cit. S. 340 ff.

Der ehemalige Görzer Staatsbahnhof in der Gegenwart von Italien gesehen.

originaler Gepäcksaufbewahrungskoje, den Einbruch der Dunkelheit abzuwarten, dann rasch das Gepäck über den Zaun zu werfen und nachzuklettern. Keine Angst, die Grenzkontrollen sind schütter geworden, beruhigt uns die Besitzerin des Hotels *Alla Transalpina*. Moderne Zeiten.

Wer bekommt den Bahnhof? Und andere Görzer Geschichten

Durch die Stadt Görz verläuft heute ein Gartenzaun. Er ist auf einen Steinsockel gesetzt, etwa zwei Meter hoch, grün gestrichen und besteht aus einem festen und dichten Maschendraht. Würde der Zaun sich nach links und rechts nicht so elendslang erstrecken, man wäre tatsächlich versucht zu glauben, es handle sich hierbei um die Einfriedung eines Privatgrundstückes. Aber es ist anders: Seit 1947 markierten der Zaun und dessen unrühmlichere und gefährlichere Vorläufer die Grenze zwischen Italien und Jugoslawien, heute zwischen Italien und Slowenien. Diese zwischenstaatliche Abgrenzung ist die bislang jüngste Grenzmarkierung in einem Gebiet, das seit 1915 wenig Ruhe und mehrere Grenzverläufe gefunden hat. Der Zaun zwischen dem italienischen Gorizia und dem slowenischen Nova Gorica ist zugleich eine der letzten Linien in Europa, die ein gewachsenes Ortsgebilde unter der Prämisse ethnischer Klarspülung in zwei Teile dividiert. Ähnliche Situationen gibt es heute noch zwischen Radkersburg und Gornja Radgona, Gmünd und Ceský Velenice (das sogenannte Gmünd III) sowie Ceskż Tešin und Cieszyn (Teschen), auch diese Grenzfälle im ehemaligen Kaiserreich sind Resultate einfältiger nationaler Mathematik.

Görz/Gorizia/(Nova) Gorica liegt etwa 40 km von Triest, 90 km von Laibach und 190 km von Villach und hatte 1995 38.000 Einwohner in Italien (Gorizia) und 59.000 Einwohner in Slowenien (Großgemeinde Nova Gorica). Für Italiens Zentralisten liegt es als unwichtiges Städtchen im östlichen Eck des Staatsgebietes, für die Slowenen bildet die Stadt einen bequemen Brückenkopf in die westliche Nachbarschaft, und für die Österreicher ist sie ein Stück eigener Geschichte. Bleiben noch die Menschen ab origine, die, zumindest auf italienischer Seite, in ihrer Oppositionsrolle gegen die römische Zentralgewalt teilweise auf das Symbol des Doppeladlers zurückgreifen. Ein besonderes Liebesverhältnis zwischen

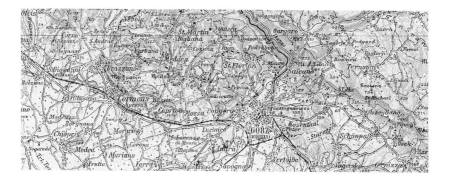

Görz mit Hauptplatz und Schloß um 1900.

hüben und drüben besteht nicht, es ist eher eine Vernunftbeziehung auf wirtschaftlicher Basis, die die Romanen und Slawen zum Austausch von Waren, Dienstleistungen und Geld anhält.

Görz ist eine geteilte Stadt. Die eigentliche alte Stadt mit dem Schloßberg und dem Kastell sowie die davon westlich liegenden Vorstädte gehören zu Italien, während die östlichen Vororte Šempeter und Solkan mitsamt der aus dem Acker- und Weideboden gestampften Satellitenstadt Nova Gorica Teil Sloweniens sind. Auch das imposante Bahnhofsgebäude, wo Wippachtal- und Wocheinerbahn ihre Endstation haben, befindet sich nur wenige Meter abseits des grün gestrichenen Grenzgartenzauns auf slowenischem Boden, das zum Ensemble gehörende Bahnhofshotel steht auf der italienischen Seite des Zauns.

Die legalen Möglichkeiten der Grenzüberschreitung sind eher beschränkt. Der Autobahngrenzübergang etwas südlich der Stadt wäre eine derartige Möglichkeit, ebenso der Straßenübergang von Görz nach Šempeter. Mehr ist für sogenannte internationale Reisende momentan leider nicht erlaubt. Im Zeichen der guten Nachbarschaft gibt es allerdings noch einige Übergänge für den kleinen Grenzverkehr, die aber unsereinem, obwohl Österreicher und EU-Bürger, verschlossen bleiben. Trotzdem haben wir bei allen Grenzstellen unser Glück eines legalen Grenzübertritts versucht. Die Zurückweisung erfolgte jedesmal mit dem Hinweis, daß der betreffende Übergang leider nur *seconda categoria* sei und der Schlagbaum daher nur für *residenti* geöffnet werde. Auch der Hinweis, daß in unseren schönen EU-Reisepässen der Vermerk „Für alle Staaten der Welt" eingedruckt sei (allerdings weder auf italienisch noch auf slowenisch) bewegte Herz und Hirn unserer wackeren Grenzer in keiner Weise. Einmal wurde es sogar kompliziert, als uns das slowenische Grenzorgan in Richtung Italien zwar ausreisen, sein italienischer Kollege aber nicht einreisen ließ, uns nach Slowenien zurückschickte, dessen Grenzwächter, der uns eben hatte ausreisen lassen, mit der Bemerkung, daß hier nur Einheimische die Grenze passieren dürften, nicht mehr nach Slowenien rückreisen ließ und uns wieder zum italienischen Kontrollpunkt zurückschickte … Die Episode hätte der Beginn einer jener absurden Geschichten werden können, die ad infinitum schnurstracks in die Ewigkeit reichen, doch Gott sei Dank haben das italienische und slowenische Grenzorgan für die im Niemandsland im Kreis fahrenden Österreicher eine zwischenstaatliche Lösung gefunden – wir durften wieder nach Slowenien ein- bzw. rückreisen und mußten im Niemandsstreifen nicht verhungern. Görz heute.

Görz früher: Die Geschichte erhob Stadt und Umland im Hoch- und Spätmittelalter zu einem bemerkenswerten Gebilde, als Schnittpunkt dreier Kulturen, als Brücke zwischen Nord und Süd. Görz hießen die Burg, die Stadt, das Umland und die Grafen. Die Entwicklung der Grafschaft Görz setzte bereits kurz nach 1000 ein, die Glanzzeit des Geschlechts aber lag im 13. und 14. Jahrhundert, als sich Meinhard III. und Meinhard IV. die Windische Mark, Istrien und weite Teile Tirols aneignen konnten. 1286 wurde Meinhard IV. von Görz mit dem Herzogtum Kärnten belehnt und sicherte sich die Freundschaft Rudolfs von Habsburg. Meinhards Tochter Elisabeth wurde Opfer der damaligen Heiratspolitik und mit Rudolfs Sohn Albrecht vermählt. Den Höhepunkt ihrer Macht erlebten die Görzer Grafen mit Heinrich II. Anfang des 14. Jahrhunderts. Heinrich schaffte es mit Geduld, Intelligenz und Zähigkeit, zum mächtigsten Mann der Alpenländer aufzusteigen: Sein Einfluß reichte von Padua und Treviso über Tirol, Kärnten, Görz, Istrien, die Windische Mark bis zur kroatischen Grenze. Er verlieh Görz das Stadtrecht, wo er 1323 (angeblich durch Beibringung von Gift) starb. Mit Heinrich war der Zenit überschritten, nach ihm folgten Abstieg und Machtverfall, Teilungen und Schmälerungen des Machtbereiches, Zwistigkeiten und Fehden. Die Grafen von Görz saßen jetzt nicht mehr in Görz, das sie durch Beamte verwalten ließen, sondern residierten auf Schloß Bruck in Lienz. Der letzte ihrer Art war Leonhard, der im Jahr 1500 kinderlos starb, ein günstiger Augenblick für Kaiser Maximilian, sich der vakanten Grafschaft zu bemächtigen.

Görz, Hauptplatz um 1900.

Ab 1500 blieb das Ländchen zwischen Karawanken und Adria, von kurzen Unterbrechungen abgesehen, über 400 Jahre mit Österreich verbunden. Die Grenze zwischen Österreich und Venedig entlang der Fließgewässer Judrio und Ausa blieb bis 1918 aufrecht. Bis Mitte des 19. Jahrhunderts war Görz ein verschlafenes Provinzstädtchen, das im 18. Jahrhundert vom Handel zwischen dem aufstrebenden Freihafen Triest und den innerösterreichischen Landen profitierte und in dem sich die umtriebigen Görzer Adelsfamilien mit den klingenden Namen Attems, Strassoldo, Cobenzl, Coronini, Lantieri, Thurn, Colloredo, Frangipani, Mels und andere ihre Stadthäuser und Palais errichten ließen.[125] Zugleich wurde Görz wegen seines milden Klimas als Aufenthaltsort für Personen von Stand entdeckt. Dieses metereologische *Curiosum* und ein publikumswirksames Schlagwort genügten, um wohlhabende Familien herbeizulocken. Das Schlagwort kreierte Carl Freiherr von Czoernig, der sich in Görz *zuhause wie in Prag* fühlte. Czoernig, Präsident der k.k. statistischen Central-Commission, nannte Görz das „österreichische Nizza". Czoernig meinte damit die vielen Gärten, Parks und Wälder und das zarte Klima, das ihn offenbar über das Fehlen des Strandes hinwegtröstete.

Görz wurde ab etwa 1870 zum beliebten Aufenthaltsort für wirkliche Hofräte, Industrielle, Aristokraten und andere Menschen, die über genügend Geld verfügten. Erster Kurgast von Rang und Namen war angeblich der vom Wiener Hof expedierte und nach Salzburg exilierte Erzherzog Ludwig Viktor. Der Ruf des Sommer- und Winterfrischeortes Görz drang bis an die Grenzen Ägyptens, und schließlich ließ sogar der Khedive Abbas II. Hilmi auf den östlichen Hügeln der Stadt eine pittoreske Villa mit Minarett errich-

---

125 Nur ein Mitglied der Familie Strassoldo wählte einen anderen Weg, hinterließ einen hohen Schuldenberg und wurde nach zahlreichen Abenteuern türkischer Pascha mit drei Roßschweifen.

Görz, Österreichs „Nizza".

ten. Der ägyptische Vizekönig wurde 1914 von den Engländern abgesetzt und starb 1944 in Genf, Villa samt Minarett stehen heute noch, und zwar im slowenischen Teil der Stadtumgebung.

„Der rührige Stadtmagistrat ist besonders in der letzten Zeit eifrig bestrebt, dieser Stadt das Gepräge modernster Eleganz zu geben. Elektrische Beleuchtung wurde eingeführt und der Bau einer elektrischen Tramway in Angriff genommen. Die Hauptstrassen der Stadt werden zu diesem Zwecke mit einer neuartigen, sehr kostspieligen Plasterung [!] versehen, welche zugleich den eminenten Vorteil hat, die in den südlichen Ländern zu einer wahren Plage gewordene Staubentwicklung hintanzuhalten. Es wurden ferner gute Unterkünfte geschaffen, in denen Kurgästen und Touristen jedweder Comfort geboten wird."[126]

Und so sah 1907 ein Reisender aus der Schweiz die Idylle am Isonzo:

„Görz ist das südliche Pensionopolis Österreichs, die schöne, ruhmreiche Stadt, wo die küstenländischen und krainischen Beamten und Professoren im milden Glanz eines wohlverdienten Feierabends ihre Diäten verzehren, Bier

---

[126] Almanach der österreich. Riviera pro 1907. Görz o.J., S. 72.

Via Rastello in der Görzer Altstadt.

trinken, Zeitungen lesen, über das Wetter plaudern, aber nicht politisieren; denn das hat ein Österreicher entweder nie begonnen, oder längst verlernt, wenn er die kaiserliche Pension genießt." [127]

Dasselbe Görz lag allerdings trotz vorteilhaften Klimas auch an der Spitze der Säuglingssterblichkeit: Es gab keine Kanalisierung, keine Abfallbeseitigung, und armseligste Wohnverhältnisse, kaum Wasser und staubige Straßen in den stark bevölkerten Vierteln um die Burg, San Rocco oder Piazzutta, dazu unzureichende Spitäler, die eher Sterbe- als Heilstätten waren.[128] Den Gipfel der Verständnislosigkeit der Bevölkerungsschichten untereinander bildeten die enormen finanziellen, geistigen, organisatorischen und baulichen Anstrengungen, die „Verrückten" in eine geschlossene Anstalt außerhalb der Stadt auszusperren.[129]

Von nationalen Differenzen wußte das offizielle Handbuch der Monarchie zu berichten:

---

[127] J(acob) C(hristoph) Heer, Ferien an der Adria. Frauenfeld 1907, S. 32f..
[128] Vgl. dazu die Serie „La storia di Gorizia narrata ai goriziani" von Lucio Fabi. In: Isonzo/Soča. Görz Nr 26. 1997.
[129] Allerdings begann gerade hier kein Jahrhundert später der Siegeszug der neuen, freien Psychiatrie Franco Basaglias.

Görz, Straßenszene um 1900.

„Daß viele Namen mit der Nationalität ihrer Träger nicht im Einklang stehen oder daß Kinder unter dem Druck der sie umgebenden Verhältnisse sich zu einer anderen Nationalität bekennen lernen, als es bei ihren Eltern der Fall war, kommt in sprachlich gemischten Ländern genugsam vor; daß aber von unter ganz gleichen Lebensbedingungen aufgewachsenen und erzogenen Brüdern beispielsweise der eine italienisch empfindet, der andere slavisch fühlt, dürfte schwerlich an anderen Orten angetroffen werden."[130]

Das beschauliche Leben endete 1915 abrupt. Der Krieg, der die alte Ordnung Europas über den Haufen werfen sollte, erreichte auch das Städtchen am Isonzo. Die italienische Politik, die zur Ablenkung von inneren Problemen dringend eines außenpolitischen Themas bedurfte, und der italienische Nationalismus, ausgerichtet auf die Erlösung unerlöster Muttererde, verlangten auch nach Görz. Italien hatte sich zwar zu Beginn des Krieges 1914 für neutral erklärt, sah jedoch bald eine Möglichkeit, das von ihm beanspruchte Gebiet zu gewinnen. Die Staaten der Entente brauchten eine neue Front und beknieten Italien um einen

---

[130] Die österreichisch-ungarische Monarchie in Wort und Bild. Das Küstenland. (Görz, Gradiska, Triest und Istrien.) Wien 1891, S. 165/166.

Kriegseintritt gegen Österreich-Ungarn. Als Gegenleistung versprachen sie alles, was das Herz der italienischen Politik begehrte: Tirol bis zum Brenner, die gesamte österreichische Verwaltungseinheit „Küstenland" mit Görz, dem Isonzotal, Triest und Istrien sowie beinahe ganz Dalmatien, außerdem die südalbanische Hafenstadt Valona (heute Vlorë). Durch den Vertrag von London vom 25. April 1915 wurde der Handel perfekt und Italien erklärte Österreich-Ungarn am 23. Mai 1915 den Krieg. Dieser Umstand brachte jenes mörderische Schlachten an den Isonzo, von dem noch Jahrzehnte später Bücher und Filme den nachfolgenden Generationen ein Bild des Grauens vermitteln.

Görz, Via Santa Chiara.

Görz wurde Frontstadt. Die Kämpfe spielten sich im Vorfeld ab, auf der Podgora (von den Italienern im nachhinein wörtlich in Piedimonte übersetzt), dem Monte San Michele, um Oslavi(j)a und der *Kote* 111. Görz konnte im ersten Kriegsjahr von den Italienern nicht erlöst werden. Es gehört zu den sich wiederholenden Abfolgen menschlichen Kriegstreibens, daß eine Stätte, die der Angreifer nicht erobern kann, für niemanden sonst von Nutzen sein darf, folglich zu zerstören ist. Im Fall von Görz wiederholte sich diese rational durchdachte Affekthandlung unter sonderlichen Umständen. Als der italienische General Luigi Cadorna am 17. November 1915 den

Görz: Eben biegt die Tramway in die Via Scuole ein.

schweren Dauerbeschuß von Görz anordnete, bedeutete dies die Zerstörung einer Stadt, die es nach italienischer Rede eigentlich zu erlösen galt. Der Artilleriebeschuß begann am 18. November um 5 Uhr früh und dauerte bis gegen die Mittagszeit, eingesetzt waren 149 mm Mörser- und schwere Kanonenbatterien, sowie alle 21 cm, 28 cm, und 30,5 cm Haubitz- und Mörserbatterien. Bis zum Vormittag waren 3.000 Geschosse niedergegangen. Mittags wurde der Beschuß unterbrochen, um Fliegergeschwadern die Möglichkeit zu bieten, ihre Bomben abzuladen. Anschließend begann wieder die Artillerie ihr Zerstörungswerk. Die italienische Führung begründete die Zerstörung der Stadt damit, daß in ihr die österreichisch-ungarischen Truppen bequeme Unterkünfte fänden. Da war was dran, denn von den ursprünglich 30.000 Einwohnern befanden sich in diesen Novembertagen nur mehr 2.500 in der Stadt, trotzdem klang das Argument nicht sonderlich überzeugend.

Görz wurde von den Italienern in Schutt und Asche geschossen, aber nicht erlöst. Noch nicht. Erst im August 1916 gelang es durch die Angaben der Überläufer Simeon Tolja, Giacomo Salvi (beide aus Zara) und Rudolf Sarek aus Friedek in Österreichisch Schlesien, die österreichischen Linien zu durchbrechen und in Görz einzumarschieren. Erlösung![131] Als dann in den

---

[131] Ein interessantes Detail über den kriegstechnischen Umgang mit der Stadt gibt der auf italienischer Seite kämpfende Frontsoldat und Berichterstatter Ernest Hemingway in seinem Werk

Görz im Ersten Weltkrieg; die Bastmatten dienten zur Behinderung der Luftaufklärung.

Zerstörtes Görzer Wohnhaus nach italienischem Artilleriebeschuß, Sommer 1916.

letzten Oktobertagen 1917 Österreich für ein allerletztes Jahr die Herrschaft Görz noch einmal übernahm, war von dem einstmals blühenden Städtchen, der *città ridente*, nicht viel übrig geblieben. Κειται – sie liegt, pflegten die Griechen den Fall einer niedergerungenen Stadt zu melden, κειται – sie liegt, so auch Görz nach fast dreijährigem Morden links und rechts des Isonzo. *Vom November 1917 an aber kann jedes Wort über unser altes Görz nur mehr ein Epilog sein. Ein Nachruf, ein Schlußwort, ein Abschied,* schrieb Franz Xaver Zimmermann ahnungsvoll zu einem Zeitpunkt, da die Stadt noch österreichisch war, *denn es gibt kein Görz mehr, wie wir es noch vor zweieinhalb Jahren gekannt, wie wir es geliebt.*[132]

Das Ende vom Lied: allein hier 200.000 Tote. 77 Jahre nach dem (den) großen Schlachten trafen sich in Görz die Präsidenten Klestil und Scalfaro, um in einer Parallelaktion, die dem Treffen Kohl-Mitterand 1984 in Verdun nachempfunden war, der Opfer des Krieges zu gedenken.

„Nach ihrem halbstündigen Vieraugengespräch in der Görzer Burg gaben die sichtlich gerührten Präsidenten Klestil und Scalfaro emotionale Stellungnahmen zu den Gedenkfeiern an den Isonzo-Schlachtfeldern ab. Klestil sagte: ‚Wir haben uns heute zur Geschichte als Ganzes bekannt. Wir haben

---

„A Farewell to Arms" (deutsch „In einem andern Land"): „[...] man hatte die Stadt mit sehr viel Bravour genommen, aber die Berge jenseits davon konnte man nicht erobern, und ich war sehr froh, daß die Österreicher anscheinend beabsichtigten, in einiger Zeit in die Stadt zurückzukommen, vielleicht wenn der Krieg vorbei war, denn sie bomabardierten sie nicht, um sie zu zerstören, sondern nur so ein bißchen von wegen Krieg." (Reinbek 1959, S. 8)

132 Franz Xaver Zimmermann, Görz. Geschichte und Geschichten aus der Stadt, der Grafschaft und ihrem friaulischen Vorland. Klagenfurt 1918, S. 9

Palais Strassoldo, Volltreffer. Abgebildet vom Kriegsmaler Ferdinand Pamberger.

die Geschichte aufgearbeitet. Ich war heute tief bewegt.' Er fügte hinzu, daß Österreich Italien vieles zu verdanken habe und umgekehrt. Beide Präsidenten hoben ihre Begegnung mit den Kindern hervor, die ihnen Fahnen in den beiden Nationalfarben überreicht hatten."[133]

Da lesen wir, Jahre nach dem Fahnenwacheln, im Triester Journal Il Piccolo, daß in Görz ein Monument mehr errichtet werden sollte, *al popolo Goriziano,* dem Volke von Görz gewidmet, *das im Laufe der Jahrhunderte die italienische Identität bewahrt und von 1943 bis 1947 plebiszitär gegen Nazis und Jugoslawen verteidigt hat.* Der übliche Grenzwahnsinn. Ein Leserbriefschreiber, Carlo Michelutti aus Gorizia, merkt an, *Warum nicht auch gegen die Faschisten?* Und ruft in Erinnerung, daß die deutschen Truppen mit Jubel empfangen worden waren und daß die große Mehrheit der Görzer Partisanen für die jugoslawische Befreiungsarmee gefallen war. Was sonst als das neuerliche Aufreißen von Grenzen bezweckt also ein weiteres solches Monument?[134]

---

133 APA-Presseaussendung 387, 4.10.1995.
134 Il Piccolo, 13. Feb. 1998. S. 13.

August 1916: Italienische Truppen beim Einmarsch in Görz.

Der Ausgang des Ersten Weltkrieges teilte das Land auch in dieser Region neu auf. Nun standen sich ein sich siegreich gebärdendes Italien und ein junger Staat namens SHS gegenüber, die sich nun um die von der zerbröselten Donaumonarchie zurückgelassene Landmasse zankten. Im Raum Görz waren die ethnischen Grenzlinien zwischen Romanen und Slawen, denn auf die beriefen sich sowohl die Nationalisten beider Seiten als auch Woodrow Wilsons 14-Punkte-Plan, einigermaßen klar. Einzig die Stadt Görz selbst hätte Anlaß für eine nationale Ereiferung gegeben. 1910 hatte Görz 29.000 Einwohner, von denen 15.000 italienisch bzw. friulanisch und 11.000 slowenisch sprachen (etwa 3.000 Personen sprachen deutsch).

SHS-Jugoslawien verlangte als Grenze zu Italien die alte Grenzlinie der Donaumonarchie entlang von Judrio und Ausa. Die Jugoslawen hofften vor allem auf Wilson und sein puritanisches Befriedungsbewußtsein. Doch da gab es noch jenen Londoner Geheimvertrag, der Italien für seinen Kriegseintritt fürstlich entlohnen sollte und viel Land weit über die magische ethnische Linie hinaus versprach. US-Präsident Wilson stemmte sich vergeblich gegen die Maximalforderungen Italiens. Im Vertrag von Rapallo, geschlossen am 12. November 1920, wurde eine Grenzlinie festgeschrieben, die tief im heutigen Slowenien verlief, einschließlich des gesamten Isonzotales, Idria und Posto-

Oktober 1917: Österreichische Truppen nach der Rückeroberung von Görz.

jna. 400.000 Menschen, ein Viertel aller Slowenen, kamen auf diese Weise unter die Herrschaft Italiens. Nun waren es die Slowenen, die vom italienischen Joch erlöst werden wollten.

Die Siegerstaaten bzw. Nachfolgestaaten gebärdeten sich als nationale Einheitsstaaten und betrachteten übernommene nationale Minderheiten in den meisten Fällen als schlicht inexistent.

„Keiner der Staaten, deren Führer sich ehemals in Anklagen gegen die angebliche Völkerunterdrückung im alten Österreich überboten haben, hat auch nur den Ansatz zu einer konstruktiven Lösung der Nationalitätenfrage gesucht. Jenes vielgescholtene ‚Fortwursteln' der altösterreichischen Bürokratie, in dem in Wahrheit viel müdes, aber reifes Alterswissen durch Vertagung der großen Entscheidungen mit den kleinen Poblemen des Augenblicks wenigstens anständig fertig wurde, war phantasievoll und stürmisch im Vergleich zu der trostlosen Starrheit, gemischt aus Ideenlosigkeit und Böswilligkeit, mit der in den Nachfolgestaaten jeder Versuch einer konstruktiven Weiterführung des Nationalitätenrechtes vermieden, ja geradezu verfehmt [!] war."[135]

---

[135] Gottfried Hugelmann (Hg.), Das Nationalitätenrecht des alten Österreich. Wien-Leipzig 1934, S. 744.

Die Gelegenheit einer neuerlichen Grenzziehung ergab sich nach dem Ende des Zweiten Weltkrieges. Die kurzlebigen Zonen, Gaue und Einflußsphären, die diesen Raum zwischen 1941 und 1945 aufteilten, waren fortgeschwemmt. Ein schwaches, von den Alliierten besetztes Italien stand einem nunmehr von Tito repräsentierten selbstbewußten kommunistischen Jugoslawien gegenüber. Die alte Rapallo-Grenze von 1920 war keinesfalls mehr haltbar, das wußte auch Italien. Trotzdem sollte die neue Grenzfindung weitaus schwieriger werden als nach dem Ersten Weltkrieg.

Zunächst wurde am 21. Juni 1945 als Demarkationslinie zwischen Jugoslawien und Italien die sogenannte „Morgan-Linie" gezogen, die sich an den Verlauf des Isonzo hielt, östlich von Görz sich jedoch tief in slowenischem Gebiet fortsetzte. Im Laufe der Friedensverhandlungen tauchten die üblichen Kartenwerke auf, die den Anspruch auf einen Landstrich jenseits der Demarkationslinie untermauern sollten. Nach dem faschistischen Italien der Zwischenkriegszeit war nun Jugoslawien an der Reihe, seine Forderungen zu stellen, und zeigte Karten mit den Städten Videm, Ćedad, Gumin und Tumeć, wohl ahnend oder wissend, daß es Udine, Cividale, Gemona und Tolmezzo kaum je dem jugoslawischen Staatsverband eingliedern können würde. Der sowjetische Grenzvorschlag griff, Cividale eingeschlossen, tief nach Italien. Diese Gegend bildete allerdings lediglich einen Nebenschauplatz.

Gerungen wurde in erster Linie um Triest, das durch die Politik der Nachkriegszeit für die weitere Zukunft als Hafenstadt endgültig ruiniert wurde. Doch zumindest Görz sollte nach dem Willen der jugoslawischen Politik zu Slowenien und somit zu Jugoslawien kommen. Edvard Kardelj, zeitweiliger Außenminister Jugoslawiens, Generalsekretär der jugoslawischen KP und Präsident des jugoslawischen Bundesparlaments (in dieser Reihenfolge), hoffte auf die Vertretung der jugoslawischen Interessen durch den sowjetischen Außenminister Wjatscheslaw Molotow. Dessen Hauptaugenmerk jedoch lag auf Triest. Als Molotow nach einem Verhandlungstag mit den Westmächten Kardelj fröhlich mitteilte: „*Wir haben gewonnen. Triest wird freies Gebiet, die westlichen Regierungen haben unserem Vorschlag zugestimmt [...]*"[136] und Kardelj zurückfragte: „*Und was ist mit Gorica?*", antwortete Molotow verblüfft: „*Was Gorica – Gorica bleibt italienisch!*"[137] Kardelj zeigte sich sehr ver-

---

136 Edvard Kardelj, Der Übermacht zum Trotz. Erinnerungen an Jugoslawiens Kampf um Anerkennung und Souveränität 1944–1957. Klagenfurt 1984, S. 106.
137 Ebda.

Zivile Flüchtlinge aus Görz, 1915.

Zivile Flüchtlinge aus Görz, 1915.

stimmt. Seine Laune erreichte einen weiteren Tiefpunkt, als er vom stellvertretenden britischen Außenminister Neal erfuhr, daß die Westmächte Görz durchaus Jugoslawien überlassen hätten, Molotow bei den Verhandlungen aber nicht darauf bestanden hatte. Und so blieb Görz bei Italien, zumindest nach der Version von Edvard Kardelj. O-Ton Molotow: „*Was versteift ihr euch so auf dieses Städtchen, das weder für euch noch für Italien von Bedeutung ist.*"[138]

Der Friedensvertrag vom 10. Februar 1947 folgte schließlich dem französischen Grenzvorschlag. Dieser kam von allen westlichen Vorschlägen den jugoslawischen Wünschen am meisten entgegen. Doch auch Frankreich sah Görz, zumindest seine Altstadt, als Teil Italiens. So kam es Anfang 1947 zur unseligen Teilung der Stadt. Die Altstadt mit der Burg blieb bei Italien, während die östlichen Vororte Šempeter/S.Pietro und Solkan/Salcano an Jugoslawien fielen. Im Stadtgebiet orientierte man sich bei der Grenzziehung an der Trasse der Wippachtalbahn, die auf jugoslawischem Territorium verblieb. Der kolossale Staatsbahnhof, der auch Endpunkt der Wocheiner Bahn ist, ebenso (das italienische Görz hatte ja den Südbahnhof). Quer über den Bahnhofsplatz wurden Stacheldrahtrollen verlegt, die später als Stacheldrahtgrenze zementiert wurden. Der harmlos anmutende grün gestrichene Grenz(garten)zaun der Gegenwart wurde erst sehr viel später im Zeitalter der Entspannung verlegt.

Hierher paßt auch jene angeblich wahre Geschichte von einem Schreiben der zentralen römischen Finanzbehörde aus den achtziger Jahren, in dem das Finanzamt in Gorizia aufgefordert wurde zu erkunden, weshalb die Gemeinde Aidussina seit Jahrzehnten keine Steuern mehr bezahle. Daraufhin teilte das Görzer Finanzamt den besorgten Kollegen in Rom mit, daß Aidussina seit 1945 zu Jugoslawien gehöre und heute Ajdovščina heiße. Da sei leider nichts zu machen![139]

Sprachfehler

Damit Jedes sich in seiner Eigenthümlichkeit ausbilde und seine Vorzüge auf dem eigenen Wege entwickle, nicht aber als Scheidungsmauer ewiger Trennung, gab die Vorsehung die Verschiedenheit der Völkersprachen – diese

---

138 Ebda.
139 Nach einer Mitteilung von Elsa Cociancig, Görz, 22.11.1997.

Einsicht des altösterreichischen Offiziers Anton von Steinbichl scheint gerade hier vollkommen verdunkelt.[140]

Angesichts der schwierigen Stellung der Reichsregierung bezüglich der österreichischen Nationalitätenfrage (in einem Zeitalter des überschäumenden Nationalismus von jeder Seite) sah sich sogar der Italienisch-Triestiner Abgeordnete Luzatto ungewöhnlich einsichtig, als er am 31. Jänner 1899 vor dem Triestiner Landtag ausführte:

„Ich muß anerkennen, daß die Stellung der österreichischen Regierung eine sehr schwierige ist, seitdem das absolute System durch das konstitutionelle abgelöst wurde; denn es ist begreiflich, daß die Konstitution und der Parlamentarismus eine gewisse zentrifugale Strömung der verschiedenen Volksstämme mit sich gebracht hat und in einem Staate, der aus so heterogenen Elementen zusammengesetzt ist, hervorbringen mußte. Und so kommt die österreichische Regierung in eine sehr schwierige Position und es ist ihr vielleicht unmöglich, absolute Gerechtigkeit auszuüben; denn indem sie dem einen Gutes erweist, muß sie notwendigerweise dort, wo so verschiedene Stämme und Nationalitäten beisammen wohnen, dem Anderen Übles zufügen ..."[141]

Mit dieser Aussage näherte sich Luzatto, wahrscheinlich unwissentlich, der Position Metternichs. Dieser Protagonist der vormärzlichen Epoche lehnte Volkssouveränität nicht an sich, jedoch für Österreich ab. Metternich war der Überzeugung, daß Volkssouveränität einer nationalen Grundlage bedurfte und diese, auf Österreich übertragen, das Ende des Vielvölkerreiches bedeuten mußte. Womit er letztendlich recht behielt. Der Staatskanzler setzte auf das völkervereinigende dynastische Prinzip, welches aber dem Streben von Österreichs *Völkern* nach nationaler Souveränität nur ein antiquiertes Hindernis war.[142]

Die Landtagsabgeordneten der Gefürsteten Grafschaft Görz und Gradiska bedienten sich seit 1870 sowohl der italienischen als auch der slowenischen Sprache, und das über zwei Jahrzehnte relativ problemlos. Seit 1896 wurden

---

140 Anton von Steinbichl, Der Fall Venedig's in den Märztagen und die Lage Italien's zu Österreich. Wien 1848. S. 1.
141 Gottfried Hugelmann (Hg.), Das Nationalitätenrecht des alten Österreich. Wien-Leipzig 1934, S. 589.
142 Siehe dazu: Aurelius Freytag, 1848: Die halbherzige Revolution. In: Wiener Journal 2/1998. S. 4–6.

auch die gedruckten Berichte des Landesausschusses in beiden Sprachen herausgegeben. In diesem Jahr aber brach der allgemeine Kampf zwischen den Nationalitäten auch in die Görzer Landesstube ein. Zwischen 1896 und 1900 blieb der Landtag des Kronlandes Görz-Gradiska beschlußunfähig, da diesem entweder die italienischen oder die slowenischen Abgeordneten fernblieben. Anschließend funktionierte die Landtagstätigkeit wieder, beide Sprachen standen auf der landespolitischen Ebene gleichberechtigt nebeneinander und kamen entsprechend zur Anwendung.

Der Bahndienst war von der Sprachenfrage natürlich besonders betroffen. Bereits 1884 hatte das k.k. Handelsministerium eine Verordnung (in wieviel Sprachen?) erlassen, wonach *alle für das Publikum bestimmten Mittheilungen in der betreffenden landesüblichen Sprache zu verlautbaren seien.*[143] Wörtlich heißt es dazu: *Der Verkehr mit dem Publikum hat in der deutschen und in der betreffenden landesüblichen Sprache stattzufinden, je nachdem die Anfrage oder Äußerung, die hiezu Anlaß gab, in der einen oder anderen erfolgte.*[144] Nur rechtmachen konnte man es offensichtlich trotzdem niemandem, denn die italienischen Abgeordneten Bartoli und Pitacco klagten in mehrfachen Interpellationen über die Zurücksetzung ihrer Sprache im Bahndienst, während die slawischen Abgeordneten Spinčič, Mandič und Rybař dasselbe bezüglich der slawischen Sprache behaupteten.

Ein schwieriges Land. Dem Streit um Ortstafeln und Aufschriften auf öffentlichen Gebäuden wurde damals und wird heute in sämtlichen Ländern große Bedeutung beigemessen. Denn auf diesem Wege erfolgte am deutlichsten eine Manifestation nach außen, wird dem Ortsfremden am eindringlichsten die Botschaft „Hier leben wir!" nahegebracht; sowohl in dem ständig um Ausgleich ringenden Vielvölkerstaat als auch in dem um *völkische* Reinheit trachtenden Nationalstaaten.

Im Kronland Görz-Gradiska sowie im gesamten Küstenland waren die Aufschriften der Tafeln dermaßen geregelt, daß sie die landesüblichen Sprachen des politischen Bezirks zu tragen hatten. Dasselbe galt für die Aufschriften an öffentlichen Gebäuden. Es versteht sich fast von selbst, daß irgendeine Gruppierung mit der angestrebten Lösung der Gleichbehandlung nicht zufrieden war. 1894 wurden in den gemischtsprachigen Bezirken des Küstenlandes die bisher einsprachigen (italienischen) Amtsschilder gegen

---

143 Verordnung 23.1.1884, zit. in. Hugelmann 1934, S. 596.
144 Ebda.

Sprachfehler

Görz: Dreisprachiges Warnschild aus dem Ersten Weltkrieg.

zweisprachige ausgetauscht, was teilweise nur unter militärischer Bedeckung möglich war. Im Ferienort Abbazia in Istrien fand man den Stein der Weisen in viersprachigen Aufschriften. Anderswo, wie etwa in Triest, verzichtete man überhaupt auf öffentliche Aufschriften (z.B. bei der Statthalterei, Polizeidirektion, Finanzdirektion, Post- und Telegraphendirektion und beim Oberlandesgericht, für Fremde ein bißchen schwierig). Auch größere Stationsgebäude der Bahn blieben ohne Bezeichnung, um, wie es hieß, *nationalen Empfindlichkeiten keinen Anlaß zu Beschwerden zu geben und Demonstrationen vorzubeugen.*[145]

Leider kam im alten Österreich die Einsicht in die Mechanismen von Macht und Sprache zu spät:

„Die beiden Teile Ungarn und Österreich paßten zueinander wie eine rotweiß-grüne Jacke zu einer schwarz-gelben Hose; die Jacke war ein Stück für sich, die Hose aber war der Rest eines nicht mehr bestehenden schwarz-gelben Anzugs, der im Jahre achtzehnhundertsiebenundsechzig zertrennt worden war: Die Hose Österreich hieß seither in der amtlichen Sprache ‚die im Reichsrate vertretenen Königreiche und Länder', was natürlich gar nichts bedeutete und ein Name aus Namen war, denn auch diese Königreiche, zum Beispiel die ganz Shakespeareschen Königreiche Lodomerien und Illyrien gab es längst nicht mehr und hat es schon damals nicht mehr gegeben, als noch ein ganzer schwarz-gelber Anzug vorhanden war. Fragte man darum einen Österreicher, was er sei, so konnte er natürlich nicht antworten: Ich bin einer aus den im Reichsrate vertretenen Königreichen und Ländern, die es nicht gibt, – und er zog es schon aus diesem Grunde vor, zu sagen: Ich bin ein Pole, Tscheche, Italiener, Frauler, Ladiner, Slowene, Kroate, Serbe, Slowake, Ruthene oder Wallache, und das war der sogenannte Nationalismus. (…)

Seit Bestehen der Erde ist noch kein Wesen an einem Sprachfehler gestorben, aber man muß wohl hinzufügen, der österreichischen und ungarischen österreichisch-ungarischen Doppelmonarchie widerfuhr es trotzdem, daß sie an ihrer Unaussprechlichkeit zugrunde gegangen ist."[146]

---

145 Ebda. S. 628.
146 Robert Musil, Der Mann ohne Eigenschaften. Reinbek 1986. S. 445–453.

Ein Görzer Philosoph

Als Folge mittelalterlicher Ansiedlungen von Kärntnern und Tirolern wurde in Görz bis ins 17. Jahrhundert vorwiegend Deutsch gesprochen. Bereits in der ersten urkundlichen Erwähnung im Jahr 1001 war es ein gemischt kulturelles und sprachliches Gebiet und wurde *villa quae Sclavorum lingua vocatur Goriza*, als Dorf, das slawisch Goriza heißt, genannt. Lateinisch die Urkunde, deutsch der Kaiser, slawisch der Name, slawisch, kärntner-tirolisch und friulanisch die Betroffenen.

Wie der Görzer Byzantologe Sergio Tavano betont, hatte diese natürliche Mehrsprachigkeit keinerlei negative Folgen und wurde in guten Zeiten tatsächlich als Bereicherung gelebt. Zumal die verschiedenen Sprachen in einer Kultur, der mitteleuropäischen, durch die κοινε des Deutschen zusammengehaltenen, zum Ausdruck kamen.

Es war ein Intellektueller aus der jüdischen Gemeinde von Görz, der diese Symbiose vehement attackierte: Graziadio Isaia Ascoli, der Schöpfer der sprachlichen Dreieinheit Veneziens, der Görz zur italienischen Stadt ausrief – ein Kampfruf, dem noch viel Blut nachfließen sollte, und der, so Tavano, einen großen Verlust an Kultur, Intoleranz und die Verengung des Horizonts,[147] insgesamt eine ungeheure Verdüsterung zur Folge haben sollte!

Auch die Familie Michelstädter gehörte zur jüdischen Gemeinde von Görz. Sie kam aus dem hessischen Michelstadt. Das Toleranzpatent Joseph II. hatte viele Juden – wie auch die Wittgensteins aus dem westfälischen Laasphe im Wittgensteiner Besitz – ins Habsburgerreich gezogen. Alberto Michelstädter, der Vater des Philosophen, war einer der reichen Juden von Görz, die das Ghetto verlassen haben und im Ortskern von Görz wohnten. Er war Direktor der Filiale des österreichischen Versicherungskonzerns *Assicurazioni Generali* in Görz, Oberhaupt einer gebildeten und kunstsinnigen Familie. Wie Ludwig Wittgenstein in Wien und Franz Kafka in Prag wächst der Philosoph Carlo Michelstädter in Görz in kultivierter Atmosphäre heran, die das Endprodukt einer großen Kultur war. Freilich eine patriarchalische Kultur, die als solche am Ende angelangt ist. Das Bewußtwerden dieses Endes bedeutet ein Erwachen aus einem tiefen Dämmerzustand und das Gewahrwerden der tiefen Entfremdung gegenüber der Welt, wie sie Rilke im nahen Duino so deutlich machte:[148]

---

147 Sergio Tavano, La cultura della cittá. A.a.O. Bes. S. 22.
148 Rainer Maria Rilke, Erste der Duineser Elegien. Und: Die Aufzeichnungen des Malte Laurids Brigge.

> *Freilich ist es seltsam, die Erde nicht mehr zu bewohnen,*
> *kaum erlernte Gebräuche nicht mehr zu üben,*
> *Rosen, und anderen eigens versprechenden Dingen*
> *nicht mehr die Bedeutung menschlicher Zukunft zu geben ...*

Dieses Ende bedeutete für Künstler aber zugleich den Übergang in andere Denkweisen als die herrschenden. Das Künstlerdasein in diesen Zeiten zeigt sich darin, die tiefen Veränderungen zu orten. Meisterschaft besteht darin, ihnen Ausdruck zu verleihen, in Werken oder im Leben das Unbegreifliche zu meistern. Von den Großen dieser Zeit wie Kafka oder Wittgenstein, oder ihren Vorläufern wie Nietzsche, können wir heute noch lernen.[149] Dort wo diese Klarheit nicht erreicht wurde, persönlich und vor allem kollektiv, kommt es zum Untergang.

Carlo Michelstädter, am 3. Juni 1887 in Görz geboren, war eine künstlerische Natur. Der Gradeser Poet Biagio Marin attestiert ihm, einer von jenen zu sein, die berufen waren, die Stimme Gottes in menschliche Stimmen zu übersetzen.[150] In seiner Dissertation *La Persuasione e la Rettorica* von 1910 sucht der junge Mann die Wurzeln der abendländischen Sprachkrise im griechischen Denken, spürt und kritisiert den rein rhetorischen Charakter, den die Sprache seiner Zeit bereits angenommen hat, der gleichsam nicht mehr aus ihr heraus bis zu den Dingen führt und das Erwachen der Menschen hintertreibt. Er fühlt die große Fremdheit, die ihn umgibt und verleiht ihr in Gedichten Ausdruck, und er ahnt die Unmöglichkeit aller Überredungskunst. *Die Überredung ist eine Frucht aus dem Garten des Unmöglichen und Unnützen.*[151]

Der junge Mann wählt instinktiv das einzige Studium, das als solches mehr Klarheit schaffen könnte, das Studium der Mathematik, an der Wiener Universität. Aber er bricht das Studium ab, widmet sich seinen bildnerischen Versuchen und gibt sich einem Traum hin, dem freilich die meisten Intellektuellen in den damals *irredenten* „unerlösten" Gebieten Friaul und Triest nachhingen: Dem Traum von der kulturellen *madre Italia*, der damals in Florenz geträumt wurde, und der in der Zeitschrift *La Voce* „Die Stimme"(!) zum Ausdruck kommen sollte. Auch Michelstädter macht diese intellektuelle Mode mit und sucht sozusagen den direkten Weg zur Erlösung, versucht, an-

---

149 Vgl. dazu etwa Jean-François Lyotard, Das postmoderne Wissen. Dt. Graz, Wien 1986. S. 112–122.
150 Biagio Marin, Ricordo di Carlo Michelstaedter, in: Studi Goriziani. 32. Jg. 1962. S. 10.
151 Massimo Cacciari, Interpretazione die Michelstaedter. In: Estetica 22, 1986 Jg. 26. S. 36.

Die Grabstätte
Carlo Michelstädters.

ders als Ludwig Wittgenstein, anders als Franz Kafka, das schonungslose, grausame Zuendedenken, zu vermeiden.

Nicht daß Carlo Michelstädter die Vergeblichkeit und die Fehler in den Voraussetzungen nicht gemerkt hätte. Die tatsächlichen Florentiner schreibt er, *sind kleinlich, knausrig in allem, beschränkt in der Intelligenz, ohne Sinn für Kunst oder für etwas anderes* ...[152] Aber in seiner Lage, als künstlerischer Mensch in einer Stadt, die gleichsam das Abbild Mitteleuropas war, in der natürlich polyglotten Stadt Görz, im europäischen Völkerschmelztiegel Friaul, konnte er sich nicht die geringste Verschleierung der Lage leisten. Das war sein Elend. Er ist nicht bis zum Verbindenden in der Tiefe der Sprachen gedrungen. So ist er wie ein zum Tode Verurteilter, der im Hof des Gefängnisses einen Galgen sieht, diesen für den ihm bestimmten hält und sich erhängt. Mit 22 Jahren. Am Abend des 16. Oktober 1910, in Görz.

Das Geburtstagsfest

Auf einer Fahrt in der Gegend ist es unmöglich, die Zeichen des Krieges zu übersehen. Bei Redipuglia fällt das monströse *Sacrario Militare* ins Auge. Es wurde 1938 errichtet und enthält die Leichen von insgesamt hunderttausend Gefallenen in dieser Gegend. Auf den riesenhaften Steinstufen sind die Namen der vierzigtausend Gefallenen der III. Armee eingraviert, jeder mit dem

---

[152] Carlo Michelstädter, Epistolario. A cura di S. Campailla. Milano 1983. S. 354.

Aufruf *PRESENTE!* etwa: HIER! verewigt. Auf der Spitze die Gräber der fünf Generäle und in der Mitte das Grabmal des Duca d'Aosta, des Kommandanten der *III^a Armata*. Die Anlage ist sehr auf Effekt aus, *molto suggestivo*, Verherrlichung des (Helden-)Todes und nationalistischer Schauder sind unschwer als gewünschte Effekte zu erfühlen.

Am 4. November 1953, in Zeiten der größten Unsicherheit für Triest, damals noch Freies Territorium, pilgerten die Triestiner in Massen, um der *Helden der unbesiegten Dritten Armee* zu gedenken, – und dem Rechtspolitiker Giuseppe Rota dafür zu danken, daß das italienische Militär einen eventuellen Übergriff Jugoslawiens verhindert hatte – da funktionierte das Monument schon als nationalistische Weihestätte.

Auch auf dem Monte San Michele wurde eine Heilige Zone *zona sacra* durch das Verteidigungsministerium geschaffen. Da läßt man die Menschheit nach wie vor in Freund und Feind zerfallen. Da heißt es, schießen die feindlichen Scharfschützen auf brave italienische Soldaten, wo in Wirklichkeit vielleicht ein Friauler Schuhmacher auf einen apulischen zielte oder umgekehrt, jedenfalls eine arme Seele auf die andere. Da klingt es so, als ob nur die einen Giftgas zum Einsatz gebracht hätten … Da arbeiten sich die Militärs sozusagen in die eigene Tasche. Nur kein Frieden! Der Sieg ist unser! Heldentod eine Ehre! Die Feinde wir verderben!

Uns reichts. Wir verlassen diesen Ort des Schauderns. Wir beschließen, in lieblichere Gegenden vorzudringen. Richtung Collio. Wir passieren Görz, treten nach Nova Gorica ins Slowenische über und steuern auf Šmartno im Brda zu, wo wir eine Künstlerin im Appartment, das die Stadt Klagenfurt zur Verfügung stellt, besuchen wollen. Wir fahren Richtung Flitsch/Bovec und biegen dann kurz nach Solkan links ab. Über die Soča. Damit kommen wir auf die Straße, die von Görz aus als grauenhafter Kahlschlag sichtbar, den Hügel durchfurcht. Es geht steil bergauf, rechts unter uns die Solkanbrücke.

Vor uns ein unheimliches eingezäuntes Straßenstück. Links und rechts Stacheldraht, Asphalt, ein Todesstreifen … Endlich durch! Es ist Sommer 1997! Aber was sehen wir jetzt! Eine allerlieblichste Gegend. Bis wir in Šmartno eintreffen, haben wir uns einigermaßen beruhigt durch den Anblick der sanften Hügellandschaft. Der Wein ist gut hier, erfahren wir, in ein paar Jahren wird er den Standard von drüben erreicht haben.

Wir beschließen, die Gegend weiter zu bereisen. Doch bald stehen wir wieder an der Grenze. Der Judrio/Idrija ist hier, an seinem Oberlauf, wieder Grenzfluß, diesmal zwischen Italien und Slowenien. Wir wenden uns in

Richtung Cormòns. Das Wetter trübt sich ein, es beginnt zu regnen. In Cormòns scheint etwas gefeiert zu werden. Wir sehen Plakate mit Doppeladler. Wir fahren hin und gehen in den Ort. Das Denkmal des Kaisers Maximilian mitten auf einer Straßenkreuzung. Da kommt uns buntes Treiben entgegen. Eine oberösterreichische Trachtenmusikkapelle, Kärntner Goldhaubenträgerinnen, die Triestiner Salesianerkapelle, slowenische Blasmusik … und überall das Konterfei des Kaisers Franz Joseph. Ja, tatsächlich, man feiert Kaisers Geburtstag! Auf einem Podium sprechen Politiker. Thomas Pavsič, der slowenische Konsul in Triest, eloquent auf Slowenisch, Italienisch, Deutsch, und am Schluß sogar noch Furlan. Dann der Bürgermeister, der Vizepräsident der Region, und schließlich ein Abgesandter des Landes Kärnten, der unvorbereitet nichtssagende Grüße stammelt. *Viele Autoritäten anwesend, aber Hauptdarsteller waren die Leute, die aus Slowenien, Kärnten, Böhmen und Ungarn und verschiedenen italienischen Zentren angereist sind*, kommentiert der Triester *Il Piccolo* am Montag, dem 18. August. Das Geburtstagsfest des Kaisers hat hier Tradition; seit 1849 wird alljährlich gefeiert!

Großer Andrang beim Fest in Giassico, einem kleinen, gepflegten friulanischen Bauerndörfchen. Es verläuft gemütlich harmonisch, bunt mit den verschiedenen Trachten und Sprachen, bei *wurstel con crauti*, *calamari* und *polenta*, Tocai und Villacher Bier, von den Furlans freundlich verabreicht. Milde werden wir vom alten *Ceccopepe* belächelt. Eine etwas verstaubte Integrationsfigur – aber wenn sie dazu verhilft, Spannungen und Krämpfe, wie etwa das alte Österreichtrauma seitens des offiziellen Italien, zu lösen – warum nicht. Die Furlans sind allerdings in ihrer frohen Erinnerung unbelastet durch den Anblick der traurigen Nachfahren des seligen Kaisers. Sie teilen nicht wie wir deren elementaren Probleme, was etwa die geldsparende Umgehung österreichischer Zollvorschriften betrifft, oder ihre zermürbenden Sorgen um die Errichtung eines unterirdischen *whirl*- und Erlebnisschwimmbades.

Wir unterhalten uns jedenfalls köstlich und freuen uns, daß man hier über Tote nur Gutes erfährt und ihr Andenken nicht der Verachtung oder Verherrlichung preisgibt, sondern lebendig erhält, und was gibt es Lebendigeres als essen, trinken, plaudern …

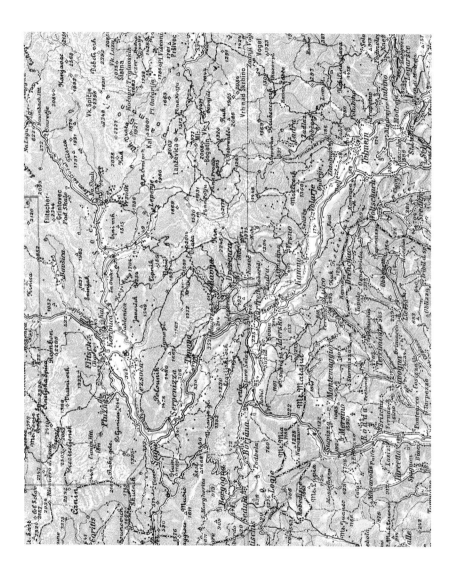

Slowenien

Triglav mon amour

Dir, mächt'ger Triglav, gilt mein Lied, mein Grüßen!
Drei Häupter hebst du trotzig in die Höh'
Wie jener Gott, nach dem sie einst dich hießen
Und jedes trägt ein Diadem von Schnee

Rudolf Baumbach[153]

Für diejenigen, die Berge mögen, ist der Triglav (2.864 m ü.d.M.) gewiß ein Höhepunkt in der Alpenwelt. Auch dieses Mal, wo wir ihn praktisch nur am Rande streifen, auf dem Weg über die alte Heerstraße auf den Vršić-Sattel, berührt er uns eigenartig. Wir denken daran, wie uns die Wirtin auf der Golica ihr „Stachelschwein" stolz gezeigt hat. Den Beinamen hat der Triglav von den vielen eingeschlagenen Haken, Schrauben und Keilen. Und das wiederum kommt davon, daß der Triglav nicht nur begeisterte Bergsteiger anzieht, sondern zum Symbol des kleinen slowenischen Staates geworden ist. Der ist kein echter Slowene, der den Triglav noch nicht bestiegen hat. Es muß ja nicht unbedingt auf dem *Deutschen Weg* sein. Der Triglav ist zum Identifikationssymbol geworden und leuchtet von Wappen, Geld und (wichtig) Autonummern Sloweniens. Aber Achtung: Österreich ist ja auch ein Alpenland und möglicherweise nach dem slawischen *Ostrik* benannt, was etwa „Spitzberg" bedeutet …[154] Der Triglav kann jedenfalls damit nicht gemeint sein, denn der wird ja gemeinhin als Dreispitz bezeichnet.

Wir erinnern uns, als er uns auf dem höchsten Punkt der Grenze des Küstenlandes stolz entgegensah und wir unerschrocken auf ihn zuwanderten. Und plötzlich unerwartet unser Osttiroler *Bergfex*, der das Bergsteigerlatein fließend beherrschte und kurz zuvor noch waghalsig die Drei Zinnen heruntergeseilt war, weiche Knie bekam und durch nichts zum Weitergehen zu bewegen war. Vielleicht lag es an dem ungewöhnlich nahen Kontakt mit einer

---
153 Zlatorog. Eine Alpensage von Rudolf Baumbach. Stuttgart und Berlin 1906. S. 3.
154 Nach dem Salzburger Slawisten Otto Kronsteiner. Siehe auch: Der Standard 30. Nov./1. Dez. 1996 S. 41.

Gemse kurz davor, vielleicht ... jedenfalls mußten wir dem Giganten für dieses Mal den Rücken kehren.

Wir halten an. Gehen jetzt seiner Westflanke entgegen. Feste Almgräser, darunter *Cirsium eriophorum, Agricia agestis, Pulsatilla alpina.* Den Zadnica-Graben Richtung Zadnica-Alm, um den *gewaltig imponierenden, grandiosen Felsencircus* zu bestaunen. Wir lesen in den von Anton von Mailly gesammelten Sagen:

„Hoch oben auf den mächtigen Zinnen des Triglav pflegen die Vilen den schönen Göttergarten, in dem die wundertätige, schöne Triglavrose gedeiht. Menschen dürfen diesen ewig blühenden Garten nicht betreten. Das weite Gelände wird von weißen Gemsen behütet, deren Leitbock Zlatorog goldene Krickel trägt; sucht ein Sterblicher den herrlichen Gefilden zu nahen, dann werfen sie von hohen Felsen Steinblöcke herunter, und aus Zlatorogs Hörnern sprühen Blitze ...

Wird der Zlatorog angeschossen, dann sprießt dort, wo er zu Boden fällt, aus seinem Blut die rote Triglavrose auf und heilt sofort das verletzte Göttertier. Wäre es jedoch einem Jäger möglich, ihn zu töten, dann würde das Gehörn in seiner Hand ihm den Eingang zur Zauberhöhle im Berg Bogatin zu ihren Schätzen erschließen, die fortzuschaffen siebenhundert Wagen nicht genügen ..."[155]

Da – es blitzt uns etwas, abseits des Weges zwischen Felsen, in der Abendsonne entgegen. Vorsichtig nähern wir uns dem gleißenden Ding. Ich bücke mich und sehe – eine leere Bierdose. Der blanke Boden der Dose hatte die Sonnenstrahlen geballt reflektiert. Ich will sie aufheben und verärgert wegkicken. Da sehe ich: ZLATOROG steht auf den grünen Dose. Zlatorog pivo von der Brauerei Laško. Laško pivo, das etwas lascher schmeckende Konkurrenzgebräu zum Laibacher Union pivo. Ob sie das große Geld mit ihren Dosen gemacht haben? Oder ob ihnen das Schicksal der vielen Jäger droht, die den Zlatorog töten wollten? *So manch einer fand durch Absturz vom Grat den Tod.* Nicht jeder hat ja so ein starkes Rückgrat wie die Villacher, die es abgelehnt haben, ihr Gebräu in schnöde Blechdosen zu verkapseln. Nein, so ein banales Ende darf der mächtige Leitbock nicht finden. Ich nehme die Dose mit, um sie anständig zu *entsorgen.*

---

[155] Anton von Mailly, Sagen aus Friaul und den Julischen Alpen. Leipzig 1922. S. 55.

Triglav

> *In deinen Klüften wohnt die graue Sage,*
> *Es klingt ihr Sang so trüb und doch so traut*
> *Wie eines Mädchens tiefe Trauerklage ...*

Der Triglav herrscht über eine Traumwelt, losgelöst vom Zeitbegriff, voll von ungeahnt versteckten Winkeln und unerwarteten Durchbrüchen mit plötzlichem Auftauchen von Felsgebilden, die nicht Wirklichkeit zu sein scheinen. So Julius Kugy, der von *seinem* Triglav immer mit deutlichen Anzeichen von Verliebtheit spricht.[156] Auch theoretisch hat sich Kugy eindringlich mit seinem Berg auseinandergesetzt. Tief ist seine Enttäuschung darüber, daß der große krainische Ethno- und Geograph Johann Weichard Valvasor in seinem großen Werk „Die Ehre des Herzogthums Krain" (1689) den Triglav *nicht!* gekannt hat. Er kannte die Gegend, Ratschach (*sonst Radatsche*) etwa, zwischen Cronau und Weißenfels, den Ursprung der Sau (Save) *die sich aus einer so sumpffigen Gegend, wie die Sau, aus dem Kot erhebt,* den Crain-Berg (*sonst insgeheim Creinskagora genannt*), den Prisank; Flitsch, Ober-Cronau, die Wochein *so vom Volk Bohina wird benamst.* Selbst von den Schiläufern berichtet er, die damals freilich noch nicht die modernen Aufstiegshilfen hatten, die selbst hier, vom Zadnica-Graben auf den Kriški Podi, den Anstieg so bequem machen. Valvasor berichtet von den *Schnee-Körblein, so man in Crain an die Füße bindet* und von *Fuß-Eisen für den harten Schnee* und darüber, *wie die Crainerische Bauren über die hohen Schnee-Berge fahren.* Aber vom Triglav kein Wort! Nichts zu machen. Oder doch? Kugy: *Aber dennoch blickt dieser, wenn auch unverstanden, unerkannt und ungenannt, aus stolzer, hehrer Höhe herab …* Und *„Die Ehre des Herzogthums Krain" fügt sich trotzdem als ein bemerkenswerter, fester und bedeutsamer Grundstein zu jener großen Triumphpforte mit ein, durch welche der sagenumwobene König der Julier aus dem Dunkel der Jahrhunderte in unser Bewußtsein und in das Licht unserer Tage treten soll und wird.*[157] Julius Kugy in seinem Element.

Aber wir müssen weiter, kehren um, die klare Zadnjica entlang zur Koča Zlatorog, einst Baumbachhütte. Hinaus nach Trenta, einst Log, auf die Heeresstraße. Zwei rasende Motorradfahrer, die uns überholen, auf ihren Geräten wie der sprichwörtliche *Affe auf dem Schleifstein,* mit norddeutschen Kennzeichen Richtung Badestrand (wieviele Minuten kostet ihnen der Berg?) holen uns in unsere Zeit zurück. Aber die *Wilde Jagd* ist dann auch schon wieder so schnell vorbei wie sie gekommen ist.

Zurück ins Alpenglück

Isonzo ist mit dem Ersten Weltkrieg zum absoluten Schreckensbegriff geworden, Ort des ersten modernen Weltkrieges mit unvorstellbarem menschlichem Leid und ungeheurem materiellem Einsatz, der größten Gebirgs-

---

156 Julius Kugy, Fünf Jahrhunderte Triglav. Graz 1938. S. 367.
157 Ebda. S. 36.

schlacht in der Geschichte. Dabei sollte es eigentlich aus ganz anderen Gründen berühmt sein: Wegen seiner einmaligen Schönheit. Das gilt vor allem für das obere Soča Tal und das Trentatal. Wir wissen von dem Zauber dieser Landschaft schon aus den begeisterten Schilderungen des Julius Kugy.

Der Isonzo/Soča selbst war niemals Gegenstand von Kampfhandlungen. Zu klein und bewegt um schiffbar zu sein, hielt er sich selbst sozusagen heraus, bildete Sperrlinie und zuweilen Übergang, mehr nicht. In seinen Gewässern landeten allerdings Patronen und Schrapnelle (slow. šrapnel) und Kriegsgerät, sodaß auch heute noch das Wasser deutlich zu viel Blei enthalten soll. Was allerdings den Ruhm der wohlschmeckenden Isonzoforelle nicht schmälert.

Bewegen wir uns von Görz Richtung Norden an diesem wunderbaren grünblauen, türkisen Gewässer, sind wir jedesmal von der Schönheit dieser Gegend berührt. Tolmein, Karfreit, Flitsch, langsam verliert sich der Schrecken, auch wenn zahlreiche Mahnmale das Vergessen verhindern. An Heustadeln und am Straßenrand sehen wir jetzt immer mächtigere Reklameaufschriften: *Soča Rafting*. Das ist interessant. Endlich wird der Fluß als solcher wahrgenommen! Auf der Fahrt nach Flitsch/Bovec bemerken wir Transporter mit Ausüstung am Flußrand, Fahrzeuge von holländischen, ja sogar tschechischen Touristen, im Ort sehen wir auch schon buntgekleidete Sportler mit stromlinienförmigen Sonnenbrillen in den Biergärten sitzen. Wir wollen uns informieren und gehen ins Hotel Alp Bovec. Da sitzen grade zwei junge Männer über einer alten österreichischen Militärkarte von Freytag-Berndt. Wir fragen interessiert. Aleksander Kravanja heißt der junge Mann, der uns geschäftstüchtig und freundlich informiert. Er gibt uns seine Karte, e-mail: soca.rafting@arctur.si, kein Gestriger, einer der modernen Generation. Er bietet *rafting* an, *canyoning*, Kajak und Hydrospeed. *Alpkomerc* nennt sich die Gesellschaft so trefflich. *Das ist DIE GELEGENHEIT!* heißt es im Prospekt: *Entdeckung des tausend Jahre alten Werkes der Natur. Zu Fuß ... Mit dem Rad ... Im Boot ... Kaum erreichbare Winkel.*

Der weiße Trubel des reißenden Wassers oder nur die Ruhe der klaren Kolke. Mit erfahrenen Führern, mit Freunden oder allein – in der Welt der puren Phantasie. Wer wollte da widerstehen! Aberteuer pur, und Phantasie auch! Und dann gibt es noch den Verein 1313. Vereinsangebot für Besucher:

Aufführungen in den Flitscher Klausen (Vorstellung der Festung und des Ersten Weltkrieges im Flitscher Becken, sowie kurze Kampfvorstellung zwischen österreichisch-ungarischen und italienischen Soldaten.) (...) Fachmän-

nische Führungen zu den erneverten [!] österreichisch-ungarischen Stellungen im Ravelnik, in der näheren Umgebung von Bovec.

Wenden Sie sich an Miha Košmrlj oder Miloš Domevšćek, sie sind erfahren und informiert.

Wir zweifeln einen Augenblick, beginnen zu grübeln – was ist uns lieber – das Grauen, oder die Vermarktung des Grauens. Nein, keine Frage. Nur kein Krieg. Die Vermarktung ist das moderne Schicksal aller vergangenen Leistungen. Traurig, aber wir wissen, wir können ihm im Grund auch nicht entgehen … wie auch immer.

Zurück ins Alpenglück! steht auf dem Prospekt. Es gibt kein Zurück mehr in die unschuldigen Zeiten vor dem Weltkrieg. Doch die Schönheit der Gegend um Soča, Trenta, Koritnica spricht für sich, nach wie vor, einfach hinhören und sehen genügt, zum Glück.

In den Ecken

Kommt die Sprache auf den friulanischen Wein, so wird über kurz oder lang die Rede von den guten Collio-Weinen sein. Die *colli*, die „Hügel", nördlich von Görz haben als Weingegend einen guten Ruf. Tocai friulano, Chardonnay, Pinot bianco, Pinot grigio, Sauvignon und Merlot gedeihen auf diesem fruchtbaren Boden. Wein und Gegend werden mehrheitlich mit Italien assoziiert, was aber nur teilweise den Tatsachen entspricht. Denn der weitaus größere Teil der Collio-Gegend liegt heute in Slowenien und heißt „Goriška Brda", was dem italienischen Begriff „Colli" entspricht. Bis Anfang des 20. Jahrhunderts war für die Gegend auch noch der aus dem Spätmittelalter überlieferte deutschsprachige Name „Ecken" bzw. „in den Ecken" gebräuchlich. Die Landschaft ist lieblich, die Hügel grün, die darauf sitzenden Ortschaften strahlen jene gewisse unter Bildungstouristen so beliebte trotzigtrutzige Beharrlichkeit aus, und der Wein gedeiht. Die Güte des Rebensaftes hatte bereits 1740 der englische Reisende Richard Pococke festgestellt: *In der Grafschaft Görz wächset vortreflicher Wein.*[158]

Freilich erweist sich der Anmarsch in die Goriška Brda in der Gegenwart als

---

[158] Richard Pococke, Beschreibung des Morgenlandes und einiger anderer Länder. Erlangen 1755, 1773, S. 400.

etwas schwierig. Als Nichteinheimische die wir sind, müssen wir von vornherein darauf verzichten, einen der dem kleinen Grenzverkehr vorbehaltenen Kontrollstellen passieren zu können. Von Italien aus hat man lediglich die Möglichkeit, über Ruttars in die slowenische Weinregion zu gelangen. Eine Anreise der absonderlichen Art ist allerdings auch über den sogenannten „Todeskorridor" zu bewerkstelligen. Und wer vier Reifen hat zu fahren und zwei Augen hat zu sehen, der möge diesen Korridor benützen. Es handelt sich dabei um eine fünf Kilometer lange exterritoriale Straße vom slowenischen Nova Gorica über den zu Italien gehörenden Monte Sabotino hinüber ins ebenso slowenische Collio-Gebiet. Der Bergrücken des Monte Sabotino war als strittiges Gebiet fast 30 Jahre lang von Jugoslawien besetzt gehalten worden. Während dieser Zeit war von den Jugoslawen auch besagte Verbindungsstraße errichtet worden. Erst durch den Grenzregelungsvertrag von Osimo im Jahr 1975 kam der Berg wieder zu Italien. Im Gegenzug räumte Italien dem jugoslawischen Nachbarn die Benutzung der nunmehr über italienisches Gebiet verlaufenden Straße ein.[159] Die Tatsache, daß die Absperrungen dieses Stücks Landesstraße auch noch 1998 an die früheren innerdeutschen Grenzhindernisse erinnern, entspricht nicht dem Geist, der von den Spitzenpolitikern der angrenzenden Ländereien beschworen wird: Kilometerlange stacheldrahtbewehrte hohe Zäune (elektrisch?) links und rechts der Straße, territoriale Hinweisschilder, Verbotsschilder: Nicht fotografieren!, Nicht stehenbleiben!, womöglich eines mit dem Hinweis: Nur geradeaus schauen!, betonieren das Relikt aus der Zeit des Kalten Krieges. Auch seltsam, daß der Zaun auch 1998 derart in Schuß ist und noch keine Spur von nostalgischer Verwitterung aufweist. Nach fünf Kilometern ist der Spuk endlich wieder vorbei und die Straße eröffnet dem interessierten Reisenden das wunderbare Terrain der hiesigen Weinbauregion Collio-Brda-Ecken: Die Ortschaften heißen Šmartno, Kojsko, Hum, Biljana, Vipolče und Dobrovo, Dobrovo mit Schloß, darin Bilder des aus Görz stammenden Malers Zoran Mušič. In Dobrovo befindet sich auch die Winzergenossenschaft, bei der bis zur Unabhängigkeit Sloweniens fast ein jeder Weinbauer auf irgendeine Weise beschäftigt war. Nach der Unabhängigkeit ging es in die Selbständigkeit und der Weinbau in den Brda erfuhr einen rasanten Aufschwung, auch preislich. Was angebaut wird, unterscheidet sich vom italienischen Nachbarn nicht in der Rebsorte, nur im sprachlichen Ausdruck, und

---

159 Andreas Auprich, Die völkerrechtliche Dimension der Triest-Frage. Dipl.Arb. Graz 1995, S. 64.

auch da nur zum Teil: Tocai Furlanski, Chardonnay, Beli Pinot, Sivi Pinot, Sauvignon und Merlot. In Ceglo werken Mirko und Aleš Kristančić Vater und Sohn, an ihrem Wein und an ihrem Image. Kristančić d.Ä. bereicherte weiland Titos Tafelfreuden im sonnigen Brioni und wurde daher auch als Alibi-Privater geführt, Kristančić d.J. erfuhr seine oenologische Ausbildung in Italien und Frankreich und kümmert sich um das *marketing*. Eine Kostprobe:

„Absolut herausragend dabei der Merlot 1992 mit Amarena/Schwarzbeer-Nase, der sich jugendlich gebärdet, über heftige Tannine und sehr viel Kraft verfügt (ca. öS 145,–)."[160]

Auch der Gesellschaftstiger des 18. Jahrhunderts, Giacomo Girolamo Casanova, erwarb sich Collio-Erfahrung, wenn auch gänzlich anderer Natur. Auf Einladung des Grafen Lodovico Torriani di Valvassina traf Casanova von Triest kommend am 1. September 1773 auf Schloß Spessa ein. Seine Erwartung, nun einige Wochen in einem feudalen und seinen Ansprüchen gerecht werdenden Märchenschloß zubringen zu können, wurde jedoch bitter enttäuscht. Der Graf, ein exzentrischer Sonderling, wies dem international anerkannten und bewunderten Abenteurer eine schäbige Kammer zu. Das Mobiliar bestand aus einem Bett von verdächtigem Aussehen, einem Rollsessel ohne Räder, Sesseln mit drei Beinen sowie einem miserablen Schreibtisch. Es gab weder Frühstück noch Kerzen des Abends, Torriani beachtete Casanova kaum, sondern war ständig damit beschäftigt, seine Feldarbeiter zu überwachen. Die Umgebung war so gar nicht nach dem Geschmack des verwöhnten Venezianers, Trost fand er daher nur bei einer jungen und schönen Witwe namens Sgualda, die den armen Mann an ihren warmen Busen drückte. Allerdings kam der Graf hinter die Liebschaft Casanovas, und als Sgualda eines Nachts die Kammer Casanovas verließ, wurde sie von Torriani abgefangen. Casanova, ganz Kavalier, eilte seiner Dame zu Hilfe, indem er den Grafen attackierte.

„Wir stürzten beide, er unter mich, ich auf ihn, und Sgualda flüchtete. Im Hemd, wie ich war, hielt ich mit der einen Hand seinen Stock fest und versuchte, ihn mit der anderen zu erwürgen. Er packte mich seinerseits mit der freien Hand an den Haaren und wehrte sich. Er ließ erst los, als er sich dem Ersticken nahe fühlte; in diesem Augenblick riß ich ihm den Stock aus der

---

160 Gabi Waldner, Terra incognita. In: Der Standard 6.10.1996.

Hand, sprang auf und versetzte ihm Hiebe auf den Kopf, die er glücklicherweise mit den Händen auffangen konnte. Er ergriff die Flucht und suchte nach Steinen; doch ich wartete seine Würfe nicht ab und trat in mein Zimmer zurück. Ohne zu wissen, ob man uns gesehen hatte oder nicht, schloß ich mich ein und warf mich ganz atemlos auf mein Bett."[161]

Dieser Casanova. Der Ehrenhandel mit dem Grafen Torriani veranlaßte ihn, am nächsten Tag die ungastliche Stätte zu verlassen und nach Görz zurückzukehren, wo er bis zum Jahresende 1773 blieb.

Hüben und drüben – entlang der Grenze

Das Görzer Schloß bietet einen weitläufigen Ausblick auf seine Umgebung.

„So weit das Auge reichet, grünet und blüht alles ringsum, und die Straße schlängelt sich durch einen fortwährenden Weingarten. [...] In den wogenden Saatfeldern standen die weißen Blüthenbäume, und das Schlehdorngehege duftete an der Straße, und die Rebe entfaltete die zarten Blätter, und schlang sich von einem Baum zum andern, die Felder mit grünen Guirlanden einfassend."[162]

Dem eigentlichen Kastell am nächsten liegt die „Obere Stadt", der *Borgo Castello*, als ältester Teil von Görz, der sich im Hochmittelalter unter dem Schutz der Burgmauern entwickelte. Hier lebten die Dienstleute der Görzer Grafen. Am westlichen Fuß des Schloßberges breitet sich die heutige Altstadt aus, mit Dom und Jesuitenkirche, Adelspalästen und Bürgerhäusern, weiten Plätzen und schmalen Gassen, versuchter Verkehrsberuhigung und Parkplatznot. Darüber hinaus in Richtung Isonzo die Wohn-, Gewerbe- und Industrieviertel von heute zwischen den Grünanlagen des 19. Jahrhunderts. Jenseits des Isonzo steht auf dem blutigen Hügel von Oslavia eine jener Totenburgen, die während des Faschismus als Siegesdenkmale an den ehemaligen Frontlinien errichtet wurden: ein turmartiger Marmorbau mit Wandelgängen, in denen die Gebeine von 57.200 italienischen und 539 öster-

---

161 Giacomo Casanova, Geschichte meines Lebens. Band XII. Berlin o.J. (1985), S. 246/247.
162 Joseph Kreil, Mnemosyne. Ein Tagebuch, geführt auf einer Reise durch das lombardisch-venetianische Königreich, Illyrien, Tyrol und Salzburg, 1815 und 1816. Zweyter Theil. Leipzig 1817, S. 118/119.

reichischen Soldaten verwahrt sind, mitten drinnen in einer gläsernen Portierloge der heutige Wächter der Anlage, der sich nur mit dem Lesen von Comic-Heften über seinen tödlichen Arbeitstag retten kann. *Oslavia, nome oscuro, come la nebbia d'ottobre*, heißt es dazu kryptisch in einem Gedicht, das diese moderne Kultstätte des Todes besingt.

Nach Osten blickt man weit hinaus durch das Rosental und verfolgt im Tale die Spur der nach Triest führenden Staatsbahn.[163] Die Spur der Staatsbahn ist heute nur noch mit großer Aufmerksamkeit auszumachen, da sie im *rozna dolina* inzwischen von den vielgestaltigen Trassen des modernen Autoverkehrs weitgehend verdeckt wird. Slowenien heute. Im Individualverkehr stehen die Slowenen, auf deren Autokennzeichen ebenso wie bei den benachbarten Italienern (in seltener Eintracht) die Kennung GO prangt, den Italienern in nichts nach. Auch über Slowenien besteht die Möglichkeit, durch das wenig befahrene Tal der Branica weiter nach Triest zu gelangen.

Wir erinnern uns in diesem Zusammenhang an das Gasthaus „Furlan" in der Ortschaft Branik, wo wir im Jahr 1990 zu Mittag gegessen haben und dafür über 3 Millionen Dinar auf den Tisch legen mußten. Die Rechnung, dieses Exponat des jugoslawischen Währungsverfalls, haben wir bis zum heutigen Tag aufgehoben.

Das Schloß von Görz strahlt heute das Ambiente eines sehenswerten historischen Gemäuers aus. Trotz ständiger Umbauten im Lauf der Jahrhunderte und einer weitgehenden Zerstörung im Ersten Weltkrieg ist die Atmosphäre jahrhundertealter Geschichte erhalten. Ein in den Schloßräumen eingerichtetes Museum bringt einen interessanten Einblick in die Entwicklung der Anlage. Seine militärische Funktion hatte das Kastell bereits im 16. Jahrhundert verloren. 1508 eroberten es die Venezianer und bauten es im einzigen Jahr ihrer Herrschaft noch einmal festungsmäßig aus. Aus dieser allerkürzesten Periode stammt auch jener venezianische Löwe, der jetzt über dem inneren Haupttor eingemauert ist. Später diente das Schloß den österreichischen Statthaltern hauptsächlich als Verwaltungs-, Disziplinierungs- und Gewaltinstrument des Staates. Zum Beispiel 1714, als sich die Bauern des Isonzotales gegen eine ungerechte und zu hohe Besteuerung erhoben, die Rädelsführer hier gefangen gesetzt und etliche von ihnen enthauptet wurden. In der ersten Hälfte des 19. Jahrhunderts erwarb sich das Kastell den Ruf einer Metter-

---

163 Franz Xaver Zimmermann, Görz. Geschichte und Geschichten aus der Stadt, der Grafschaft und ihrem friaulischen Vorland. Klagenfurt 1918, S. 51.

nichschen Repressionsanstalt ähnlich dem Spielberg von Brünn. Die Zellen sind teilweise bis heute zu sehen. Ihre traurige Funktion als Haftanstalt behielt das Schloß bis etwa 1880. Mit unfreiwilliger Komik verbindet Rafael Hellbach in seinem Reisehandbuch von 1875 die Funktionen des Schlosses: *Das Castell enthält jetzt Gefängnisse; reizende Aussicht.*[164]

Unweit des Kastells, im *Borgo Castello*, befindet sich auf der Adresse Borgo 13 das *Museo della grande guerra*, ein Museum über die Geschehnisse des Ersten Weltkrieges in dieser Gegend: Die um Objektivität bemühte, wiewohl parteiische Schau des Schreckens läßt in der klinischen Sauberkeit des Museumskellers mit seinen nachgebauten Schützengräben, Unterständen, Videofilmen, Kappen, Tornistern, Schießapparaten und Schreckensfotos das Grauen der Isonzofront nachklingen. Der mörderische Kampf um jeden Handbreit Bodens wird zur gruseligen Geisterbahn für die 3. und 4. nachfolgende Generation. Als hätten sie sich im Jahrhundert geirrt, sieht man auf einigen Fotos regelrechte Krieger, angetan mit Helm und Brustpanzer wie zur Zeit Karls V., um sich gegen feindliche Geschoße zu schützen. Ein Irrwitz der Geschichte.

„[…] ein glitschiger Lehmhügel mit verkohlten, zersplitterten Baumstrünken, ein breiiger Klumpen aus Leichen – Sand- und Häusergeröll, ein qualmender Fels und Görz selbst blutete aus tausend Wunden."[165]

Die Versuche mancher Überlebender (Italiener wie auch Österreicher), das Inferno, in dem sie sich befanden, zu beschreiben, glichen einander oft aufs Haar. Wir haben im Kriegsarchiv in Wien 15 Kartons mit insgesamt 3.000 Fotos gesichtet, die die Kämpfe am Isonzo zum Inhalt haben. Angesichts dieser Bildzeugnisse sind wir wahrlich froh darüber, nicht dabei gewesen zu sein.

Görz hat das Inferno überlebt, Schloß und Stadt wurden wieder aufgebaut und mit einer neuen Identität versehen. Macht man sich heute daran, Stadtpläne von heute mit solchen von früher zu vergleichen, wird man wiederum der italienischen Politik der Namensobsession begegnen. Straßen und Plätze von Görz erhielten nach 1918 den Stempel des italienischen Sieges aufgedrückt, sodaß man auch heute noch auf Schritt und Tritt dem Ersten Weltkrieg und dem bald folgenden Faschismus begegnet. Die Straßen sind nach Oberdan, Battisti und D'Annunzio benannt, der Bahnhofsplatz heißt *Piazzale martiri della libertà*

---

164 Rafael Hellbach, Reise-Handbuch durch das südliche Oesterreich mit Steiermark, Salzburg, Tirol, Kärnten, Krain und Küstenland. Wien 1875, S. 269.
165 Alexander Hübner, Fiel Görz durch Verrat? In: Salzburger Volksblatt 7.8.1926.

d'Italia, die *Via terza armata* führt (sehr symbolgeladen) ins Stadtzentrum, und die *Viale XX settembre* steht für die alte *Via ponte nuovo*. Der Hauptplatz heißt *Piazza della vittoria*, ehemals *Piazza grande*. Aber trotz der *vittoria* Italiens ist der Platz für die eingesessene Bevölkerung 80 Jahre danach immer noch die *Piazza Grande*. Bis Ende des 19. Jahrhunderts hieß die *Piazza grande* allerdings *Travnik* („travnik" nach dem slowenisch-deutschen Wörterbuch von 1895 [Slovensko-Nemški Slovar, Ljubljana 1895] für „Wiese", also „Anger"). Hier mußte augenscheinlich eine andere Tradition übertüncht werden. Im täglichen Stadtgewühl der Gegenwart bilden die Slowenen von diesseits und jenseits der Grenze einen nicht zu überhörenden Akzent. Die nationale Mauer zwischen Italienern und Slowenen hat ein paar Sprünge mehr erhalten. Noch 1991 meinte Boris Petrič, Sprecher der slowenischen Volksgruppe in Görz, daß man in dieser Stadt auf Slowenisch nicht einmal ein Bier bestellen könne[166], und sprach damit eine Problematik an, die sowohl von Kärnten als auch von Triest bekannt erscheint. Ein Buchhändler, ein gebildeter Mensch, mit dem wir in Görz ins Gespräch kommen, erklärt uns, daß Istrien *italienisch* sei und eine Verständigung mit den Slawen praktisch unmöglich. Nun, slowenische Bestellungen wurden, zumindest in unserer Gegenwart, anstandslos entgegengenommen. Im Zuge der werdenden Eigenstaatlichkeit Sloweniens hatte sich sogar die absurde Situation ergeben, daß plötzlich Anhänger der italienischen Neofaschisten in Görz auf die Straße gingen, um für die Unabhängigkeit Sloweniens zu demonstrieren.

Unübersehbar ist die staatliche Trennungslinie von 1947 entlang der Schienen der Wippachtal- und Wocheinerbahn, und dort, wo die Trasse im Berg verschwindet, sich über den Hügel des Klosters Kostanjevica legt. Die verrosteten Grenzhinweisschilder auf der italienischen Seite stammen aus einer grenzgeschichtlich dramatischeren Epoche. Im einsamen *Borgo Prestau* mahnt ein Schild die unmittelbare Grenznähe in *breve distanza* ein, trifft man beim weiteren Voranschreiten auf den Hinweis, daß man sich von der Grenze nur mehr *pochi metri* entfernt befindet, um schließlich auf das Schlußschild *Attenzione! Confine di Stato!* zu stoßen. Den Grenzstein finden wir 50 Meter dahinter unmittelbar neben einem hellblauen Mistsackl (auf italienischem Staatsgebiet), das der Entsorgung durch die Görzer Müllabfuhr harrte. Im Dickicht dieses Grenzhügels wurde der Grenzzaun inzwischen abgebrochen, zurück blieben im Abstand von vielleicht 20 Metern die in Beton gegossenen Eisensteher, auch eine Art Grenzmarkierung.

---

166 Falk Madeja, Faschisten für Slowenien. In: profil Nr. 29/1991, S. 37.

Im Kloster Kostanjevica liegt Frankreichs letzter König, Karl X., begraben.

Übergänge für Menschen zu Fuß oder auf einspurigen Fahrzeugen löchern die Grenze zusätzlich. *Via del Rafut*: Ende der asphaltierten Straße, ein heruntergekommenes Häuschen aus Beton für einen einsamen italienischen Grenzer, ein Hinweisschild, das über die Grenzöffnungszeiten im jeweiligen Monat Auskunft gibt, dann 100 Meter unebenes Wildbiotopniemandsland, für das sich offensichtlich niemand verantwortlich fühlt, dahinter ein ebenso trostloses Betonhäuschen für die slowenische Grenzbehörde. Wir dürfen – wie schon gesagt – nicht hinüber, auch nicht am Grenzpunkt *Via del San Gabriele/Erjavcena ulica*: Wenden Sie sich an den internationalen Grenzübergang *Casa rossa*. Dort wiederum herrscht ein ähnliches Stauaufkommen wie an gutnachbarlichen Grenzstellen innerhalb der EU vor dem Schengener Abkommen. Meterweises Vorrücken der Kraftfahrzeuge, stichprobenartige Kontrollen von Kofferräumen und Plastiksackerln, generöses Weiterwinken … Da! Der slowenische Zollbeamte, jetzt schiebt er seinen Kopf sehr nahe an das geöffnete Seitenfenster und bellt in den Innenraum des Pkw: „*Meldenetwas!?*" Die Schrecksekunde der Insassen nicht abwartend, setzt er der hingeworfenen Zollstereotype eine gleichlautende zweite nach: „*Meldenetwas!?*" Erst jetzt gelingt es uns, die Köpfe in Stereobewegung verneinend zu schütteln, worauf der Zöllner sein Haupt zurückzieht und wir passieren können. Noch heute quält uns die Frage, was hätten wir ihm eigentlich verzollen sollen, können oder dürfen? Willkommen jedenfalls, in der Republik Slowenien.

Rechts: Gebeinehalle Oslavia (siehe S. 187f.).

Slowenisch Görz, Nova Gorica, entspricht in Geschichte, Struktur und Aussehen nicht einmal in Ansätzen der italienischen Stadt gleichen Namens. Das architektonische Wunderwerk entstand nach der Grenzziehung von 1947 als bevölkerungspolitisches Gegengewicht an Jugoslawiens Westgrenze. Nach Plänen auf dem Reißbrett wuchs hier eine kommunistischer Modernität verpflichtete Retortenstadt in die Höhe, die genausogut Leninsk-Kusnjezkij, Petropawlowsk oder Akademgorodok heißen könnte. Um die Stadt auch mit Leben zu erfüllen, mußte innerhalb Sloweniens eine entsprechende Um- und Übersiedlungsaktion in Gang gebracht werden. Nach Lesart des Fremdenverkehrsverbandes TIC wurde damals *eine ganz neue slowenische Stadt im Sinne des modernen Architektes* [!] *Le Corbusier projektiert.*[167] Man kann Le Corbusiers Architektur sicher in mehrfacher Hinsicht mit kritischen Blicken betrachten, der Vorwurf der Planung und Errichtung von Nova Gorica darf ihm jedoch erspart bleiben.

Längst ist Nova Gorica heute vom derben Charme des postkommunistischen Kapitalismus eingenommen. Die Stadt setzt vermehrt auf *fun* und *entertainment*: Casinos, laserumflutete Hotels und einschlägige *night clubs* mit angeschlossenen *whirl pools* bringen Stimmung zwischen die Plattenbauten aus den fünfziger bis siebziger Jahren. Die Kundschaft setzt sich zum Großteil aus Italienern zusammen.

An seinem nördlichen Betonsaum geht Nova Gorica in die traditionelle Ortschaft Solkan (Salcano) über, die südliche Begrenzung bildet der Höhenrücken mit dem Franziskanerkloster Kostanjevica, wo, ein kleines Geschichtskuriosum, König Karl X. von Frankreich seine letzte Ruhestätte fand. Karl war in der Folge der Julirevolution von 1830 aus seinem Land geworfen worden, ging mit seiner Familie zunächst nach England. 1832 fand er in Österreich mit seinem „guten" Kaiser Franz ein gastliches Asylland, im Prager Hradschin ein standesgemäßes Asylantenwohnheim. 1836 wählte Karl Görz als familiären Aufenthaltsort und bezog dort das Palais des Grafen Coronini, wo er aber bereits nach 17 Tagen am 6. November 1836 an den Folgen der Cholera verstarb. Neben Karl sind noch fünf weitere Mitglieder der Bourbonenfamilie sowie der Hofminister des Königs in Kostanjevica be-

---

167 Prospekt Kloster samostan Kostanjevica Nova Gorica, hrsg. von Občinska turistična zveza Nova Gorica, Koper 1996.

„Grobnica Burbonov" im Kloster Kostanjevica.

stattet, darunter Heinrich V., Graf von Chambord. Heinrich hatte übrigens gute Chancen, nach 1870 den französischen Königsthron zu besteigen. Da er aber sowohl die Trikolore als Staatsfahne als auch eine konstitutionelle Verfassung ablehnte (1873!!), verblieb er im Exil. Mit seinem Tod im Jahr 1883 war der französische Zweig der Bourbonen ausgestorben. Ende im *Grobnica Burbonov* von Kostanjevica. Besuchszeiten: täglich 9–12 Uhr, 14–17 Uhr.

Eine andere Seltenheit entdeckten wir durch puren Zufall. Auf einer Landkarte von Görz und Umgebung, die etwa zwischen 1860 und 1870 entstanden ist, findet sich an der Wiener Straße im Rosental der kaum lesbare Eintrag „Cimiterio [!] ebreo" – ein jüdischer Friedhof. Görz hatte von alters her eine relativ starke jüdische Gemeinde, die um 1900 aus etwa 200 Personen bestand; seit dem 18. Jahrhundert gab es eine Synagoge. Nach einem Kartenvergleich waren wir uns sicher, daß der Friedhof heute nicht mehr existieren könne. Rein theoretisch hätten wir an seiner Stelle auf peripher angesiedelte Autohändler, Tankstellen, Werkstätten und Schnellstraßenauf- und -abfahrten treffen müssen. Umso größer war die Überraschung, als sich neben einer langgezogenen Schnellstraßenauffahrtsrampe plötzlich der Friedhof vor uns auftat.

Wir bleiben stehen und treten näher. Das Gittertor zur Ruhestätte ist offen. Der Friedhof ist in einem weitläufigen Rechteck angelegt und von einer mannshohen Steinmauer eingefaßt, ein seit über 50 Jahren nicht mehr gepflegter Totenhain, den niemand mehr pflegen kann oder will, weil die Beerdigten keine Nachkommen mehr haben. Die letzten Verstorbenen wurden hier in den dreißiger Jahren bestattet. Seither vergeht der Friedhof zum Totenacker, über den das Gras wächst, in dem die Grabsteine umstürzen und die Inschriften verwittern. Zwischen Glitzerreklame und Autobahnraststätte bleibt der Friedhof sich selbst überlassen. Die Tatsache, daß die Synagoge in Italien, der Friedhof aber in Slowenien liegt, ist typisch für die Zeit nach dem Zweiten Weltkrieg, ficht aber ansonst niemanden an. Die zerstörte Tradition hat schließlich dazu geführt, den Friedhof als inexistent zu behandeln und ihn in sämtlichen Görz-Büchern unerwähnt zu lassen. *Requiescant in pace.*

Jüdischer Friedhof an der Wiener Straße im Rosental.

Triest vom Meer aus gesehen. Anonym, Öl auf Leinwand, 2. H. 19. Jhdt.

Triest

Ah! und da lag es vor uns ...
Österreichische Klassiker bereisen Triest

Die italienische Reise war für den Olympier aus dem Herzogtum Weimar eine Art Erweckung; aus der Enge seines deutschen Kleinstaates zog es Johann Wolfgang Goethe in den Süden, in die Weite. Als Geistesmensch interessierte er sich für die Reste der antiken Kultur und wurde zum Vorläufer des klassischen Bildungstourismus.

Die österreichischen Dichter brauchten, wenn sie in den Süden fuhren, ihr Land erst gar nicht zu verlassen. Nicht das Fremde, vielmehr das Vertraute in fremdem Gewand begegnete ihnen dort. Und es waren nicht die Zeugen der Vergangenheit, was sie bewegte ...

Im Frühling 1819, etwa dreißig Jahre nach Goethe, reiste Franz Grillparzer nach dem Süden. Wir lesen in seinen Tagebüchern: Er fuhr über den Semmering. *Die Marter der ersten, ohne Ausruhen und Schlaf durchreisten Nacht bedeckte alles übrige.* Weiter gings über Prugg, Gräz nach Marburg. *Schlechtes Frühstück. Hier ändert sich das Land. Die schöne, freudige Gegend der deutschen Steirer hört auf. Wenden fangen an.* Weiter über Cilli, eine Ähnlichkeit mit Salzburg, *was den Charakter des Ganzen betrifft,* fällt ihm auf. *Endlich Laibach. Die Stadt sieht traurig und öde aus, ist es aber von inwendig weniger, als sie es von außen scheint. Schlechte Wirtshäuser, elendes Essen, endlich Abfahrt abends um fünf Uhr.*

Als der ersehnte Morgen anbrach, waren wir über Planina, Adelsberg, Prewald hinaus, und Sessang, die letzte Station vor Triest, lag vor uns. Der Karst beeindruckt ihn nicht sehr. *Es war, als hätte Gott hier gestanden, als er nach dem Falle der Menschen den Fluch über die Erde aussprach.* Da ist er gar nicht so weit entfernt von der Legende von der Entstehung des Karstes:

Als Gott mit der Erschaffung der Erde fertig war, blieb ein Haufen Steine übrig, und der Herr gebot dem Engel Gabriel, sie zu zerschlagen und ins Meer zu werfen. Gabriel machte sich an die Arbeit, füllte die zerschlagenen Steine in einen Sack und trug die schwere Last fort. Auf der Karsthöhe er-

Piazza Unità d'Italia, vormals Unità, vormals Grande, dazumals San Pietro.

blickte ihn der Satan, schlich ihm nach und zerschnitt die Nähte des Sackes. Und das ganze Steingeröll kollerte heraus und bedeckte die weite Gegend bis hinunter zum Meer. Der Herr aber gedachte des armen Karstvolkes und ließ dem steinigen Boden die Rebe entsprießen, die den besten Wein auf Gottes Erde gibt.[168]

Der mißmutige Dichter hatte den köstlichen Terrano-Wein offenbar noch nicht kennengelernt. Aber seine Laune sollte sich auch so schlagartig wandeln.

Allmählich, wie wir uns Triest näherten, merkten wir eine beträchtliche Veränderung des Klimas, die rauhe, kalte Luft ward milder, und alles schien uns an-

---

168 Nach Anton von Mailly, a.a.O. S. 91.

Ah! Und da lag es vor uns – Österreichische Klassiker bereisen Triest

Hôtel de la Ville am Triester Meerbusen.

Hôtel de la Ville (Ausschnitt).

Triest

Teatro Verdi, vormals Teatro di Trieste, vormals Teatro Grande, vormals Teatro Nuovo.

Oben: Antonio Cassis Faraone.
Links: Thekla Cassis Faraone.

zukündigen, daß wir am Eingang Hesperiens ständen. Einige Landleute, die, bizarr braun und rot gekleidet, zu Pferde und zu Wagen uns begegneten, stimmten mit all dem überein und spannten unsere Erwartungen so hoch, als es nach drei durchwachten Nächten, nach einem Kurierritt von achtzig Meilen immer möglich war. Endlich die Dogana von Optschina. – Ein Hügel! – Hinauf! – Ah! und da lag es vor uns weit und blau und hell, und es war das Meer.

Als Mensch mit Phantasie hatte er die verständliche Befürchtung, der tatsächliche Anblick des Meeres könnte seiner Vorstellung davon nicht gerecht werden: *ich fürchtete nämlich um ein erhabenes Bild ärmer zu werden und nur ein richtigeres dafür zu erhalten – ein zweifelhaften Gewinn für einen Dichter.* Der Eindruck war in der Tat nicht so mächtig wie die Phantasie des Dichters. Grillparzer selbst räumt ein, daß das Meer bei Triest einen eigentlich großen Eindruck nicht gewährt – dazu ist die Bucht zu eng und links und rechts begrenzt, – *und doch fesselte mich der Eindruck so, daß ich mich kaum trennen konnte, ich hatte mir das Meer nämlich nicht so schön gedacht, nicht so unbeschreiblich schön.*

Etwa vierzig Jahre später kam ein anderer Dichter an diesen Hügel bei Opčina. Das muß etwa in der Höhe des Obelisken sein, neben dem ehemaligen Grand Hôtel de l'Obelisque und Trambahn-Station. Der eigentliche Hügel ist jetzt mit Pinien bewachsen, dem *pino nero austriaco*, wie die Einheimischen sagen. Und es ist an dieser wirklich bezaubernden Stelle, können wir nachlesen, wo einer der beherrschtesten Dichter geradezu seine *contenance* verliert:

*… ich habe das Meer gesehen. Ich kann Ihnen mit Worten nicht beschreiben, wie groß die Empfindung war, welche ich hatte. Alle Dinge, welche ich bisher von der Erde gesehen hatte, Alpen Wälder Ebenen Gletscher etc. versinken zu Kleinlichkeiten gegen die Erhabenheit des Meeres. Ich wußte nicht, wie mir geschah. Ich hatte eine so tiefe Empfindung, wie ich sie nie in meinem Leben gegenüber von Naturdingen gehabt hatte. Zwei Stunden des frühen Morgens am 20*ten *Juni blieb ich auf einem Hügel bei Opschina sitzen, und sah auf das tief unter meinen Füßen liegende Meer. Wie groß ist Gott, wie herrlich ist seine Welt!*[169]

Die Stadt selbst beeindruckte durch ihre Lebhaftigkeit. Adalbert Stifter, mit Frau Amalie und Ziehtochter Juliane, wohnte im Hôtel de la Ville (Gedenk-

---

169 Adalbert Stifter in einem Brief an seinen Verleger Gustav Heckenast am 20. Juli 1857.

tafel!) an der Riva, *gerade auf die Rhede hinaus. Bei 300 Schiffe lagen vor mir. Ein abendliches Gewitter bildete ein besonderes Schauspiel. Leider konnte ich der Finsternis halber das Schäumen des Meeres nicht sehen, sondern nur hören. Eben so hörten wir das Rufen der Schiffleute in den Tauen, das zeitweilige Läuten von Schiffglocken, das Rasseln der Ketten der herabgelassenen Notanker und mitunter einen Kanonenschuß.*

Franz Grillparzer war in der *Locanda Grande* abgestiegen. Die Locanda Grande oder Osteria Grande lag ähnlich zentral, nämlich an der Ecke Piazza San Pietro, später Piazza Grande, und dem Mandracchio-Hafen, wo man Wein und Stein aus Zara und Istrien verlud, am Eingang zur belebten Altstadt. Das Gebäude existiert als solches nicht mehr (folglich keine Gedenktafel)[170]. Es ist übrigens der Ort, an dem den *Praefectus Antiquitatum Romae* Johann Winckelmann sein tödliches Schicksal ereilte.

Das Meer in seiner Herrlichkeit, die zahllosen Masten der Schiffe, das Gewimmel von Menschen aller Kleidung und Sprache, alles ist ansprechend und neu. Einen besonders fremden Anblick gewährt es, mitten auf dem Platze der Stadt bedeutende Meerschiffe in den Kanälen liegen zu sehen, deren Masten die umliegenden Häuser weit überragen.

Franz Grillparzer: *Wir kehrten in der Locanda grande ein, und sobald ich ein wenig adjustiert und der aufgesetzte, unbeschreiblich elende Kaffee getrunken war, ging ich aus, die Stadt zu besehen.*

Heute bekommen wir selten einmal ein Schiff zu sehen, der Kaffee ist besser geworden, aber damals wie heute gilt: *Die Sonne ging unter. Welch ein Schauspiel: Auf dem Meere ruhend und darin eintauchend, entzündete sie dasselbe samt der Luft des Horizontes, und die beiden geschiedenen Elemente schienen sich vereinigt zu haben in das des Feuers.*

Die Stifters fuhren dann wieder nach Linz zurück. Grillparzer reiste weiter nach Rom. Seinem kritischen Blick hielt auch das gegenwärtige Rom (Goethe hatte ja das vergangene, das klassische gesucht) nicht stand. Und als er, wieder daheim, ein Gedicht, *campo vaccino*, über das mit Kreuz versehene Kolosseum veröffentlichte, erinnerte ihn die Zensur rasch daran, daß er in einem Polizeistaat zu leben hatte. Da soll einer nicht mißmutig sein!

---

170 Etwa um 1820 wurde die Piazza San Pietro in Piazza Grande umbenannt; der Mandracchio wurde zugeschüttet und auf der gegenüberliegenden Seite wurde 1829 der Palast des Statthalters errichtet. Davor wurde ein Park angelegt, der 1920 wieder beseitigt wurde. 1822 war die Kirche San Pietro demoliert worden, und die Piazza Grande im heutigen Erscheinungsbild ist ausschließlich ein Produkt des 19. Jahrhunderts, wie übrigens der Großteil der Stadt.

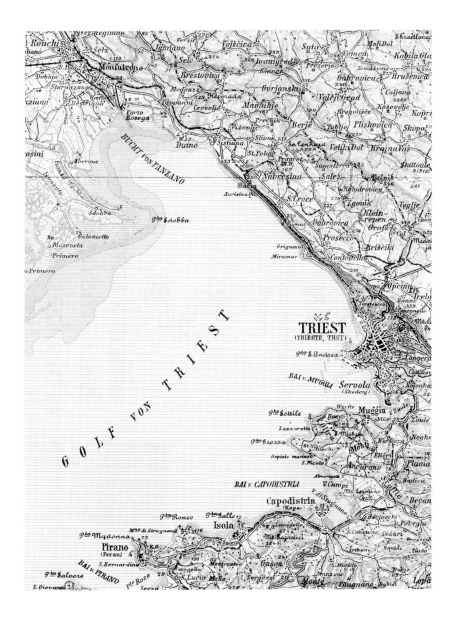

Cosmopolita

Als Triest am 18. März 1719 von Kaiser Karl VI. zum Freihafen erklärt wurde, hatte die Stadt bereits etliches durchgemacht. Triest, dieses widerborstige Gemeinwesen, das sich bis dahin keinem Herrschenden unterwerfen wollte, immer die Eigenständigkeit betonte, war lange Zeit ein Spielball zwischen Venedig und Österreich, manchesmal versuchte auch Ungarn, bisweilen auch Krain mitzumischen. 1518 wurde Triest für vier Jahre sogar Teil der spanisch-italienischen Besitzungen der Habsburger. Zwischenzeitlich zerfleischten sich die Triestiner, die sich in provenezianische und kaisertreue Parteigänger teilten, untereinander. Das Jahr 1382 als offizielles Datum für die Angliederung Triests an Österreich ist zunächst von geringer Bedeutung, insofern als die Kommune in ihrer Eigenschaft als freie Stadt, *Libero Comune*, Herzog Leopold III. von Österreich freiwillig die Schutzherrschaft über Stadt und Hafen anbot. Triest behielt die vollen Hoheitsrechte, wurde auch keiner Provinz einverleibt, und Leopold erhielt lediglich einen jährlichen Weintribut und einige Zollrechte. Der *Capitano* als Vertreter des Herzogs mußte einen Eid auf die Gemeindestatuten ablegen.

Das 15., 16. und die erste Hälfte des 17. Jahrhunderts brachten wenig Ruhe, von überall wurde an der Stadt im rechten oberen Eck der Adria gezerrt, ihre Bewohner drangsaliert bzw. drangsalierten sich gegenseitig. Der venezianische Doge Christoforo Moro (1462–1471) meinte, daß die Triestiner *äußerst hochmütig sind, stets unabhängig bleiben und niemandem gehorsamspflichtig sein wollten*.[171] Das war die Stadt, die sich Zeit ihres Lebens als italienisches Gemeinwesen betrachtete. Außerhalb der Mauern der Stadt, die Mitte des 17. Jahrhunderts etwa 3.000 Einwohner zählte, lebten Menschen slawischer Zunge. Ebenso wie die Hafenstädte Istriens bildete Triest quasi eine italienische Sprachinsel, umgeben von slowenischen Dörfern. Wer heute eine Rundreise in die Umgebung Triests unternimmt, wird es nicht anders finden, auch Rilkes Elegienort Duino mit dem ehemals und 1997 veräußerten Thurn und Taxisschen Schloß ziert eine zweisprachige Ortstafel: Duino – Devin.

Im Laufe des 18. Jahrhunderts sollte alles ganz anders werden. Der Stern der Serenissima war im Sinken begriffen, Österreich schloß 1718 mit dem Osmanischen Reich im serbischen Städtchen Passarowitz endlich Frieden

---

171 Zit. bei Anton M. Zahorsky-Suchodolski, Triest. Schicksal einer Stadt. Österreich-Reihe Bd. 169/171. Wien 1962, S. 23.

und der Kaiser widmete dem *Commerz* erhöhte Aufmerksamkeit. Zwei Jahre vor dem Freihafenpatent verkündete Karl am 2. Juni 1717 die Freiheit der Schiffahrt in der Adria.

„Allen in Österreich seßhaften Personen, die sich unter österreichischer Flagge der Schiffahrt widmen wollten, wurde damit völlige Sicherheit gewährleistet, ohne daß irgendwelcher Tribut an fremde Mächte zu entrichten war."[172]

Es erfolgte der Bau der ersten großen Hafenmole, des *Molo San Carlo*. Karl ließ die Straße von Wien über den Semmering nach Triest ausbauen, richtete zwischen beiden Städten einen wöchentlichen Fuhrwerksverkehr ein, stattete 1728 seiner Hafenstadt einen offiziellen prächtig begangenen Besuch ab und kaufte 1731 die vor den Stadtmauern gelegenen Salinen auf. Dort entstand später der nach Karls Tochter benannte „theresianische Stadtteil", der auch heute noch so benannte *Borgo Teresiano*.

Etwa ab dem Beginn der Regierungszeit Maria Thersias begann Triest als Hafen und Warenumschlagplatz interessant zu werden. Die Stadt wuchs. 1749 wurden die Stadtmauern abgetragen, um Raum zu gewinnen und neue Stadtbaupläne zu verwirklichen. Innerhalb von wenigen Jahren verdreifachte sich die Einwohnerzahl. Im Jahr 1758 zählte Triest 6.500 Bewohner, 1777 lebten bereits 20.000 Menschen in der Stadt. Sie kamen von überall her und suchten im aufstrebenden Hafen der k.k. Staaten Auskommen, Wohlstand und Reichtum: Menschen aus Griechenland, aus der Levante und Armenien, aus allen Teilen Italiens, aus Graubünden und dem Tessin ebenso wie aus der näheren Umgebung, Friulaner aus Görz, Slowenen aus Krain, Kroaten aus Istrien und von den nahegelegenen Inseln; ferner folgten Steirer, Kärntner, Wiener, Dalmatiner und Menschen aus Bosnien und der Herzegowina dem Ruf des Glückshafens.

Der erste Grieche in Triest hieß Atanasio Zalla, siedelte sich 1742 an und begann einen schwungvollen Handelsverkehr zwischen Triest und seiner alten Heimat. Bald folgten weitere Hellenen: Georgos Preveto errichtete einen Branntweinladen, Georgos Maruli leitete einen lebhaften Weinhandel ein, Theodoros Petrata eröffnete ein elegantes Kaffeehaus auf der Piazza Grande und ein A. Niko aus der Morea (Peloponnes) führte Matrosenmäntel ein. 1758 zählte die griechische Gemeinde bereits 91 Personen. Den Zuzug aus Graubünden eröffneten die Zuckerbäcker J.B. Bianchi und Kaspar

---

[172] Ebda. S. 29/30.

Griot, letzterer eröffnete unter dem Namen Gasparo Griotti ein allseits beliebtes Kaffeehaus. Die jüdische Gemeinde bestand 1758 aus 221 Personen.

Einen mikrokosmischen Einblick in die Bevölkerungsstruktur Triests bietet ein Ereignis, mit dem die Stadt zum Gesprächsstoff der damaligen gebildeten Welt wurde. Am 8. Juni 1768 wurde der Vater der modernen Archäologie und der „Präfekt der Altertümer Roms", Johann Joachim Winckelmann, unter nicht gänzlich geklärten Begleitumständen in Triest ermordet. Mit der Tat wurde später immer wieder die homosexuelle Neigung Winckelmanns in Zusammenhang gebracht, und der Täter, der Koch und vorbestrafte Dieb Franceso Arcangeli aus Campiglio bei Pistoia, wurde des öfteren sensationslüstern als Strichjunge bezeichnet. Wahrscheinlicher ist, daß Arcangeli eher auf Raub aus war und Winckelmanns Neigung für seine Zwecke auszunutzen beabsichtigte. Wir wollen an dieser Stelle jedoch nicht den Umständen von Winckelmanns Tod nachgehen, von Interesse ist vielmehr das zur Gänze erhaltene Gerichtsprotokoll des Prozesses gegen Francesco Arcangeli.[173] Wir wenden uns den in der Gerichtsverhandlung aufgerufenen Zeugen zu, die ein Spiegelbild der Triestiner Einwohnerschaft von 1768 darstellen. Insgesamt wurden zur Bluttat 21 Zeugen befragt. Unter diesen 21 Personen waren nur 3 gebürtige Triestiner, ein Schiffseigner, ein Seiler und ein Ladenbesitzer. Alle anderen gehörten zu jenen Menschen, die in Triest Auskommen, Wohlstand und Reichtum suchten, etwa Franz Richter aus Olmütz, Wirt der Osteria Grande, Andreas Harthaber aus Steng in der Steiermark oder Gaetano Vanuzi aus Genua. Es begegnet uns wieder der Kaffeewirt Gasparo Griotti aus Cellerina in Graubünden, Antonio Marincich aus S. Angelo „im Karst", Leopold Klimpacher wurde in Varazdin geboren, Eva Tusch in Malborgeth und Theresia Paumeister in Graz. Es folgen Neu-Triestiner aus Laibach, Dürnkrut in Niederösterreich und aus Final di Genova. Der Rest war aus der näheren Umgebung in die aufstrebende Handelsmetropole zugewandert, die Herkunftsorte sind Görz, Cormòns, Capodistria (Koper) und Parenzo (Poreč).

Ein farbenprächtiges, wahrscheinlich etwas übertriebenes Bild von der Hafenstadt und seinen Bewohnern gibt uns ein Bericht aus dem Jahr 1817:

---

173 Mordakte Winckelmann. Die Originalakten des Kriminalprozesses gegen den Mörder Johann Joachim Winckelmanns (Triest 1768). Winckelmann-Gesellschaft Stendal Jahresgabe 1965. (Ost)Berlin 1965.

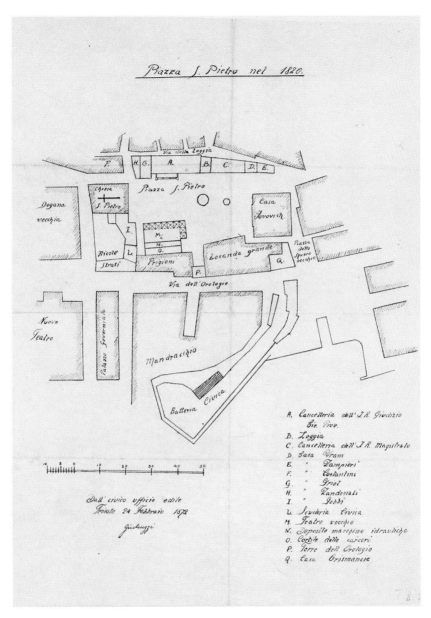

Piazza San Pietro, heute Unità d'Italia.

„Und welch buntes Gewühle von Menschen aus allen Zonen! – welche Vermischung aller Völker und Nationen unter einander! Amerikaner und Teutsche, Britten und Neger, der gelenkige Franzose und der indolente Türke, Tuneser und polnische Juden, – ohne Unterschied durch einander gemischt, – wahrlich ein sonderbarer Anblick. In vertraulichen Gesprächen steht Asiate und Europäer, Christ und Heide, der krausköpfige Afrikaner und der weiße Normann bey einander, und Nationen, die die Achse der Erde von einander scheidet, oder die sich seit Jahrtausenden verabscheuen und verfolgen, gesellen sich hier in ihren Individuen freundschaftlich zusammen, und treiben friedlichen Handel mit einander. […] Hinweggebannt sind Nationalhaß und Religionsfanatismus, kein Unterschied gilt zwischen Glauben, Sitten, Kleidung und Gesichtsfarbe."[174]

Richtig erkannt hat unser Berichterstatter, aus welchem Grund sich die halbe Welt in Triest herumtrieb: *Sie alle dienen einem und demselben Gotte, der sie treibt und beseelt, und das ist – der Gewinn!* [175] Das Verhältnis zwischen den Zuwanderern und der eingesessenen Bevölkerung verlief verständlicherweise nicht immer ohne Spannungen.

„Lange Zeit standen die Altbürger abseits vom hastigen Treiben, das sich in den neuen Stadttheilen und am Hafen abspielte. Aus ihrem ruhigen Leben aufgeschreckt und zum Verkehr mit den energischen, oft rücksichtslosen Fremden wenig geneigt, zogen sie sich auf sich selbst zurück. Unterdessen stieg der Wohlstand derer, die von der neuen Zeit Gewinn zu ziehen wußten."[176]

Das legte sich, *als die erbgesessene und die zugewanderte Bevölkerung miteinander verschmolzen.*[177] So viel zum Thema Quote, Umvolkung, Ausländer, Immigration und Integration. Als Triest im Jahr 1775 das Freistadtprivileg erhielt – die auf dem Seeweg ein- und ausgehenden Waren unterlagen damit keinen Abgaben mehr – , setzte ein neuerlicher Ansturm auf die Stadt

---

174 Joseph Kreil, Mnemosyne. Ein Tagebuch, geführt auf einer Reise durch das lombardisch-venetianische Königreich, Illyrien, Tyrol und Salzburg, 1815 und 1816. Zweyter Theil. Leipzig 1817, S. 142.
175 Ebda. S. 143.
176 Die österreichisch-ungarische Monarchie in Wort und Bild. Das Küstenland. (Görz, Gradiska, Triest und Istrien.) Wien 1891, S. 61.
177 Ebda.

Teatro di Trieste, ab 1901 „Verdi".

ein. Der kosmopolitische Charakter Triests geriet erst im Verlauf des 19. Jahrhunderts mit dem aufkommenden Irredentismus in Widerspruch.

Triester Erscheinungen

In Spanien und Portugal war dem letzten Habsburger die Bedeutung des Seehandels für eine Weltmacht klar geworden. Der Traum, den Karl VI. und der kongeniale Prinz Eugen verwirklichen wollten, hieß ein *übernationales Mitteleuropa* unter der Führung des Römischen Kaisers. Um dies zu schaffen, wurden, mit heftiger Zustimmung des Prinzen, Triest und Fiume zu Freihäfen erklärt. Die Städte lebten auf. Spekulanten, Abenteurer und Geschäftemacher ließen sich in diesen Inseln der Handels- und Glaubensfreiheit nieder, Handelsexpeditionen brachen auf, alles bewegte sich.

Auch wenn sich hier Griechen, Albaner, Slawen, Orientalen, in ihren bunten Trachten umtrieben – eine Erscheinung fiel doch noch aus dem Rahmen: Der Mann in orientalischer Kleidung, Turban, stechende schwarze Augen, ausladender Schnurrbart, wallender Kaftan und plodernde Pumphosen mit den aufgebogenen Schnabelschuhen; die Frau mit perlenbesetztem Turban, in feinstem Damast mit glänzendem Goldschmuck behängt, dahinter zwei kleine Mohren als Diener…. Umgeben war diese merkwürdige Erscheinung von der Aura des kaiserlichen Wohlwollens sowie eines sagenhaften Reichtums. Es waren ANTONIO CASSIS FARAONE und seine Frau Thekla.[178] Cassis war 1745 in einer christlich-melchitischen Familie in Damaskus geboren worden und wegen religiöser Schwierigkeiten nach Ägypten ausgewandert. Dort hatte er es bis zum obersten Zollaufseher gebracht. Er hatte sich dabei um die abendländischen Händler sehr verdient gemacht, sodaß ihn Kaiser Joseph II. zum Grafen des Heiligen Römischen Reiches ernannte. Schon Leopold I. hatte die Orientalische Handelskompagnie gegründet und seither verdrängten die Kaiserlichen die Venezianer kontinuierlich von den großen orientalischen Handelsplätzen. Als Cassis 1784 wegen des Bürgerkriegs aus Ägypten „floh", war sein Vermögen bereits in Sicherheit. In Triest, wo seine früheren Handelspartner und das angesehene Handelshaus Belletti, Zaccar u. Co. ihren Sitz hatten, ließ er sich, nach einem Besuch beim Kaiser, nieder. Die Geschäftsleute waren Carlo Rossetti, geadelt: „von Rosenhügel"[179] und Domenico Belletti, beide Konsuln des Großherzogtums Toskana, woselbst der aufgeklärte Pietro Leopoldo, Maria Theresias Zweitgeborener, sehr zum Wohl des Volkes regierte.

Graf Karl Zinzendorf war 1776 bis 1782 Gouverneur von Triest, – daran erinnert sogar heute noch ein Gedenkstein mitten in Opčina – ließ sich von Polizeichef Antonio Pittoni genauestens informieren:

Le Grand Douanier du Caire est arrivé á Malta apré avoir sauvé 2 millions en Europe. Belletti espère tout de lui …

Die Triestiner, obwohl sie ihm nachsagten, er sei mit der Staatskasse Ägyptens durchgebrannt,[180] hatten durch diesen illustren Zuzug mehreren Gewinn: Cassis finanzierte den Bau eines neuen Theaters, das auch heute noch existierende, von Matthäus Pertsch erbaute, auf dem sein kaiserliches Wappen prangte. 1801 war es mit einer Oper von Simon Mayr eröffnet worden.[181] Als Wohnsitz er-

---

178 Näheres liest man bei Maria Fantini, Antonio Cassis Faraone. Udine 1995.
179 Er war „in Einleitung und Herstellung eines unmittelbaren Commercialzuges aus den österreichischen Seehäfen nach Egypten mit besonderem Eifer und Thätigkeit mithilfig gewesen…" heißt es im Adelsdiplom.
180 „Er war vormals Generaleinnehmer in Egypten – ein Posten, bei dem sich schon etwas machen läßt…" heißt es etwa in den: Reisen durch das südliche Teutschland. 3. Bd. Ulm 1793 S. 23. …Über den „Pharao von Cassir".
181 Nach Cassis ging das Theater an den reichen jüdischen Geschäftsmann Moisé Hierschel,

kor der Graf die Villa des flämischen Kaufmannes Ambrosius von Strohlendorf, am Stadtrand gelegen, mit Blick aufs Meer und von einem duftenden Park umgeben.[182] Der rührige Cassis betrieb die Trockenlegung des versumpften Malariagebietes von Aquileia voran und experimentierte in Precenicco bei Latisana, einer kaiserlichen Enklave in Venetien, die er käuflich erworben hatte, mit modernen Methoden des Landbaus. Ein erfolgreiches Leben, das 1805 jäh in einem Nervenfieber endete.

Geistiges Leben begann sich zu jener Zeit langsam zu regen und um DOMENICO ROSSETTI zu formieren. Domenico war der Sohn des Handelsherrn Antonio Rossetti, der den Handel nach England, Holland und in die Bretagne eröffnet hatte und vom Kaiser zum „Edlen von Scander" nobilitiert wurde (das Wappen ist ganz ähnlich jenem des ihm verwandten Edlen von Rosenhügel). Domenico Rossetti war im illuminierten Großherzogtum Toscana erzogen worden, hatte in Graz das Propädeutikum und in Wien das Studium der Rechte abgelegt. Als loyaler Österreicher verweigerte er während der französischen Besetzung jede Zusammenarbeit mit den Eindringlingen. Zur Freude über den Abzug der Franzosen wurde sein Theaterstück *Il sogno di Corvo Bonomo*, mit polemischen Anspielungen auf den Abgezogenen, auf dem Triester Theater aufgeführt. Rossetti war ein brillanter Jurist und Mitautor des österreichischen Seekodex, aber seine Interessen gingen weit darüber hinaus: Er setzte sich für das Winckelmann-Denkmal und das Museum von San Giusto ein, gründete die schöngeistige Società di Minerva, 1807 legte er auf eigene Kosten eine Baumpromenade längs der Wasserleitung, die heutige via Rossetti – damals der einzige von Bäumen beschattete Spazierweg – an, bemühte sich tätig um Förderung und Erziehung der Jugend, stiftete Preise. Die Stadt verdankt diesem edlen Patrioten viel.[183] Das Andenken Rossettis ist nicht wie das so vieler anderer aus dieser Stadt gelöscht worden,

---

danach an die Kommune. Es hieß zunächst Teatro Nuovo (im Gegensatz zum alten San Pietro), 1820 Teatro Grande, Teatro di Trieste, und seit 1901 Teatro „Verdi".

182 Nach Cassis ging die elegante Villa im französischen Stil an Katherina von Württemberg und ihren Gatten Jerôme Bonaparte, den Bruder Napoleons, dann an den Schweizer Konsul Theodor Necker. Danach wurde sie Sitz des österreichischen Marinehauptquartiers und ist heute im Besitz des italienischen Militärs (Comando Truppe Trieste) und praktisch nicht einsehbar.

183 Bei Domenico Rossetti gerät sogar der Biograph in Constantin Wurzbachs Biographischem Lexikon des Kaiserthums Österreich ins Schwärmen.
Die kritischen Anmerkungen über Triest in Joseph Kreils Mnemosyne weist der Patriot Rosetti entschieden zurück: Zur Mnemosyne des Herrn Joseph Kreil. Nachschrift eines Triestiners. (Triest 1818).

Von li. n. r.:
Domenico Rossetti, Edler von Scander
Joseph Ressel
Peter Kandler

weil es den italienischen Nationalisten gelungen war, seine *italianitá* – die freilich eine der vielen Spielarten des geistigen Österreich oder Mitteleuropa war – in ihrem Sinn zurechtzustutzen und für sich zu verwenden.

Ein anderer Jurist setzte Rossettis Weg fort: PETER KANDLER. Sein Großvater hieß noch Chandler, war aus Schottland nach Wien gekommen. Er war Hofgärtner und später Förster. Kandler verkörperte Weltbürgertum in seiner besten Form: aufgeklärt, gebildet und sozial. Er war unermüdlicher Historiker und Conservator für das Küstenland.

Nur einer paßte gar nicht recht in die feine Gesellschaft der Societá di Minerva. Er kam aus dem böhmischen Chrudim, war von bescheidenem Wesen, trug unförmig weit geschneiderte Kleidung, war alles andere als elegantschmiegsam, sondern vielmehr unbeugsam, ehrlich, und beseelt von dem Gedanken, seinem Vaterland zu dienen. Es war der Waldmeister JOSEF RESSEL. Er hatte in Linz das Gymnasium, die Artillerieschule von Budweis und dann die k.k. Forstakademie Mariabrunn besucht. Die Tragödie seines Lebens wollte es, daß er ein treuer Diener eines Kaisers war, dem schon die Eisenbahn suspekt war, weil sie der Verbreitung befreiender Ideen dienen konnte. Ressel war ein unruhiger Geist und loyaler Beamter. Zur Zeit Metternichs war das ein tragischer Gegensatz, an dem Ressel scheitern mußte.

In Triest hatte der Forstingenieur den eigentlich erfolgreichen Versuch unternommen, die archimedische Schraube technisch richtig zur Fortbewegung von Schiffen einzusetzen. Seinem Patent vom 28. 2. 1826 bzw. 3. 4.1827 folgte

die Probefahrt auf dem 16 Meter langen und 48 Tonnen schweren Dampfer *Civetta* aus der Triestiner Werft Panfilli. Im Sommer 1828 fuhr die Civetta mit 40 Gästen an Bord und durchschnittlich 6 Meilen Geschwindigkeit, von einer Schiffsschraube bewegt, durch den Hafen von Triest. Daß das Experiment eigentlich geglückt ist, aber aufgrund eines geplatzten Dampfrohres von den Behörden aus Sicherheitsgründen abgebrochen worden war, liegt in der Natur Kakaniens. Die Hafenbehörden untersagten weitere Experimente. Die Sicherheitsgründe, die sie dagegen anführten, waren nichts als eine hilflose Geste, die Zeit, die man nicht mehr verstand, anzuhalten. Ressels Gegner wie der Engländer Morgan, der den Raddampfer zwischen Venedig und Triest betrieb, hatten mit dem kleinen Beamten ein leichtes Spiel. Die späteren „Erfinder" der modernen Schiffsschraube wie Stevens, Dallery, Sauvage, Smith, Ericsson … hatten mit weniger behördlichen Schikanen zu rechnen. In Kakanien, zu dem der einst fortschrittliche Staat verkommen war, hielt man eben Genies eher für Lümmel und nicht umgekehrt, wie Robert Musil berichtet.[184] Der Forstadjunct erfand vielerlei wahrhaft Bahnbrechendes, die Rohrpost, das Kugellager, ja selbst *Ueber das Scheuwerden der Pferde und die Mittel, das Durchgehen derselben zu verhindern*, hatte er sich seine Gedanken gemacht.[185]

---

184 Robert Musil, Der Mann ohne Eigenschaften. A.a.O. S. 33 (Kakanien).
185 Siehe die Denkschrift Josef Ressel. Hg. v. Comité für die Centenarfeier Josef Ressel's. Wien 1893.

Ressel widmete sich nach seinem mißglückten Versuch einer nautischen Revolution wieder dem Bewaldungsplan von Istrien als k.k. Marine Waldagent. Für seine Verdienste um die Aufforstung wurde *Josip* Ressel übrigens 1993 im inneristrianischen Bergstädtchen Montona/Motovun mit einer Gedenktafel geehrt!

Er setzte sich besonders für die Anpflanzung von Eichen ein. Ihr Holz hielt er für viel besser zum Schiffbau geeignet als etwa Eisen … was sich etwa 10 Jahre nach seinem Tod nochdeutlich zeigen sollte: In der Seeschlacht bei Lissa trafen die großteils in Triest gebauten hölzernen Schiffe des Kaiserlichen auf die italienischen, die großteils in England und aus Metall gefertigt wurden. Nach dem glorreichen Sieg unter Admiral Tegetthoff sagte man in Triest, es haben eben die Männer mit den eisernen Köpfen auf ihren hölzernen Schiffen die mit den Holzköpfen (=*teste di legno*) und Eisenschiffen besiegt!

Was Josef Ressel auch unternahm, es geschah *zum Gemeinwohl und Ehre des Staates.*[186] Und der Staat war unter Kaiser Franz und seinem Kanzler Metternich in Angst vor jeder Änderung erstarrt. Josef Ressel lebte in ständiger Armut. Seine Gesuche an den Kaiser, sein armseliges Gehalt aufzubessern, um seinen Söhnen eine Ausbildung zuteil werden lassen zu können, halfen nichts. Er lebte mit seiner Familie unfreiwillig unstet in Triest, Istrien, Laibach. In einem Brief an seinen Nachfolger schrieb er einmal:

Damit Sie meiner Worte Sinn recht verstehen, sage ich Ihnen, in meinem 64. Jahre, dass ich noch nie gelogen habe, dass ich meinen Dienst stets eifrig und redlich betrieb dass ich keine Feinde ausser diejenigen habe, welchen ich mit meiner Unbeugsamkeit ein Hinderniss bin …[187]

Ressels Denken fehlte jegliche kaufmännische Dimension, vielleicht auch jene Geschmeidigkeit, die in erstarrten Zeiten immer wichtiger wird. Aus seinen bahnbrechenden Erfindungen zog er nicht den geringsten Gewinn. Als er auf einer Dienstreise in Laibach an Typhus erkrankte, kritzelte er auf die ärztliche Vorschreibung, man möge auf seine Prioritätsrechte bei der Erfindung der Schiffsschraube nicht vergessen, immerhin ließ er eine arme Witwe und mehrere Kinder zurück.

---

186 Josef Ressel, Wiederbewaldungsplan für die Gemeindegründe in Istrien. Neudr. Hg. v. Boštjan Anko. Trieste 1993.
187 Denkschrift S. 45f.

Das laute Treiben verstummte einen Augenblick. Die Buntheit der Gestalten und Gewänder schien sich förmlich zu einem regelmäßigen Muster ordnen zu wollen – wenn FRANZ ANTON MARENZI durch die Stadt schritt. Im weißen Waffenrock, goldene Aufschläge, den silberglänzenden Degen bis zum Boden, tadellose Haltung. Ein kleiner und fast zierlicher Mann. Sein Blick war streng und doch allseits lebendig teilnehmend, der Mund wortlos hinter dem buschigen Schnurrbart. Der Feldmarschall-Lieutenant Marenzi verkörperte die Ordnung über den Dingen, er war eine ärarische Erscheinung, in seinem Haus war Österreich. Die Kinder, denen das Ärarische gleich war, liefen in den engen Gassen hinter der Piazza Grande zusammen, wenn sie das laute Schlagen der Hufe hörten. Gleich würde die Tür des Hauses Marenzi aufgerissen und heraus kam hoch zu Roß der *generale*. Sie sahen die blankgeputzten schwarzen Stiefel, eine Qualitätsanfertigung des k.u.k. Hoflieferanten Antonio Ferri, die leuchtenden roten Streifen an den Hosen, den blinkenden Degen, und folgten ihm hinaus bis auf die Piazza, die er feierlich im Trab überquerte. Seine Offizierskarriere hatte wie so viele andere in der theresianischen Akademie von Wiener Neustadt begonnen. 1805 in Triest geboren, ließ ihn sein Vater bereits als Zehnjährigen für die Hohe Schule der Disziplin vormerken. Als achtzehnjähriger Fähnrich verließ er Wiener Neustadt und kam nach Brünn, dann ins Hauptquartier Radetzkys nach Monza. Dort war der Vizekönig der Lombardei, Erzherzog Rainer, auf den begabten jungen Mann aufmerksam geworden und wählte ihn zum Erzieher seiner Söhne. Mit seinen Plänen zur Verteidigung der Lombardei erregte Marenzi sogar die Aufmerksamkeit des Grafen Latour. Bei den Unruhen 1848 war der Patriot immer an vorderster Front zu finden. Nach seiner Funktion als Militärkommandant für Kärnten und Krain in Laibach zog er sich in den Ruhestand nach Triest zurück. Das Haus in der Via dei Rettori war zum Teil vermietet. An Bartolomeo Bertolini etwa, einen ehemaligen Hauptmann der napoleonischen Garde. Als Marenzi seine Wohnung benötigte, wollte der Hauptmann sie nicht verlassen und drückte dem kaiserlichen Offizier tiefste Hochachtung, zuweilen sogar in hymnischer Gedichtform, aus. Marenzi ließ den verarmten, schon über neunzigjährigen Krieger wohnen und bezog ein Ausweichquartier. Vom Kaiser ließ sich Marenzi *von Mahrenzfeld und Scheneck* seine uralten Adelstitel bestätigen, einer seiner Vorfahren war Bischof von Triest gewesen, ein anderer Abgesandter des Triester Stadtrates beim Kaiser Karl VI., als es um die Erklärung der Stadt zu Freihafen ging.

Franz Anton Freiherr (k. k. Feldmarschall-Lieutenant) Marenzi von Mahrensfeld und Schönegg.

Im Ruhestand wurde der Graf richtig lebendig, sorgte sich um das Wohl der Stadt, von der Beteiligung an der Wasserleitungsgesellschaft Aurisina bis zu verschiedenen Wohlfahrtseinrichtungen. Er schrieb zahlreiche Artikel über strategische Fragen, die Eisenbahn und sein Lieblingsgebiet, die Geologie. Hier scheint der vielseitige Graf den Bogen überspannt zu haben. Denn sogar der Biograph in Constantin Wurzbachs Lexikon polemisiert gegen Marenzis geologische Schriften wie „*Der Karst. Ein geologisches Fragment im Geiste der Einsturztheorie*" (Triest 1865) und meint, an den kühnen Phantasiegebilden würde sich sehr bald seine eigene Einsturztheorie bewähren. Aber was bedeutet das schon gegen ein erfülltes Leben.

Grade kommen wir vom Friedhof in Barcola zurück, wo wir das umrankte ergraute Grab des Grafen besucht haben. In Roiano steigt ein kleiner, fast zierlicher Mann zu, der seine wachen anteilnehmenden Blicke aber sogleich einer bemerkenswerten weiblichen Erscheinung zuwendet – bevor wir in ihm Pietro Covre, denjenigen, der den Triestiner Feldmarschall mit einer kleinen Publikation wieder aufleben hat lassen, erkennen und uns an ihn wenden wollen, ist er bereits in diese vertieft.[188]

Das 19. war das große Jahrhundert Triests. Da stellte es die ewige Rivalin Venedig weit in den Schatten. Tüchtige Männer wie der 1799 in Venedig geborene PASQUALE REVOLTELLA, dessen Familie nach dem Niedergang der Republik Venedig nach Triest übersiedelt war, konnten in dieser aufstrebenden Stadt ihr Glück machen. Revoltella begann als Zwischenhändler an der Triester Börse und arbeitete dann für das Handelshaus des Schweizer Konsuls Necker. Er wurde einer der Direktoren der Assicurazioni Generali, Gründer des stabilimento tecnico, der bedeutsamsten Industriesiedlung der Stadt, Besitzer des ersten Hotels der Stadt, des Hôtel de la ville, Mitglied des Rates des Österreichischen Lloyd und schließlich Vizepräsident der *Compagnie Universelle du Canal du Suez*, der Gesellschaft zur Errichtung des Suez-Kanals. Seine repräsentative Villa im Zentrum mit Blick auf den Hafen, erbaut durch den Schinkel-Schüler Friedrich Hitzig, war von Anfang an als Kunstmuseum konzipiert. Als Karl Ludwig von Bruck, sein Gönner, infolge einer Verleumdungsaffäre Selbstmord beging, wurde auch Revoltella verhaftet. Bei der Verhaftung soll er seiner Familie noch zugerufen haben „Seid ruhig Kinder, so reich ist kein Kaiser, daß er einen Revoltella verurteilen lassen könnte!" Er blieb nicht lange in Haft und wurde wenig später geadelt. 1866 war es Revoltella, der der siegreich von der Seeschlacht bei Lissa zurückkehrenden Flotte einen triumphalen Empfang bereiten ließ.

Auch wenn ihn das Neue Wiener Tagblatt als *Triestiner Emporkömmling* bezeichnet – er verkörpert das goldene Zeitalter Triests, vor dem Aufkeimen des Nationalismus und dessen Ende in der Barbarei. Die Handelsstadt hat solche Leute groß werden lassen, aber sie haben sich nicht gewissenlos an ihr bereichert. Auch Revoltella war ein großzügiger Mensch, hat für die Bedürftigen gesorgt, eine Handelsschule gegründet[189] und sein Haus samt Kunstschätzen der Stadt zurückgegeben.

---

188 Pietro Covre, Un feldmaresciallo triestino. F.A. Marenzi. Trieste 1981.
189 In diese Schule gingen unter anderem die Brüder Elio und Ettore Schmitz, letzterer später als Autor (Italo Svevo) erfolgreich.

Pasquale Revoltella

So auch CÄCILIA COLLIOUD-RITTMEYER, die Tochter eines aus Genf stammenden Bankiers, die den Triester Handelsherrn Karl Freiherr von Rittmeyer geheiratet und ihr Erbe für die Unterstützung der Witwen und Waisen von Seeleuten des Österreichischen Lloyd zur Verfügung gestellt hat. Die edle Freifrau hat ihre Stadt zur Universalerbin eingesetzt. Das mit ihrem Vermögen gegründete *Istituto Rittmeyer* für bedürftige blinde Kinder wirkt bis in unsere Zeit. Überhaupt können wir heute noch die Stätten der in vieler Hinsicht vorbildlichen Triestiner Bürgerschaft besichtigen: Das Museum Revoltella, die Sammlung des bekannten Musikverlegers CARLO SCHMIDL, Sohn eines ungarischen Komponisten, die er 1922 der Stadt geschenkt hatte, im Haus der Familie MORPURGO, der aus Marburg stammenden Juden, die im 18. Jahrhundert von Görz nach Triest gezogen waren und ein großes Handelshaus führten. Die großbür-

Giulia Cäcilia Freifrau von Rittmeyer, geb. Collioud.

gerliche Wohnung können wir heute noch besichtigen. Gleich beim Südbahnhof hatte sich der aus Griechenland stammende DEMETRIUS ECONOMO eine repräsentative Villa bauen lassen, und auch sie birgt heute eine Kunstsammlung. Oder die Villa Sartorio – GIOVANNI GUGLIELMO SARTORIO war aus Ligurien zugewandert, in Klagenfurt, Wien und Triest ausgebildet worden und einer der Initiatoren des Lloyd Austriaco. In dem Familiensitz ist neben Wohnräumen auch eine bemerkenswerte Kunstsammlung zu besehen. – Alles das ist heute nichts als Erinnerung, der Stadt wieder anheimgefallen, und es fällt ihr ganz offensichtlich schwer, diese wach und in einem würdigen Zustand zu halten.

Längst wurden in Triest ganz andere Helden verehrt, Irredentisten wie der Attentäter Wilhelm Oberdank, der bürgerliche Jude Felice Venezian, oder Nazario Sauro, der im Krieg die Seiten gewechselt hatte.

Angelo Vivante, der große Theoretiker des „adriatischen Irredentismus", hatte aufgezeigt, daß Triest durch einen möglichen Anschluß an Italien seine bedeutende Stellung unwiederbringlich verlieren müsse. Im Augenblick des Kriegseintritts Italiens brachte er sich um. Was für ein furchtbares Mißverständnis: Es war nie darum gegangen, Triest deutschsprachig zu machen; es sollte österreichisch sein, Hafen eines übernationalen Mitteleuropa; und dabei spielte die Sprache selbst keineswegs die entscheidende Rolle, sondern gerade die Mehrsprachigkeit.

So manchen heimatlos gewordenen Altösterreicher ließ die Stadt und vor allem die traumhafte Landschaft, der Karstbogen um eine geräumige Meeresbucht, nicht los.

So JULIUS KUGY. Wo sollte er hin nach dem Krieg?

„Als ich nach Triest zurückkam, verkaufte ich unser Familienhaus. Dann zog ich mich auf den dringenden Rat meiner Familie und meiner Freunde von den Geschäften zurück. Ein Hafen ohne Hinterland erschien allen und so auch mir ein unsicheres und gefährliches Arbeitsfeld ..." [190]

In Triest hatte sich der Geschäftsmann seinen Lebenstraum erfüllt: Er hatte sich eine eigene Orgel erbauen lassen. Nach langem Suchen und Träumen von gewaltigen Kuppeln und mächtigen Kathedralen fand er den Ort: Die Kirche des Mechitaristenklosters der Armenier in der *Via dei Giustinelli*, einst Ort des Sonntagsgebets des Erzherzogs Maximilian. 1884 war es soweit, die Firma Rieger Orgelbau aus Jägerndorf in Österreichisch Schlesien übergab ihm die prächtige Orgel. Ein Vertrag war ausgearbeitet worden, der es ihm gestattete, von 10 bis 22 Uhr zu spielen, nicht erlaubte, öffentliche Konzerte zu geben, aber mit seinem Chor zu musizieren. Gnadenlos kämpfte Kugy gegen einen Nachbarn, den die Musik störte. Ansonsten gab es Begeisterung. Der Chor feierte Erfolge mit der Musik Palestrinas. Selbst der Gärtner im Hause Kugy war von der Musik ergriffen. Zu Bach sagte er *questa xe musica che passa per il zervel* und nicht selten konnte man ihn Bach-Fugen pfeifen hören. Kugy war begeistert in allem was er tat. Um größerer Fußfertigkeit an der Orgel zu erlangen, ließ er sich Ballettschuhe mit Stöckeln anfertigen ...

1984 war die Orgel von der Firma Rieger, mittlerweile in Vorarlberg wieder angesiedelt, auf Betreiben des rührigen Pater Hans Ammer wiederherge-

---

[190] Julius Kugy, Arbeit, Musik, Berge. Ein Leben. München ⁴1925. S. 281.

Dr. Julius Kugy.

stellt worden und untermalt seither die Messen der kleinen deutschsprachigen Gemeinde von Triest, die sich allsonntaglich in urchristlich verschwörerischer Weise an diesem Ort einfindet.[191]

Noch lange nach dem Untergang seiner geistigen Heimat sah man den alten Mann mit seiner Botanisiertrommel des Karst abwandern, Contovello, Prosecco, Trebisch, Padritsch, Lipizza, überall fand er Besonderes, empfand Dankbarkeit und ließ nicht ab, die von ihm beseelte Natur zu loben. Er gedenkt der Zeiten, als man im kaiserlichen Gestüt Lipizza – nun italienisch und heute slowenisch, mit Golfplatz – sich noch frei bewegen konnte, den gebührenden Respekt vor der Natur vorausgesetzt. 1941, er polemisiert gegen die fremden, „reichsdeutschen" Karstläufer, die deutschen Biologen, die die einheimischen Namen nicht einmal richtig aussprechen und den *Monte Spaccato* zum *Spagatberg* verkommen lassen ... „*Schlimm nur, daß ich ‚so alt bin worden' und nicht mehr hingehen kann, mich persönlich zu bedanken*".[192]

Es war in den frühen achtziger Jahren. Ein Triestbesuch und die aufregende Entdeckung einer ganz neuen Dimension der eigenen Geschichte. Der Herr, der da eben in aufrechter Haltung über die Piazza schritt, blieb mir im Gedächtnis. Meine Begleiterin auf meine Frage: *Ma questo è il barone!* Man mußte offenbar wissen, wer der *barone* sei. Ich hatte keine Ahnung! Die Dame, die man öfters im langen Kleid mit Sonnenschirm im Stil der Jahr-

---

191 Vgl. Daniele Ravalico, Torna a suonare l'organo di Kugy. In: Il Meridione. 2. April 1992. Kugy war übrigens jahrelang Obmann des Schillervereins, des deutschsprachigen Kulturvereins in Triest, gewesen.
192 Julius Kugy, Aus vergangener Zeit. Graz 1943. S. 219.

hundertwende über die Piazza wandeln sah, kannte ich schon, sie war die etwas verrückte Frau eines Anwalts, hieß es. Aber der BARON GOTTFRIED BANFIELD? Nie gehört. Bei uns ist das größere Österreich aus der Erinnerung gelöscht und, in den Zeiten des Ständestaates, auf ein kleines „deutsches" Alpenland zurechtgestutzt worden. Schon Gottfried Banfield hat darin keinen Platz mehr, obwohl er reinste österreichische Geschichte bedeutet:

Die Banfields waren Iren normannischer Herkunft. Sein Großvater war noch Offizier in der britischen Armee und kam als Sprachlehrer an den Hof des Bayernkönigs, darauf nach Wien und heiratete eine Wienerin. Der Sohn Richard Mitis Banfield, der Vater Gottfrieds, ließ sich in Istrien als Linienschiffahrtskapitän nieder. Gottfried kam in die Marinevolksschule von Pola, dann in die Miltiär-Unterrealschule St. Pölten, schließlich in die Marineakademie in Fiume. Der Admiral Rudolf Montecuccoli schickte den jungen Mann nach Wiener Neustadt zur Fliegerausbildung. Die Fliegerei war damals noch ziemlich bodennah, es gab einige Etrich-Tauben, die Lohner-Werke experimentierten mit Flugschiffen und die Motoren kamen von Austro-Daimler. Auch Camillo Castiglione, der Sohn des Oberrabbiners von Triest und dubioser Wirtschaftsmagnat, setzte schon vor 1910 auf die Produktion von Flugzeugen. In Triest wurde dann eine Seeflugstaffel gegründet, die mit ein paar Flugzeugen nahe dem Lloyd-Arsenal untergebracht war. Als Italien in den Krieg eintrat, verteidigte Banfield mit ein paar Piloten und Technikern den Luftraum über Triest. Sein spektakulärstes Manöver war, als er sich von hinten in eine anbrausende Staffel Caproni-Jäger mischte und diese einzeln im Zweikampf abdrängte und kampfunfähig machte oder zur Umkehr zwang.[193] Der Kaiser zeichnete ihn am 17. August 1917 für seine Tapferkeit mit dem Maria-Theresien-Orden aus.

Nach dem Krieg war Banfield wie alle wirklichen Österreicher vollkommen heimatlos. Er geriet für wenige Tage, durch Denunziation, in italienische Gefangenschft. Seine Braut Maria Tripcovich konnte dem im Kerker Hungernden allerdigs, durch Bestechung der Wächter, einiges an Nahrung zustecken.[194] Zunächst ging der Baron nach Österreich und arbeitete als Techniker bei den Austro-Daimler-Werken, später bei Škoda. Er heiratete Maria Contessa Tripcovich, aus der um 1700 aus Kroatien nach Triest zuwanderten Familie. Banfield

---

193 Baron Gottfried von Banfield. Der Adler von Triest. Graz 1984. S. 69 f.
194 Vgl. Lothar Baumgartner: Kriegstagebuch 1914–1918 des Linienschiffsleutnants Heinrich Bayer von Bayersburg (1889–1980). In: Österreichische Militärgeschichte Folge 3, 1995 S. 54 ff.

Baron Gottfried Banfield in Uniform eines Fregattenleutnants.

kehrte 1925 nach Triest zurück, trat in das Schiffahrtsunternehmen seines Schwiegervaters ein und baute eine eigene Sparte der Schiffsbergung auf. Auch darin war er sehr erfolgreich. Die Räumung des Suez-Kanals nach dem Krieg von 1956 war eine seiner vielbeachteten Leistungen. In der Villa Tripcovich feierte der Baron noch in den achtziger Jahren wie immer am 20. Juli ein Fest zum Gedenken an die Seeschlacht von Lissa, als einer der letzten Bewohner des alten *übernationalen Mitteleuropa*. Heute erinnert unter anderem noch ein Waisenhaus an Gottfried Banfield.

In der dreißiger Jahren, gerade als der Nationalismus in Triest blühte, war eine Familie von Wien nach Triest gezogen, um dort eine Kaffeefirma zu gründen. Es waren die aus Ungarn stammende Familie Illy. Das erzählt uns RICCARDO ILLY, den wir um ein Gespräch gebeten haben, im Rathaus von Triest. Wir haben es durch das Stiegenhaus betreten, wurden im Halbstock, einem abgenutzten, etwas schmierigen Bürotrakt, auf den Lift verwiesen, der uns in den repräsentativen Teil des Gebäudes hob. Hier warten wir zunächst, im klassizistischen Warteraum, Stukkatur aufgemalt, Möbel etwas abgeschlagen aber frisch tapeziert, an der Wand ein großer Hans Makart: Triumphzug mit Schiff. Wie das paßt! Ein dienstbarer Geist hat uns ins Büro des Bürgermeisters Illy geführt. Ein sportlicher jugendlicher Mann, guter Schifahrer und Segler, das sieht man ihm geradezu an, begrüßt uns mit klarem Blick aus blauen Augen. Er bietet uns an, das Gespräch auf Englisch zu führen. Nein, Englisch finden wir hier ganz unpassend. Noch dazu wo Illy ganz gut Deutsch spricht, er hat es in seiner Jugenzeit zu Hause gesprochen.

Wir denken an die Beschreibung des Joseph S. beim Besuch des Handelshauses Kugy in Triest:

Da lagerten Tausende von Säcken Kaffee. Brasilkaffees, die Rio, Santos, Mi-

nas, Campinas, bis hinab zu den gemeinen Capitania und Victoria. Der ausgezeichnete Brenner Manillas. Dann die feineren Produkte der zentralamerikanischen Inseln, die kräftigen San Salvador, die San Domingo mit der schlanken, weissen Bohne, die festgefügten Portorico, von den gewöhnlichen gebleichten über die Cyrnos, Florida, Estrella aufwärts bis zur geradezu fürstlichen Marke der berühmten Plantage Perialdi …

Wir, die wir all diese Namen nicht einmal kennen, fragen den Miteigentümer der Kaffeefirma, ob die Kaffeekultur in unseren Tagen nachgelassen habe. Er beruhigt uns, das war immer schon Spezialwissen. Er hatte es sich bei Herrn Liechtenstein, auch einem Österreicher in Triest, aneignen können. Da bringt eine junge Dame wie abgesprochen den Kaffee: kurz, schwarz, ohne Zutaten. Triest war der große Kaffeehafen Mitteleuropas gewesen, in Wien hatte sich ja diese muselmanische Sitte besonders tief festgesetzt. Eine Struktur, die sich über die Zeiten hinweg erhalten hat, wie Illy ausführt. Der Triester Hafen verfügt über die ganze Kette der Kaffeeverarbeitungsanlagen; von der Sortierung bis hin zur Dekoffeinierung.

Eine andere Tradition, die uns in dem Moment auffällt: Die Triester Erscheinungen, denen wir nachgegangen sind, haben durchwegs auffällig starken Gemeinsinn entwickelt: Bürgermeister Illy, kein Parteigänger, sondern durch Direktwahl ins Amt gekommen, verzichtet auf sein Bürgermeistergehalt. Sicher, er kann es sich leisten; aber wer, der es sich leisten könnte, tut es wirklich? Wer sieht seine Arbeit als Dienst an der Gemeinschaft?

Die Sekretärin hatte uns einen Bericht des Bürgermeisters zugefaxt: *Triest – Tor zwischen Italien und dem neuen Europa*. Er ist getragen von der Hoffnung, die gegenwärtigen Veränderungen in Europa für seine Stadt zu nutzen. Ausbau des Hafens, weitere Ansiedlung von wissenschaftlichen und Bildungs-Einrichtungen, Verkehrsanbindungen. Der Bericht ist von einer equilibristischen Ausgeglichenheit, die uns gerade an diesem Ort völlig neu ist. Wir sprechen den Bürgermeister auf die ungewöhnlich starke Präsenz von faschistischen Monumenten und Aufschriften an – er verweist uns auf das Sisi-Denkmal, im Volksmund *Illysabeth* genannt, das den Leuten gefällt. Wir erwähnen, daß das Teatro Verdi wohl Interessanteres erlebt habe (Pertsch, Tommasini, Cassis, Hierschel, Rossetti fallen uns auf Anhieb ein), als daß 1848 in seiner Nähe ein paar Irredentisten mit der italienischen Trikolore in der Hand *Italia* geschrien haben, wie die Epitaphe an der Hauswand betonen. – Illy verweist uns auf die Widersprüchlichkeit der Stadt. Wir sprechen die oft lähmende Triestiner Habsburger-Nostalgie an. – Unser Gegenüber verweist uns auf die größere Dimension der Vergangenheit, die unter anderen Vorzeichen wiedergewonnen werden soll. Wir sprechen von den faschistischen Ansprüchen auf Istrien, die auch bei halboffiziellen Feiern wie jenen zum Todestag des „Märtyrers" Nazario Sauro immer wieder auftauchen – Der Bürgermeister verweist uns auf die Verbindungen mit Laibach, Agram und Pola (und wie zur Bestätigung kommt die Sekretärin gerade mit einer dringenden Anfrage des Bürgermeisters von Koper herein), die er gerade jetzt intensiviert. Wir lenken die Aufmerksamkeit auf das unerträgliche Verkehrschaos, das diese Stadt heimsucht, erinnern an die gepflegten oberitalienischen Städte mit ihren ruhigen, von Radfahrern beschaulich durchquerten Stadtkernen. – Er selbst sei mit dem Rad unterwegs, sagt Illy, und verweist uns auf das geniale Projekt eines Elektrobusses mit magnetischer Unter- statt Oberleitung …

Wir sind beeindruckt und danken für das Gespräch. Der Mann weiß genau was er sagt, und was nicht. Vor allem bedeutet diese außergewöhnliche, über den Grenzen stehende Persönlichkeit eine große Chance für die Stadt. Bei den vielen Gesprächen mit den Triestinern zeigt sich dann: Sie lieben ihn nicht besonders, die Einschränkungen des Autoverkehrs und neuerdings die Strafen für Falschparken sind sehr unbeliebt. So auch die slawischen Nachbarn. Schließlich war die Slawenfeindschaft die einzige Konstante der Triestiner Politik der letzten fünfzig Jahre. Unser Fliesenleger hat Illy für einen Slowenen gehalten, der die Stadt den Slawen öffnen will. Typisches Abgrenzungsphänomen, würde der Psychologe sagen. Aber eine Schicksalsfrage in einer Stadt der Grenzen.

Unerlöste Stadt

Sowohl dem flüchtigen als auch dem historisch interessiertem Besucher vermittelt das Triest der Gegenwart eine ambivalente Atmosphäre. Das Stadtbild zerfließt. Es gibt keinen gewachsenen Kern, keinen Platz, der nach typisch italienischem Muster die Menschen zusammenführt und dort bindet, bevor sie wieder, ihren Geschäften nachgehend, sich in alle Richtungen verzweigen. Dagegen breit und geradlinig geschnittene Straßenschluchten, ein veröderter Hafen, eine leere piazza grande, der Rest einer Altstadt, teils völlig devastiert, teils bemüht instandgesetzt, auf dem Hügel die alte Kathededrale von San Giusto neben den noch älteren Grundfesten der spätantiken Basilika und dem faschistischen Siegesdenkmal von 1938, eine Stadt ohne Anfang und ohne Ende.

Der historisch interessierte Besucher gewahrt die altösterreichische Architektur aus der Gründerzeit, wie sie aus Wien, Prag, Lemberg oder Krakau bekannt ist; er sieht Zeugnisse der Triestiner Hoch-Zeit als Handels- und Hafenstadt, fährt mit der Tram *linea 2* hinauf nach Opicina und fühlt sich in der Stadt nicht als Fremder. Nostalgie heißt das Zauberwort vieler Menschen von jenseits der Grenze, die ihren Weg in die alte österreichische Adriametropole finden. Das äußerliche Bild der Stadt wird, zumindest seit einigen Jahren, von einem Teil ihrer Bewohner verstärkt. Sowohl Doppeladler-Pickerl am Fond des Autos als auch entsprechende Nostalgie-Veranstaltungen in Form von Ausstellungen und anderen *events* sowie verbale Äußerungen über Austria und Mitteleuropa vermitteln einen Hauch von herbeigewünschter k.(u.)k. Atmosphäre. Jenes Kaffeehaus, in dem früher die Irredentisten der Stadt ihre Versammlungen abhielten, ist heute bevorzugter Treffpunkt schwarz-gelber Reminiszenzen.

„Gramophone records of old songs appeared, followed by records of Austrian military marches and other such patriotic music. Their sleeves show photographs of World War I and also newspaper cuttings of Trieste's old war bulletins which describe the Italians as enemies. [...] Bookshops stock large reproductions of the Emperor in his grey-green ‚lucarini' shooting cloths. ‚Old Austria' social societies have come into being and books which glorify Trieste's Austro-Hungarian past have been published. Cars carry stickers with Trieste's imperial crest, the Habsburg twoheaded eagle on a black-and-yellow field. The ‚double-headed monster' has once more become a favourite pet."[195]

Triest ist isoliert, sowohl geographisch als auch kulturell, ein Stück heimatloses Europa, das auch 80 Jahre nach dem Untergang des alten Abendlandes noch nicht zu sich selbst gefunden hat. Kaiserliches Österreich, faschistisches Italien, adriatisches Küstenland unter nazideutscher Verwaltung, alliierte Besatzungszone, Freistaat, Republik Italien, das geht nicht spurlos vorüber. Dazu die Randlage in unmittelbarer Nachbarschaft zu Jugoslawien, Slowenien und Kroatien, bewohnt von *esuli*, Exilantenbewohnern aus Istrien, welche die Halbinsel vor ihrem geistigen Auge nach wie vor als Bestandteil Italiens sehen. Triest ist – schwer faßbar.

---

195 Alfred Alexander, The Hanging of Wilhelm Oberdank. London 1977, S. 210.

Der britische Autor Alfred Alexander meint in seinem Buch über den 1882 hingerichteten Irredentisten Wilhelm Oberdank, daß der nach rückwärts gerichtete Blick vieler Triestiner nicht reaktionären Gedanken, sondern dem wirtschaftlichen Niedergang der ehemals großen Hafenstadt entspringt. Der Seeverkehr Triests war von 1,225.000 Tonnen im Jahr 1880 auf fast 3,5 Millionen Tonnen im Jahr 1913 angestiegen. Österreichische Industrieerzeugnisse fanden über Triest ihren Absatz in der Türkei, in Ägypten und Syrien. Auch die Auswanderungsbewegung aus ganz Mitteleuropa nahm zum Teil ihren Weg über Triest, und die Dampfer der „Austro-Americana", der späteren „Cosulich-Linie", brachten die ihr Glück Suchenden ins gelobte Land Amerika.

Triest unter den Schwingen des Doppeladlers war im 19. und zu Beginn des 20. Jahrhunderts eine zerrissene Stadt: Widerborstig und angerührt gegenüber der mißtrauisch gen Adria äugenden Zentralmacht, aber in seiner gesamten wirtschaftlichen Existenz von ihr abhängig. Zu diesem Thema wollen wir kontroversielle Meinungen zu Wort kommen lassen, wobei, in Anbetracht der diffizilen Lage um die Jahrhundertwende, die Aussagen eben nicht in der üblichen Schwarzweißmalerei abgehandelt werden sollen.

Hermann Bahr versus Bobi Bazlen. In seinem Büchlein „Dalmatinische Reise" aus dem Jahr 1909 versucht Bahr, der Zerrissenheit Triests auf den Grund zu gehen.

„Merkwürdig ist Triest. Die schönste Landschaft. Schöner als Neapel. Aber gar keine Stadt. Man hat das Gefühl, hier überhaupt nirgends zu sein. Es kommt einem vor, man bewege sich im Wesenlosen. Hier hat sich nämlich der Staat das Problem gestellt, einer Stadt ihren Charakter vorzuenthalten. Natürlich geht das nicht, es ist doch eine italienische Stadt. Aber sie darf nicht. Daher der Unwille, den man hier überall spürt. Es ist eine Stadt, die eine unwillige Existenz führt. Was sie ist, soll sie nicht sein, und gegen den Schein, zu dem man sie zwingt, wehrt sie sich. Nun stößt sich aber der Staat damit selbst vor den Kopf. Er braucht die Stadt. Er braucht sie stark und groß. Doch Kraft und Größe lassen sich nicht verordnen. Der Staat tut alles, um die Stadt zu verkrüppeln, und wundert sich dann, wenn sie nicht wächst. Auf jede Forderung der Stadt antwortet er: Werdet zuerst Patrioten, dann wird man etwas für euch tun! Während sich die Leute natürlich denken: Tut erst etwas, wofür es sich lohnt Patrioten zu sein."[196]

---

196 Hermann Bahr, Dalmatinische Reise. Berlin 1909, S. 8 ff.

Krieger(verherrlichungs)denkmal auf dem Platz des kapitolinischen Tempels (1. Jh. n. Chr.) bei San Giusto.

Hinter der ungelösten Frage einer italienischen Universität für Triest vermutet Bahr eine typisch österreichische Eigenart.

„Nun sagt jeder Triestiner, wer es auch sei: Wir müssen die italienische Universität kriegen! Und jeder vernünftige Mensch in Österreich sagt: Die italienische Universität muß nach Triest! Alle sind einig. Darum geschieht es nicht. Denn wenn in Österreich alle einig sind, glaubt man, daß etwas dahinter stecken muß." [197]

Soweit Hermann Bahr, der deutsche Österreicher, der sich mit dieser Aussage gegen Wien stellt. Roberto (Bobi) Bazlen, der im allgemeinen Schatten stehende Triestiner Schriftsteller (1902–1965), stellt sich mit seiner Aussage gegen den Irredentismus:

„Die Stadt kämpft also um ihre Italianität, Österreich jedoch gewährt alles. Triest bekommt alles, was es braucht und so viel, daß, wie man mir versicherte, eine der größten Geschicklichkeiten der irredentistischen Politik darin bestand, eine italienische Universität in Triest zu fordern und sie sich gleich-

---

[197] Ebda. S. 10.

Anschaulicher Faschismus: Alpini-Denkmal vor der Piazza Unità d'Italia.

Canale Grande im Borgo Teresiano.

zeitig verweigern zu lassen. Hätte man sie bekommen, hätte man nämlich keine Argumente mehr gehabt. Diese Stadt nun, in der man einen venezianischen Dialekt spricht, und ihr Hinterland, wo man einen slawischen Dialekt spricht, werden einer einwandfreien österreichischen Bürokratie anvertraut, die jedoch deutsch spricht. Eine Welt der hohen Bürokratie, meist Aristokraten mit blonden Töchtern und Gouvernanten, mit Bösendorfer Flügeln und Alt-Wiener Porzellan und Biedermeier-Möbeln, die alles erlauben und die (mit mehr Stil jedoch) liberaler sind als die italienischen Irredentisten, und die gezwungen werden, hin und wieder etwas zu verbieten, wenn beispielsweise igendeiner der zahllosen Sem Benelli nach Triest kommen will, um eine Demonstration für den Mangel an italienischem Taktgefühl abzulegen; die nur dann verhaften, wenn sie nicht wirklich anders können, ungemein irritiert, daß sie so etwas tun müssen – und dann gibt es große Skandale, Obskurantismus, Mittelalter, Anfragen im Parlament, es lebe die Freiheit." [198]

Triest war ein einziger Widerspruch. Wanderte man durch die Stadt, begegnete man an allen Ecken und Enden Zeugnissen der österreichischen Herr-

---

198 Bobi Bazlen, Interview über Triest. In: Europa erlesen – Triest. Klagenfurt 1997, S. 117 f.

Einweihung des Elisabeth-Denkmales 1912; nach dem Ersten Weltkrieg entfernt, 1997 wieder aufgestellt.

schaft, vor allem Denkmäler: Kaiser Karl VI. und Herzog Leopold III. blickten als Säulenheilige von ihrem hohen Piedestal auf die Stadt herab (sie blicken auch heute noch), Erzherzog Maximilian, in Admiralsuniform gekleidet, richtete seinen Blick auf das weiß herüberschimmernde Schloß Miramar (sein Standbild wurde später in den Park von Miramar verlegt), und auf der Piazza Stazione wurde als eine der letzten in Stein gehauenen und Erz gegossenen Manifestationen Österreichs im Dezember 1912 ein Standbild der verewigten Kaiserin Elisabeth enthüllt. (Sisi wurde nach dem Ersten Weltkrieg demontiert und im August 1997 wieder hingestellt.) Dieses und eine in unmittelbarer Nähe auf einem hohen Steinsockel stehende dralle Mädchenfigur, mit dem Wappen Triests geziert und vom Doppeladler überschwebt, wurden vorsichtshalber von einem behelmten Sicherheitswachmann observiert. Die Denkmäler könnten ja in die Luft fliegen. Der Polizist war, wie viele anderen Angehörigen des Triestiner Polizeikörpers, Slowene von Nation, was die ganze Sache nicht eben einfacher machte, wurde doch das Hereindrängen der im Umkreis lebenden Slowenen in die Stadt von den italienischen Triestinern mit sehr scheelen Blicken beobachtet.

Eine weitere österreichische Eigenart in Triest war die große Zahl der Bierhallen, wohl einzigartig in einer italienisch geprägten Stadt. In der Via S. Nicoló machten einander die „Puntigamer Bierhalle" und „Berger's Bierhalle" Konkurrenz, auf der Piazza della Borsa ebenso „Drehers Bier-Palast" und die „Steinfelder Bierhalle". Weitere Möglichkeiten, sich in gepflegter Hallenatmosphäre der Gerstensafteinnahme hinzugeben, bestanden u.a. in den Bierrestaurationen „Pilsner Bierhalle", „Zum Eiskeller" und „Zum Kärntner".

1880 zählte die Stadt 170.000 Einwohner, davon 26.000 Slowenen. 1910 war die Zahl der Slowenen auf beinahe 60.000 angewachsen, außerdem lebten zu dieser Zeit fast 40.000 *regnicoli*, italienische Staatsbürger, in Triest. Die Gesamteinwohnerzahl betrug 1910 somit 240.000 Personen.

Die Zunahme der italienisch-nationalen Tendenzen in Triest wurde von seiten Italiens lebhaft unterstützt. Es galt, Welsch-Tirol, Triest und Istrien vom österreichichen Joch zu erlösen. Triest wurde zu einer Hochburg der *irredenta*, der Bewegung zur „Erlösung unerlöster Gebiete". Die „Erlösung" wurde einerseits zum nationalen Anliegen des italienischen Königreiches, andererseits übte man sich in Triest in aktiver und passiver Opposition gegen die österreichische „Besatzungsmacht": Auf den Turm des Rathauses wurde hie und da die italienische Trikolore gepflanzt, die Offiziere der Stadtpolizei und der Feuerwehr erhielten eine Uniform, die derjenigen der italienischen Kavallerieoffiziere zum Verwechseln ähnlich war, die Offiziersdegen zierte das savoyische Wappen, und von 1882 bis 1907 blieben die Triestiner Abgeordneten dem Reichsrat in Wien fern.

Dazu kam es zwischen 1868 und 1892 zu einigen Bombenanschlägen, vor allem aber zum Einsatz sogenannter „Petarden", Knallkörper, die viel Lärm, aber für gewöhnlich keinen Schaden anrichteten. Der Staat antwortete mit Gerichtsprozessen und Verurteilungen, Beschlagnahmungen von Zeitungen und Pressezensur. Eines der strengsten Urteile wurde 1890 gefällt, nachdem ein Bub bei der Explosion einer Petarde ein Auge verloren hatte: der „Petardeur" wurde zu dreieinhalb Jahren Kerker verurteilt.

Ein eigenes Kapitel ist das geplante Attentat auf Kaiser Franz Joseph anläßlich der Feierlichkeiten „500 Jahre Triest bei Österreich" im Jahr 1882. Hauptdarsteller der Tragödie ist ein junger Mann namens Wilhelm Oberdank, der später als „Guglielmo Oberdan" in den italienischen Märtyrerhimmel aufgenommen wurde. Der Lebensweg Oberdanks steht exemplarisch für das kompliziert gebaute Bild des Triestiner Irredentismus. Oberdank wurde 1858 als uneheliches Kind geboren und wuchs in ärmlichen Verhältnissen auf. „Sein Vater war ein Fremder, dessen Namen ich nicht kannte. Er hat sich nie weiter um uns gekümmert. Ich habe ihn nie mehr wiedergesehen", so Oberdanks Mutter

Die Todeszelle von Wilhelm Oberdank wurde zur faschistischen Weihestätte.

Josefine gegenüber einem damaligen Zeitungsreporter.[199] Bald nach der Geburt des Sohnes heiratet Josefine Oberdank einen *facchino,* einen Schiffslader namens Ferenczicz und bringt drei Kinder zur Welt. Die Familie Ferenczicz in der Via Belvedere lebt das Leben der armen Leute, die sich etwas vom Mund abspart, um den ältesten Sohn etwas lernen zu lassen. Wilhelm Oberdank stellt sich als ein begabter Schüler heraus, ist besonders der Mathematik und Technik zugetan und erhält aufgrund seiner guten Leistungen ein Stipendium der Stadt Triest. Er geht nach Wien, um dort Mathematik zu studieren. Josefine Ferenczicz: „In Wien erhielt er noch von uns Unterstützung und war sehr brav."[200] Die Zäsur in Oberdanks kurzem Leben besteht in seiner Einberufung

---

[199] Neues Wiener Tagblatt 20. 9.1882.
[200] Ebda.

zum Militär im Zuge der Okkupation Bosniens und der Herzegowina im Jahr 1878. Oberdank rückt als Einjährig-Freiwilliger zum Triester 22. Linien-Infanterie-Regiment ein. Beim Durchmarsch durch Triest desertiert Oberdank gemeinsam mit einigen anderen und geht nach Rom, wo er sich dem irredentistischen Kreis „Circolo Garibaldi" anschließt und für die Befreiung Triests vom österreichischen Joch agitiert. In der österreichischen Presse wird er später als Heißsporn und exzentrischer Kopf[201] beschrieben.

Am 2. August 1882 explodiert in einem in Triest veranstalteten Veteranenzug eine Bombe, durch die eine Person getötet und eine weitere schwer verletzt wird. Als Mittäter stellt sich später Wilhelm Oberdank heraus. Sein Meisterstück wollte er allerdings in der Ermordung Kaiser Franz Josephs bei seiner Anwesenheit in Triest anläßlich der 500-Jahres-Feier liefern. Am 16. September 1882 überschreiten Oberdank und drei weitere Personen illegal die Grenze, werden aber in Ronchi von einer Gendarmeriepatroullie aufgegriffen. Als die Gendarmen im Gepäck der Männer eine Bombe entdecken und die Männer festnehmen wollen, kommt es zu einer gewaltsamen Auseinandersetzung. Die Verdächtigen geben mehrere Schüsse ab und verletzen den Gendarmerieführer Tomasini an der Hand. Zwei der Männer entkommen, die anderen können festgenommen werden, unter ihnen Wilhelm Oberdank. Beim Polizeiverhör in Triest gibt Oberdank auf die Frage, was er in Triest vorgehabt hätte, zur Antwort: *„Den Kaiser von Oesterreich grüßen."*[202] Oberdank wird im darauffolgenden Prozeß wegen Desertion vor dem Feind und wegen versuchten Mordes und Hochverrats von einem Militärgericht zum Tode verurteilt. Für die Mittäterschaft am Bombenanschlag vom 2. August wird ein weiteres strafgerichtliches Verfahren eingeleitet. Oberdanks Mutter Josefine Ferenczicz begibt sich nach Wien, um dort bei Ministerpräsident Eduard Taaffe ein Gnadengesuch einzureichen. Vergeblich. Der Mutter wird beschieden, daß für den Fall ausschließlich das Militärgericht zuständig sei. Am 20. Dezember 1882 wird Wilhelm Oberdank in der Caserma grande durch den Strang hingerichtet.

Die Absicht der österreichischen Militärjustiz, an Oberdank ein Exempel zu statuieren, endet fatal. Der erfolglose Attentäter wird in Italien zum Märtyrer der Nation stilisiert, Straßen und Plätze werden nach ihm benannt. In Triest entsteht nach dem Anschluß der Stadt an Italien ein Wallfahrtsort rund

---

201 Neues Wiener Tagblatt 19.9.1882.
202 Ebda.

Bilder der Vergangenheit: Hafentreiben in Triest.

Piazza Grande mit Statthalterpalast (li.) und Generali-Gebäude (re.).

um Oberdanks in faschistischer Manier adaptierter Todeszelle. Sie ist auch heute noch zu besichtigen, wenngleich das geringe Interesse keine regelmäßigen Öffnungszeiten mehr erlaubt. Das Todesdenkmal des Triester Irredentismus ist leicht zu finden: Es befindet sich, richtig, an der Piazza Oberdan.

Auch der Thronfolger Erzherzog Franz Ferdinand von Österreich-Este war sich nicht sicher, ob ihn anläßlich seiner Triest-Visite im Jahr 1906 nicht *ein irredentistisches Bömberle erwartet*[203]. Doch es kam anders.

„Als der Zug in der großen Triester Bahnhofshalle eingefahren war und Franz Ferdinand auf die an ihn gerichteten Ansprachen in deutscher Sprache zu antworten begann, herrschte in der dichten Menschenmenge eine unheimliche Totenstille! Umso lauter setzte demonstrativer Jubel ein, als die ersten italienischen Worte von seinen Lippen kamen – der Erzherzog mußte infolge des zum Ausdruck gebrachten südlichen frenetischen Temperamentes seine Rede wiederholt unterbrechen."[204]

---

203 Zit. bei Paul Mechtler, Erinnerungen des Dr. Karl Freiherrn von Banhans, in: MÖSTA 12, 1959, S. 386.
204 Ebda.

Börsenplatz mit Restaurant „Dreher" (Mi.) und „Berlitz School" (re.), Arbeitsplatz von James Joyce 1905 bis 1914.

Gegen die dahinschwelende, nationalen Avancen entspringende politische Dauerkrise kam auch der vorletzte Statthalter Triests, Prinz Konrad zu Hohenlohe-Schillingfürst, nicht an. Hohenlohe war zuvor Landespräsident der Bukowina gewesen, wo er sich durch sein kluges politisches Verhalten ausgezeichnet hatte, und anschließend kurzzeitiger k. k. Ministerpräsident, als der er sich jedoch erfolglos um eine Wahlrechtsreform bemüht hatte. Ihm war von konservativen Kreisen übelgenommen worden, daß er das Vertrauen der Sozialdemokraten erlangt hatte. Mit seiner entgegenkommenden Politik gegenüber den lokalen Forderungen der italienisch-nationalen Vertretungen Triests konnte er allerdings auch keine Seite zufriedenstellen. Hermann Bahr begegnet dem Prinzen, als er mit der Tram nach Opicina (damals noch Opčina) hinauffuhr, und beschreibt ihn als bescheidenen, wenn auch etwas illusionslosen Menschen.

„Wie wir auf der Piazza della Caserma in die Elektrische steigen, fällt mir drin, unter armen Leuten sitzend, Marktweibern mit großen Körben und Dienstmädchen in fransigen Tüchern, ein hochgewachsener stämmiger Herr auf, der mich irgendwie von fern an den bulgarischen Fürsten erinnert, mit einer Dame, die einmal sehr schön gewesen sein muß. Ich höre, daß es der Statthalter ist, Prinz Hohenlohe, der vor einigen Jahren einmal ein paar Wochen Minister war, aber, als ihm zugemutet wurde, von seiner Meinung und

vom Rechten abzustehen, lieber wieder ging. Seitdem heißt er der rote Prinz; eine Meinung zu haben gilt ja hier für anarchistisch. [...] Er, fünfundvierzig Jahre alt, unverbraucht, tätig und tüchtig, sitzt hier im Winkel und wünscht es sich nicht anders. [...] Er ist hier beliebt, den Leuten gefällt sein offenes, unverdrossenes Wesen. Auch die bösesten Italiener mögen ihn. Nur ist es freilich töricht zu glauben, daß sie, weil sich einmal ein Statthalter verständig und natürlich beträgt, nun gleich versöhnt sein müßten." [205]

Einer der wenigen, die gegen den sich gefährlich zuspitzenden Kurs segelten, war der Italiener Angelo Vivante, der 1912 in Florenz das Buch „Adriatischer Irredentismus – Beiträge zur Diskussion über die Beziehungen zwischen Österreich und Italien" veröffentlichte. Vivante analysierte den Irredentismus als politische Chimäre, die sich von Utopien nähre. Und er erkannte, daß Triest unter Italien verkümmern würde und seine privilegierte Stellung an der Adria zu Ende wäre. Viele Freunde machte sich Vivante mit seiner Schrift nicht, zudem konnte man ihn als Sozialisten beschimpfen.

A und B: Zonales Intermezzo

Zu Beginn der zweiten Strophe der österreichischen Bundeshymne heißt es in bezug auf Österreich dramatisch: „Heiß umfehdet wild umstritten liegst dem Erdteil du inmitten [...]". Diese Worte passen auch auf Triest, wenn man die Geschichte dieser Stadt nach 1945 Revue passieren läßt. Das Streitobjekt zwischen Italien und Österreich bis 1918 wurde für die Zeit nach dem Zweiten Weltkrieg zum Zankapfel für Italien und Jugoslawien. Beide Länder beanspruchten den Adriahafen für sich – mit mehr oder weniger abgesicherten Argumenten.

Es begann damit, daß am 1. Mai 1945 Tito-Partisanen als „Jugoslawische Volksarmee" die Stadt besetzten. Was folgte, waren die sogenannten „40 Tage von Triest", die sich tief in das kollektive Bewußtsein der Triestiner Bevölkerung einprägten. Es kam zu Verfolgungen und Willkürakten durch Mitglieder der Partisanenarmee und schlußendlich zum Rausschmiß der Jugoslawen aus Triest durch die Alliierten im Juni 1945. Damit aber war die Triest-Frage nicht gelöst. Die Stadt stand nun unter anglo-amerikanischer Kontrolle und

---

205 Hermann Bahr, Dalmatinische Reise. Berlin 1909, S. 16f.

ihre Bewohner warteten offensichtlich darauf, wieder unter das Kreuz Italiens zu kommen. Dem war aber nicht so. Der Anspruch der Jugoslawen auf Triest blieb bestehen. Die Jugoslawen argumentierten, daß Triest neben einem starken slowenischen Bevölkerungsteil eine ethnische und sprachliche Insel inmitten des slowenischen Siedlungsgebietes sei. Womit sie nicht unrecht hatten. Andererseits war Triest natürlich eine italienische Stadt, die aber als Hafenstadt für sich allein kaum eine wirtschaftliche Überlebenschance hatte. Was also schon wieder tun in diesem von nationalen Konflikten durchfurchten Europa? Die Zauberformel hieß „Internationalisierung". Das brachte zwar keine Lösung, aber immerhin einen Aufschub des Problems.

Im Friedensvertrag von 1947 kam zwischen Italien und Jugoslawien ein Kompromiß zustande, mit dem weder Italien noch Jugoslawien und schon gar nicht die Triestiner zufrieden waren und der als *historische, geographische und wirtschaftliche Absurdität*[206] bezeichnet wurde. Um nicht in Verlegenheit zu geraten, einen der Verhandlungspartner leer ausgehen zu lassen, wurde Triest und Umgebung zu einem neuen Staatsgebilde geformt. Die Absurdität bestand in der Gründung des „Freien Territoriums von Triest" auf einer Fläche von 738 km². Das Gebiet des Freistaates, das laut Mandat der UNO unter anglo-amerikanischer und jugoslawischer Verwaltung stehen sollte, reichte von Duino im Nordwesten bis Novigrad/Cittanova in Istrien. Als Regierungsorgan war ein von der UNO zu ernennender Gouverneur vorgesehen, der weder Staatsangehöriger Italiens noch Jugoslawiens oder des Freistaates sein durfte. In realiter konnte man sich nie auf die Besetzung des Gouverneurspostens einigen, statt dessen wurde der „Freistaat" in zwei Verwaltungseinheiten geteilt, die sehr technokratisch als „Zone A" und „Zone B" bezeichnet wurden. Zone A war Triest und Umgebung von Duino bis Muggia und stand unter anglo-amerikanischer Kontrolle, Zone B bildete das anschließende Istrien mit Capodistria/Koper, Piran(o), Umag(o) und Cittanova/Novigrad unter der Verwaltung Jugoslawiens.

Es war von Anfang an klar, daß dies keine Lösung des Problems darstellte, da beide Zonen des Freistaates schrittweise in das Staats- und Wirtschaftssystem Italiens bzw. Jugoslawiens miteinbezogen wurden. Offiziell existierte zwar der bizonale Freistaat (wobei die Verbindungen zwischen Zone A und Zone B immer geringer wurden), de facto gingen die Zonen langsam aber

---

206 Zit. bei Andreas Auprich, Die völkerrechtliche Dimension der Triest-Frage. Dipl.Arb. Graz 1995, S. 17.

stetig im jeweiligen Staatsverband auf. Bereits 1948 wurde von den Westalliierten die Rückgabe Triests an Italien proklamiert, und 1952 beschlossen die USA, Großbritannien und Italien, die Zivilverwaltung Triests weitgehend Italien zu übertragen. Die Antwort Jugoslawiens auf einen solchen Schritt war zu erwarten und folgte auf dem Fuß: Es beschloß eine ähnliche Vorgangsweise für die Zone B. Das führte zu einer handfesten Dauerkrise, da sowohl Italien als auch Jugoslawien die jeweils andere Zone weiterhin für sich beanspruchte.

Interessante Ergebnisse brachten die Kommunalwahlen im alliierten Teil des Freistaates vom Juni 1949. Es waren die ersten freien Wahlen nach 27 Jahren. Es zeigte sich, wie stark die Zone A politisch und gesellschaftlich in sich selbst gespalten war. Während in der Stadt Triest die Christdemokraten stärkste Kraft wurden, gefolgt von Kommunisten, der Triester Unabhängigkeitsfront und Sozialisten, kandidierten in den drei fast ausschließlich von Slowenen bewohnten Umlandgemeinden San Dorligo della Valle (Dolina), Sgonico (Zgonik) und Monrupino (Repen) nur die Kommunistische Partei, die Slowenisch Demokratische Union sowie die Partei der Tito-Kommunisten. Die italienisch orientierten Parteien stellten sich offensichtlich aufgrund der absehbaren Erfolglosigkeit gar nicht der Wahl. Auch heute noch halten die slowenischen Umlandgemeinden Triests sichtbar am Kommunismus fest.

Ergebnisse der Kommunalwahlen 1949 in Prozent

Gemeinde	Triest	Muggia	Duino Aurisina	San Dorligo	Sgonico	Mon Rupino
Christdemokraten	39,1	21,8	17,6	–	–	–
Kommunisten	21,1	56,9	29,3	55,6	51,1	29,8
Sozialisten	6,4	7,6	17,6	–	–	–
Unabhängigkeitsfront	6,8	–	–	–	–	–
Republikaner	5,4	3,3	–	–	–	–
Tito-Kommunisten	2,4	4,4	12,4	15,2	21,9	26,5
Slowenische Demokratische Union	1,8	–	23,1	29,2	27,0	43,7
andere	17,0	6,0	–	–	–	–

Quelle: Trieste Handbook 1950

Bis zum Herbst 1953 spitzte sich der Konflikt zwischen den Zonen, d.h. zwischen Jugoslawien auf der einen sowie Italien und der britisch-amerikanischen Besatzungsmacht auf der anderen Seite gefährlich zu.

August: Jugoslawien plant, die Zone B zu annektieren. September: Italien läßt mehrere Divisionen an der jugoslawischen Grenze aufmarschieren. Oktober: Die Alliierten wollen sich aus der Zone A zurückziehen und schicken am 8. Oktober 1953 eine Note an die italienische und jugoslawische Regierung:

„Unter den obwaltenden Umständen sehen die britische und amerikanische Regierung keine andere Möglichkeit, als der gegenwärtigen unbefriedigenden Situation ein Ende zu bereiten. Sie sind nicht länger gewillt, die Verantwortung für die Verwaltung der A-Zone zu tragen. Sie haben daher beschlossen, die alliierte Militärregierung zu beenden, ihre Truppen zurückzuziehen und in Anbetracht des vorwiegend italienischen Charakters der A-Zone die Verwaltung dieser Zone der italienischen Regierung zu überlassen. Die beiden Regierungen erwarten sich, daß diese Maßnahme zu einer endgültigen friedlichen Lösung führen werde."[207]

Jugoslawien protestiert dagegen scharf und die alliierten Truppen bleiben in Triest, um mögliche Kämpfe zwischen italienischen und jugoslawischen Truppen zu verhindern. November: In Triest brechen angesichts des für Italien drohenden Verlusts von Zone B Unruhen aus. Es kommt zu blutigen Zusammenstößen mit der *Civil Police,* mehrere Tote und zahlreiche Verletzte sind zu beklagen.

Es dauerte noch fast ein Jahr, bis sich die Konfliktparteien einigten. Mit dem „Londoner Abkommen" vom 5. Oktober 1954 wurde dem Freien Territorium Triest schließlich ein Ende bereitet. Zone A wurde der italienischen, Zone B der jugoslawischen Zivilverwaltung übertragen. Weder Italien noch Jugoslawien waren mit dieser Lösung zufrieden, ließen sie doch damit de facto ihre Ansprüche auf die jeweils andere Zone fallen. Am 26. Oktober 1954, nach dem Abzug der letzten alliierten Militäreinheiten aus Triest, endete die britisch-amerikanische Militärverwaltung in Zone A, die nun unter der Bezeichnung „Gebiet von Triest" der italienischen Staatsgewalt unterstellt wurde. Allerdings war Triest kein Bestandteil der Republik Italien. Ebensowenig gehörte die Zone B offiziell zum Staatsgebiet Jugoslawiens.

Die unklare Situation köchelte die darauffolgenden 20 Jahre auf Sparflamme dahin. Die Animositäten zwischen Italien und Jugoslawien, Italienern

---

207 Zit. bei Anton M. Zahorsky-Suchodolski, Triest. Schicksal einer Stadt. Österreich-Reihe Bd. 169/171. Wien 1962, S. 75f.

und Jugoslawen, italienischen Triestinern und slowenischen Umlandbewohnern dies- und jenseits der Grenze haben viele Bande von früher zerrissen. Die Einheit von damals fiel dem Nationalismus und der Ost-West-Politik zum Opfer. Einer, der sich in diesem Sinne äußert, ist der Schriftsteller Fulvio Tomizza, für den beide Zonen, A und B, Heimat bedeuten, für den Istrien und Triest, das Meer und der Karst eine Einheit bilden. Seine schriftstellerische Auseinandersetzung mit dem Thema zeigt die Absurdität der politischen Grenzen, die im Namen des Nationalismus gezogen wurden.[208] Leider steht Tomizza damit ziemlich allein. Anfang der siebziger Jahre wurde die Stimmung nach Jahren des Status quo rund um die Ex-Zonen A und B wieder rauher. Neofaschistische und nationalistische Gruppierungen sowie Vereinigungen italienischer Exil-Istrianer begannen wieder Stimmung zu machen, unerlöste italienische Heimaterde nach Italien zurückzuholen. Den äußeren Anlaß bot eine einseitige Maßnahme Jugoslawiens, das 1974 daranging, an der ehemaligen Grenzlinie der Zonen A und B Schilder mit der Aufschrift „Sozialistische Föderative Republik Jugoslawien – Sozialistische Republik Slowenien" aufzustellen. Damit erklärte Jugoslawien das zu einer Staatsgrenze, was nach italienischer Lesart lediglich eine Demarkationslinie war, hatte doch Italien nach wie vor seinen Anspruch auf Zone B nicht aufgegeben, hatten doch auch die Einwohner der Zone B nach wie vor vollen Anspruch auf die italienische Staatsbürgerschaft.

Eine neuerliche Krise bahnte sich an. Der jugoslawische Botschafter in Rom wurde ins Außenministerium zitiert, wo er eine Protestnote in Empfang nehmen mußte. In der Note wurde festgestellt, *daß sich die Souveränität Jugoslawiens [...] niemals auf das italienische Territorium der Zone B*[209] ausdehnen könne. Die Antwort Jugoslawiens folgte tags darauf: Die Formel „italienisches Territorium" für die Ex-Zone B betrachte Jugoslawien als offene Gebietsforderung auf einen Teil des jugoslawischen Hoheitsgebietes. Sollte Rom darauf beharren, die Souveränitätsfrage zu stellen, würde der Sozialistischen Föderativen Republik Jugoslawien nichts anderes übrigbleiben, als Triest zu beanspruchen. Säbelgerassel setzte ein: Belgrad betonte, man sei bereit, die jugoslawischen Grenzen mit der Waffe zu verteidigen. Im Frühjahr 1974 übten italienische und US-amerikanische Streitkräfte in Norditalien mit

---

208 Hauptwerke: Materada (1973), Eine bessere Welt (1977), Triestiner Freundschaft (1980), Franziska (1997).
209 Andreas Auprich, Die völkerrechtliche Dimension der Triest-Frage. Dipl. Arb. Graz 1995, S. 53.

dem groß angelegten NATO-Manöver „*Dark Image*" den Ernstfall, und in der Adria kreuzten Einheiten der 6. US-Flotte. Unterdessen trafen jugoslawische Panzerverbände in Koper ein, offiziell zu einem Freundschaftsbesuch der lokalen Bevölkerung.[210]

Nach langwierigen Verhandlungen waren Italien und Jugoslawien endlich soweit, das Kriegsbeil zu begraben. Mit dem Vertrag von Osimo, unterzeichnet am 10. November 1975, erfolgte die endgültige gegenseitige Anerkennung der Staatsgrenze. Damit schien endlich das Ende des jahrzehntelangen Konflikts gekommen zu sein. Für die zahlreichen italienischstämmigen Istrianer, die *esuli*, die in ihrem Innersten bis dahin doch noch auf einen guten Ausgang ihrer Hoffnungen gesetzt hatten, schienen am Ende ihrer Illusionen angelangt. Mitnichten!

Anfang der neunziger Jahre erhielt die neofaschistische Partei MSI unter dem neuen Namen „Alleanza Nazionale" neuen Auftrieb. Die Alleanza widmete ihre Aufmerksamkeit sofort den alten Grenzkonflikten mit Jugoslawien, übertrug sie auf das inzwischen unabhängig gewordene Slowenien und folgte der Meinung rechtsstehender Kreise, die Ungerechtigkeiten des Friedensvertrages von 1947 müßten rückgängig gemacht werden. Im Verlaufe des Wahlkampfes für die Parlamentswahlen 1994 besuchte Parteichef Fini u.a. auch Görz und überschritt dort die Grenze, um die verloren gegangenen Gebiete symbolisch zurückzuholen. Und an der Küste bei Triest soll Gianfranco Fini eine Flaschenpost mit der Botschaft „Istrien – wir werden zurückkehren" ins Meer geworfen haben. Der Konflikt um die Grenze schwelt weiter, und die Erlösung der unerlösten Gebiete läßt weiter auf sich warten.

Verkehr als Schicksal

> Menschen haben geurteilt, ein König könne Regen machen;
> wir sagen, dies widerspräche aller Erfahrung.
> Heute urteilt man, Aeroplan, Radio etc. seien Mittel zur Annäherung
> der Völker und Ausbreitung von Kultur.
> Ludwig Wittgenstein[211]

Wer einmal den Karstrücken abgegangen ist, der sich von Duino bis Muggia im Bogen hinter Triest spannt, dem eröffnen sich Ausblicke auf die Stadt und

---

210 Zit. bei ebda. S. 54.

den Golf, die unvergeßlich und unvergleichlich sind: tiefblaue Buchten, ein Meer, das sich im rötlichen Schein verliert, die weißen istrischen Felsen der Wirklichkeit zart entschwommen ...

Wir bewegen uns auf der Küstenstraße, sie ist heute der große Zubringer der Stadt Triest. Die Straße ist sehr stark frequentiert und obwohl wir das vorgeschriebene Tempo fahren, werden wir laufend von Fahrzeugen mit großer Geschwindigkeit überholt. Die Turbulenzen nehmen mit Annäherung an die Stadt zu. Ein rasender Verkehr von Autos, Motorrädern und Rollern schwillt an, schwappt über uns und hat von uns wie der ganzen Stadt Besitz ergriffen. Wir steigen aus und können es nicht fassen: was für ein Getöse überall und was für ein Gestank nach Abgasen, und das noch direkt am Meerbusen! Oh Göttin! Das Meer ruhig; es scheint überhaupt nicht zu existieren: keine Schiffe, nirgendwo erkennbare Hafentätigkeit. Wir verlassen unser Gefährt und bewegen uns zu Fuß weiter. Doch bald müssen wir erkennen, daß hier das Gesetz des Dschungels gilt und der Schwächere, und das ist immer der Fußgänger, stets der Verlierer ist. Im Dschungel helfen keine Zebrastreifen, gewartet wird, bis eine Lücke in der lärmenden Kette von Fahrzeugen es gestattet. Öffentlicher Verkehr? Nicht zu bemerken, selten einmal ein alter, lauter und stinkender Dieselbus, der das unerträgliche Klima in dieser Stadt nur verschärft, keine Stadtbahn, keine U-Bahn, obwohl Schienen zu sehen sind, nur Chaos. Die Stadt ist laut, dreckig und vernachlässigt, der Verkehr barbarisch: unser erster und auch letzter Eindruck. Wo ist das alles, was hier einmal war, geblieben?

Langsam versuchen wir uns zu orientieren: Das war der große Hafen für Mitteleuropa, Umschlagplatz für Waren aus aller Welt, traditioneller Ausgangs- und Zielpunkt der Verkehrswege.

Es ist keineswegs natürlich so gekommen, daß Triest, besonders im 18. und 19. Jahrhundert, zum Welthafen wurde. Dazu bedurfte es glücklicher Umstände, wie es der Niedergang Venedigs, der alten Rivalin, für Triest war. Andere mögliche Häfen wie Aquileia, San Giovanni bei Duino oder Fiumicello in unmittelbarer Nähe mußten wie auch die früher gebräuchlichen Flußhäfen Latisana, Pordenone, Portogruaro, teils per Gesetz, aus dem Rennen geworfen werden.[212] Dazu bedurfte es steuerlicher Maßnahmen, wie der Erklärung des Hafens zum Freihafen, und es bedurfte auch bestimmter ver-

---

211 Ludwig Wittgenstein, Über Gewißheit. Hg. v. G.E.M: Anscombe u. G.H: von Wright. Frankfurt 1970. S 132.

kehrslenkender Maßnahmen wie der Erklärung der dorthin führenden Wege zu Hauptcommerzialstraßen, und in späterer Zeit des Baues von Eisenbahnen oder auch der weithin bekannten Bevorzugung „ihres" Hafens durch Maria Theresia.[213]

Im Jahrhundert der Eisenbahn mußte die Stadt zunächst mit der Ferdinandsbahn Monza – Mailand – Venedig verbunden werden. Am 11. Jänner 1846 war die 3602 Meter lange Brücke nach Venedig, die erste Anbindung an das Festland, eröffnet worden. Die Strecke führte weiter über Udine – Görz – Nabresina (1860). 1857 hatte der junge Kaiser Franz Joseph die Linie Laibach – Triest eingeweiht, den letzten Teil der Strecke Wien – Triest. Die Verbindung mit dem eigenen Hafen war hergestellt. Nach der Privatisierung verlangten die konkurrenzlos saftigen Tarife nach einer zweiten Linie.

Pasquale Revoltella, der erfolgreiche Triestiner Kommerzialist, beklagte 1864, daß Österreich früher mit Hamburg als mit dem eigenen Hafen verbunden gewesen war, und er forderte den weiteren Ausbau der Verbindungen mit dem Hinterland. Die Triester Handelskammer hatte denn auch eine Sonderkommission gebildet mit der Aufgabe, den Entwurf einer Eisenbahnlinie auszuarbeiten, die den Welthafen mit dem Zentrum Europas verbinden sollte, besonders angesichts der gegen Ende des Jahrzehnts zu erwartenden Eröffnung des Suez-Kanals.

Das Meer war immer der eigentliche Mittelpunkt der Stadt und das große Tor zur Welt. Und es reichte mitten in die Stadt. Der Canal grande am Ponte Rosso führte bis zur Kirche Sant' Antonio, und links und rechts des Kanals wurden Güter gelöscht. An allen anderen Molen und Ufern wimmelte es von kleineren Kähnen, die ihre Güter umschlugen, während an den großen Häfen die Überseeschiffe anlegten. Und schließlich war hier 1835 besonders auf Betreiben von Karl Ludwig von Bruck, des späteren Finanzministers, eine der erfolgreichsten Schiffahrtsgesellschaften überhaupt, der Österreichische Lloyd, gegründet worden. Man sicherte sich zunächst die Schiffahrtsrechte in der Adria, weiters die Linien in die Levante, nach Konstantinopel, Alexandrien, Patras, Smyrna, widmete sich der Schiffahrt am Po und am Lago Maggiore bis in die Schweiz, übernahm von der Donaudampfschiffahrtsgesellschaft die Schwarzmeerflotte, betrieb Postdienst auf seinen Schiffen und befuhr schließlich den In-

---

212 Vgl. Martin Wutte, Kärntens Wege zum Meer in alter und neuerer Zeit. In: Carinthia I (133) 1943.
213 Deren zweihundertsten Todestag widmete die Gemeinde Triest eine sehr informative Ausstellung: Maria Teresa, Trieste e il porto. Man beachte den Katalog, Trieste 1980.

dischen Ozean bis Japan. Bemerkenswert an der Schiffahrtslinie ist, daß sie neben der technischen und der Schiffahrtsabteilung noch eine dritte Sektion führte: die literarisch-künstlerische. Hier erschienen die Schriften von Kandler und Attilio Hortis ebenso wie die Klassiker der italienischen Literatur![214]

Mit zunehmendem Verlust an Terrain in Oberitalien wurden freilich die

Triest Südbahnhof, heute Trieste Centrale.

Blicke der Irredentisten auf diese blühende Stadt und ihre Handelsorganisation immer begehrlicher. 1848 erschienen veneto-sardische Schiffe vor Triest. Für den tapferen Widerstand erhielt die Stadt den Ehrentitel urbs fedelissima vom Kaiser verliehen. Als Lorenzo Valerio, der Kommissär der gerade angeschlossenen Marken, 1860 dem Lloyd und der Stadt Triest ihren *carattere italiano* zuschrieb, entging dem nationalistischen Blick, daß es sehr viele Seeleute aus allen Teilen der Monarchie gab und besonders viele seetüchtige Kroaten.

Der Hafen brauchte jetzt moderne Zugänge aus dem Hinterland. Im Jahr

---

214 Vgl. Maria Bianca Favetta, Lineamento storico, im Katalog: Lloyd Triestino Dall' Adriatico al Mondo. Trieste 1986. Zum 150-Jahr-Jubiläum des Lloyd wurde im Museum Revoltella (der Baron hatte seinen Stadtpalast seiner Stadt vermacht) eine gleichnamige Ausstellung veranstaltet.

Verkehr als Schicksal

Der Lloyd-Dampfer „Baron Gautsch" an der Mole San Carlo.

Triest um 1870: Schiffe, wohin das Auge blickt.

247

1876 wurde die Istrien-Bahn nach Pola, dem Hauptkriegshafen der österreichischen Marine, eröffnet.[215] Sie zweigt von Divaća, nordöstlich von Triest, auf dem Karst von der Südbahn ab. Für die große Industrieausstellung 1882 wurde das Gelände von S. Andrea aufgeschüttet. Hier sollte nicht nur der neue Hafen „Franz Joseph" entstehen, sondern ein zweiter, großer Bahnhof für die Verbindungsbahn Triest – Herpelje und Divaća nach Pola, die Schmalspurbahn (Bosnische oder Unzmarkter Spur 760 mm) an der Küste über Muggia nach Piran und weiter nach Poreč (1902) und schließlich die direkteste Verbindung in den Norden, die Wocheinerbahn. Für diese drei Linien wurde der Bahnhof Trieste S. Andrea nach Plänen des österreichischen Architekten Robert Seelig direkt am Meer neu gebaut. Er stand auf 2362 Piloten bei einer Oberfläche von 6600 m² und war von einer modernen großen Bogenkonstruktion aus Stahl und Glas gedeckt.[216]

Die beiden großen Bahnhöfe wurden seit 1887 durch die Rivabahn verbunden.

Am 19. Juli 1906 eröffnete Erzherzog Franz Ferdinand die Strecke Aßling – Görz – Triest, und als am 5. Juli 1909 die Tauernstrecke von Salzburg über Badgastein nach Villach fertiggestellt war, und damit das „Alpenbahnprogramm" vollendet, nahm der Güterverkehr mit dem ständig wachsenden Welthafen weiter zu. 85% der Güter wurden auf der Bahn transportiert.

Die großen internationalen Schnellzüge mit Kurswagen aus Paris, Berlin, Prag, Hamburg fuhren auf der malerischen Strecke der Wocheinerbahn. Fahrzeit von Salzburg nach Triest, hier verkehrte auch ein Aussichtswagen, betrug 10 Stunden. Und das lohnte, denn die Bahn war fein in eine herrliche Landschaft eingebettet. Es waren in diesen Zeiten sogar Landschaftsmaler in die Planung der Bahnlinien einbezogen.[217]

Die Südbahn mit ihrer bahnbrechenden Semmeringstrecke fuhr die Strecke Wien – Triest über Laibach in 11 Stunden.

Ein Verbindungsstück von Monfalcone nach Cervignano wurde von der k.u.k. privaten Friulaner Eisenbahngesellschaft errichtet, ebenso wie die Seitenline nach Belvedere als Verbindung zum beliebten Badeort Grado.

Von St. Peter an der Südbahnlinie zweigte eine Bahn zu den beliebten Badeorten an der Quarnerbucht ab: Lovran, Mattulje, Opatija und Rijeka. Nach Ita-

---

215 Dazu das Kultbuch von Harald Waitzbauer: Durch Istrien. Salzburg 1989.
216 S. Osservatore Triestino 7.6.1906.
217 Das gilt etwa für den Bau der Ischlerbahn durch Ing. Stern: Vgl. Gaby von Schönthan, Joseph M. Grumbach-Palme, Die Konditorei Zauner. München 1982. S. 66.

lien fuhr man entweder mit der Pontebbana über den Grenzbahnhof Pontafel, oder von Triest über die Grenzbahnhöfe Cormòns nach Udine oder Cervignano nach Venedig.

Der Reisende konnte bereits in Opčina den Zug verlassen und mit der Tramway in einem sensationellen Gefälle von 25% in die Stadt gleiten.

Reisende hatten, sofern sie es sich leisten konnten, alle Möglichkeiten. Seit 1860 gab es in Triest schon öffentlichen Nahverkehr mittels Pferdewagen, 1875 wurde die Tramwaygesellschaft gegründet. Bis zum Krieg besaß die Stadt ein gut ausgebautes, elektrisch betriebenes Tramwaynetz. Nach Barcola, dem Vorort Richtung Miramar, einem beliebten Badeplatz unter würzig duftendem Pinienhain, fuhr eine Tramlinie, die im Sommer mit offenen Wagen, *giardiniere,* unterwegs war. Anschlüsse nach Istrien gab es direkt vom Bahnhof S. Andrea. Mehrmals täglich fuhren auch Züge nach Cervignano mit Verbindung nach Belvedere, von wo das Anschlußschiff nach Grado, einer vorgelagerten Inselsiedlung gleich Venedig und neben Abbazia, einem Hauptort der k.u.k. Riviera, bereitstand.

Der Österreichische Lloyd führte zur Jahrhundertwende regelmäßige Linien für den Personen- und Postverkehr nach Venedig und Istrien, Dalmatien, Albanien, bis Korfu. Es gab wöchentliche Verbindungen nach Alexandrien, Syrien, Zypern, Konstantinopel, Smyrna, Cattaro; 2 bis 4 Abfahrten per Monat nach Indien, Birma, China und Japan, dazu noch Fahrten nach Südafrika, Australien, zum Persischen Golf. 1913 sind es insgesamt 17 regelmäßige Linien in den Sektoren Adriatiasches Meer, östliches Mittelmeer, Schwarzes Meer und Türkei, Indien und Fernost. In den Triester Werften entstehen so grandiose Schiffe wie der „Imperator" mit 4.000 Bruttoregistertonnen, anerkanntermaßen eines der schönsten Dampfschiffe überhaupt, die „Wien" oder „Helouan" mit 7.367 B.R.T. für den Verkehr nach Fernost. – Eine pulsierende Stadt in Bewegung, eine Riesenmaschine, in der alle Bewegungen ineinandergreifen.

Und gerade dieses Ineinandergreifen wurde zusehends zum Problem. Der Sand im Getriebe hieß: Nationalismus. Eigentlich ein ungenaues Gefühl, hinter dem sich sehr viele andere, konkrete verbergen, so der literarische Analyst Robert Musil. Zu diesem Problem der Ungenauigkeit kommt noch ein viel tieferes Kommunikationsproblem: das der Sprachlosigkeit zwischen den Besitzenden und Armen. Als sich der Streik der schlechtbezahlten Heizer von 1902 ausweitet, läßt der kaiserliche Statthalter Goess auf die Aufständischen schießen: 15 Tote.

Krieg: 1914 ist für Triest als Hafen Mitteleuropas das Schicksalsjahr. Der Kriegseintritt Italiens 1915 verschärfte die Situation. Triest konnte im Krieg nicht eingenommen werden. Die k.u.k. Kriegsmarine dominierte die Adria und wurde 1918 unbesiegt aufgelöst. Was möglich war, waren einzelne Zerstörungsaktionen, wie die Bombardierung der modernen Hafenanlagen von Sant' Andrea durch italienische Caproni-Bomber. Der Luftraum über Triest wurde durch die wachsamen Aviatiker um den Baron Banfield freigehalten

Der Lloyd wurde 1919 in Lloyd Triestino umbenannt, konnte von nun an den *carattere italiano* unangefochten ausleben und unterstützte gleich Gabriele D'Annunzios Überfall auf Rijeka/Fiume … Dennoch, die Subventionen seitens des italienischen Staates, wo es schließlich auch noch viele andere Schiffahrtslinien gab, konnten mit denen der Monarchie nicht mithalten und wurden ständig weiter reduziert. 1928 war schließlich auch die literarischkünstlerische IIIa Sezione nicht mehr zu halten. Auch wenn den Italienern durch den Londoner Geheimvertrag Istrien und große slowenische Bevölkerungsgebiete zugesichert worden waren – das mitteleuropäische Hinterland wurde verloren. 1944 kam Triest in deutsche Hand und wurde bald Ziel starker Bombardements durch die alliierten Truppen …

Die Güterumschlagsmengen des Hafens von 1913 wurden erst wieder 1970 (!) erreicht und nicht wesentlich erhöht. Seit 1966 gibt es die Ölpipeline nach Ingolstadt, an Mengen das überwiegende Handelsgut im Triester Hafen. Man setzt auf das Schwarze Gold, das etwa drei Viertel der umgeschlagenen Güter in Triest ausmacht. Als im Förderungsplan für die italienischen Häfen, *piano azzurro,* für Triest vergleichsweise wenig abfiel, mußte man die verminderte Bedeutung des Hafens zur Kenntnis nehmen. Und als in den siebziger Jahren die Umschlagmengen im nahen Koper sich verdreifachten und jene Triests sich halbierten, war die Begeisterung über die italienische Politik bereits geschwunden.

Wir schauen auf die Statistik in der Tageszeitung: Heute am 31. Juli 1997 sind 5 Schiffe angekommen und die Fähre nach Durazzo. Alle aus der näheren Umgebung Koper, Umag, Rijeka, Venedig, mit Ausnahme eines türkischen Frachters aus Istanbul. Wir blättern nach in der Triester Zeitung: am 31. Juli 1851, keine besonders florierende Zeit: da waren es immerhin 26: 9 österreichische, 7 griechische, 4 amerikanische, 2 spanische, 2 englische, 1 päpstliches und 1 sardisches. Herkunftsorte wie Pernambuk, St. Jago, Smyrna, Bahia, New Orleans … sorgten für Buntheit.

Die Tramway wurde nach und nach demontiert, in der fünfziger Jahren suk-

Via Carducci, ohne Autos, mit Tramway.

zessive durch Oberleitungsbusse *filobus* ersetzt und schließlich, anfang der sechziger Jahre, in einem Plan zu Vereinheitlichung der Verkehrsmittel, *unificazione dei mezzi publici,* aufgelöst. Die Wagengarnituren gingen nach Rom und taten dort noch lange ihren Dienst. Übrig geblieben ist die Tram nach Opčina, ein seltsames und liebenswertes Kuriosum im tobenden Verkehrsgewühl.

Die Küstenbahn nach Poreč wurde 1935 aufgelassen. Ein Teil der Schienen und Waggons sollten in der neuen italienischen Kolonie Abbessinien Verwendung finden; angeblich versank aber das Frachtschiff mitsamt der Parenzana auf dem Weg dorthin.

Die Eisenbahnlinie nach Herpelje[218] verlor durch den Bau der Transalpina und deren günstigere Tarife noch in der Kaiserzeit an Bedeutung. Durch den Anschluß Istriens an Italien erlangte sie vorübergehend Bedeutung. Die Bahnstationen wurden schnell italianisiert und umbenannt.[219] Die dreisprachigen Warntafeln wurden rasch durch einsprachig italienische mit Totenkopf und gekreuzten Knochen ersetzt. Aber ohne den Anschluß an die Südbahn konnte ihr nur eine Randexistenz zukommen. Seit dem Zweiten Weltkrieg verkehrten ne-

---

218 Dazu Roberto Carmeli, Il treno della Val Rosandra. Udine 1996.
219 Ebda. S. 59.

ben den verbliebenen k. k. Staatsbahnlokomotiven noch Schienenbusse der italienischen Automobilfabrik Turin (F.I.A.T.). 1951 gab es noch 33 Dampflokomotiven kkStB und 9 Schienenbusse. Nach 1945 wurde eine Grenzstation auf dieser zwanzig Kilometer langen Strecke eingerichtet: Draga Sant' Elia. Schikanöse Grenzformalitäten in der Zeit des Kalten Krieges, manchmal auch einschüchternde Maschinengewehrsalven, bedeuteten das Aus für diese Bahn. Am 1. Jänner 1959 schließlich wurde die Strecke provisorisch und ein Jahr später definitiv stillgelegt und durch Autobusse ersetzt, der freiwerdende Raum für große Straßenbauten *Grande Viabilitá* genutzt.

Die Wocheinerbahn war mehrfach durch Grenzen zerschnitten. Nach 1945 war der Personenverkehr erst gar nicht wieder aufgenommen worden. Die grandiose Dachkonstruktion des Staatsbahnhofes Sant' Andrea wurde 1942 zur Lieferung von Eisen *„alla patria"* für das Vaterland (der Krieg ist der Vater ...) demontiert. Es ist nicht bekannt, wo das Eisen tatsächlich hingekommen ist. Das Dach fehlt auch heute noch. Güterverkehr in bescheidenem Ausmaß wird noch, aus Energiespargründen nur abwärts, über die Transalpina-Strecke geführt. Die Verbindungsbahn zwischen den Bahnhöfen, die Rivabahn, war in den siebziger Jahren aufgelassen worden, und bis in die achtziger Jahre konnte man schwere grüne Steyr-Traktoren Güter von einem zum anderen Hafen schleppen sehen. 1981 wurde die unterirdische Verbindung, *circonvallazione*, geschaffen.

Die Südbahn sollte ihren Höchststand von 1913 nie mehr erreichen. Ihr Bahnhof ist heute, wie auch in Görz, zum Hauptbahnhof geworden. Es ist ein Kopfbahnhof, (ein Januskopf, dessen andere Hälfte der Wiener Südbahnhof darstellt) am äußersten Rand Italiens. Bürgermeister Illy kämpft um einen Anschluß an das italienische Hochleistungsbahnnetz. Die letzte der (noch in der Kaiserzeit begonnenen) Molen, Molo VII, wurde durch eine Stadtautobahn, einen *overfly,* der erstaunlich nahe an Wohnhäusern vorbeiführt und in großem Bogen den zum Teil weinbewachsenen Süden der Stadt durchschneidet, angebunden. Der 1966 eröffnete Container-Terminal sollte in erster Linie für Lastwägen erreichbar sein.

Wir fragen nach einer Bahnverbindung nach Salzburg über Laibach und erhalten die Daten 9 Uhr 03 Abfahrt, 12 Uhr 15 Laibach. Anschluß 18 Uhr 46 Ankunft 0 Uhr 15 in Salzburg! Am nächsten Tag heißt es: Ankunft in Salzburg 22 Uhr 46. Schon besser! Dreizehn und drei viertel Stunden. Noch schneller, gar doppelt so schnell, geht es über die Pontebbana. Die Pontebbana sollte modernisiert werden, wie 1947 projektiert wurde; jetzt, gegen Ende des Jahrhunderts, wird daran gearbeitet.

All das Vergangene, es existiert hier nicht mehr. Die vielen leerstehenden Bahn- und Hafenanlagen nimmt keiner mehr wirklich wahr. Schiffe werden längst keine mehr gebaut in Triest. Die Stadt ist, wie vergleichsweise Molfetta oder Barletta weiter im Süden, eine italienische Stadt am Meer geworden. Es ist heiß und alles drängt ans Wasser. An den Ampeln stauen sich die Fahrzeuge und besonders die zweirädrigen drängen sich in vorteilhafte Startpositionen. Max Biaggi und Michael Schumacher auf Ferrari allen voran. Mit dem Ampelsignal explodieren dann die ungeduldig Angestauten und schießen vor, bis zur nächsten Ampel. Und dann wieder ... Jeder einzelne kommt mit durchschnittlich 20 PS unter erhöhtem Unfallrisiko angedonnert. Allerhöchste Mobilität. Wir können damit rechnen, daß im Nahverkehr ein Pkw etwa elfmal, ein Motorrad siebenmal und ein Moped auch noch dreimal so viel Energie verbraucht wie die Straßenbahn; schwere Lkw brauchen etwa viermal und Siebentonner vierzehnmal soviel wie die Bahn.[220] Die Vernichtung von Sauerstoff und Freisetzung von Schadstoffen durch verbrennungsmotorgetriebene Fahrzeuge, also die unnötige, mutwillige Zerstörung der Atemluft für alle existierenden und zukünftigen Lebewesen durch die Verkehrsbewegungen ergäbe einen ungefähren Index der aktuellen Barbarisierung. Das Ziel der meisten ist die Küstenstraße Richtung Miramar. Die wilde Jagd donnert durch Barcola, dessen lärmgeplagte und in Protesten aufstöhnende Anwohner nur sehr schwer über die Straße kommen. An der *costiera* legt man sich neben dem fließenden Verkehr auf den asphaltierten Gehsteig am Meer, zum Bräunen. Stillstand ist das Ziel. Bewegt wird eigentlich nichts. Das eigentliche Kommunikationsproblem ist weiter denn je von seiner Lösung entfernt. *La tintarella,* die Bräunung, das zählt. Am 3. August ertrinkt der achtundfünfzigjährige Vito Furlan etwa 50 Meter vor der überfüllten Küste, mitten unter den Badenden.[221] Keiner scheint ihn gehört zu haben. Als man den Ertrunkenen aus dem Wasser holt, den Tod konstatiert hat, und sich die Polizisten auf die Suche nach seinen Habseligkeiten machen, schmieren sich die anderen Badenden neben dem mit einer Plastikfolie notdürftig zu-gedeckten Leichnam mit Sonnenöl ein, denn das erhöht die Tiefenwirkung, – oder soll es gegen die aggressiv gewordenen Sonnenstrahlen schützen? – sie richten die Liegebetten gleich daneben nach der Sonne zurecht und lassen sich tief bräunen.

---

220 R. Riedel: Verkehrsbilanz Österreich, Wien: TU 1989.
221 Nachzulesen in: Il Piccolo, Trieste. 4. August 1997 bzw. Corriere Della Sera vom 9. August.

Nachsatz: Grade lesen wir in der örtlichen Tageszeitung, der Bürgermeister Illy habe große Projekte für den Hafen, die leerstehenden Hallen und Gelände sollten für einen Yachthafen genutzt werden, im Rahmen der EU sollte Triest zum „Hafen Bayerns" werden. Einige Politiker fühlen sich durch den rührigen *sindaco* übergangen. Ja sogar von zu aktivierenden Zugverbindungen nach Ronchi und Koper ist die Rede wie von der Einführung von Oberleitungsbussen, *filobus*. Triest ist zum Möglichkeitsraum geworden, wir erinnern uns an verschiedenste Pläne, von der feasibility-Studie im Vertrag von Osimo, die eine schiffbare Verbindung von Isonzo und Ljublanica, also von Monfalcone nach Laibach vorsah, bis zum Plan eines großen Hubschrauberlandeplatzes auf dem Molo vor der Piazza Grande.

Eines ist klar geworden – der Verkehr ist nicht unbedingt ein Mittel zur Ausbreitung von Kultur. Und der Fortschritt ist eigentlich nur einer, wenn er die Menschen – *the whole man must move together,* heißt es schon bei Richard Steele – weiterbringt, ansonsten ist er nur Raserei. Und wer weiß, vielleicht schafft Triest noch den Weg aus der Raserei wieder zurück zum Fortschritt.

Treno storico: Trst – Lubiana tour retour

Manchesmal fahren die Italiener auch mit der Eisenbahn, etwa dann, wenn ein sogenannter *treno storico* (wir würden in diesem Fall von einem Nostalgiezug sprechen) auf die Reise geschickt wird. „140 Jahre Südbahn Wien-Triest" schien dem Eisenbahnverein der ehemals bedeutenden Hafenstadt Anlaß genug, eine historische Bahnfahrt von Triest hinüber in die Nachbarrepublik nach „Lubiana" zu veranstalten. Da möchten wir dabei sein.

20. Juli 1997: Abfahrt Sonntag in der Früh um halb acht von Trieste C.le, dem früheren Südbahnhof. Auf dem binario 5 stehen zwei Waggons III. Classe, ein Waggon II. Classe und ein Gepäckwagen zur Abfahrt bereit, italienische Wagentypen aus den zwanziger Jahren. Zu unserer herben Enttäuschung aber weit und breit keine Spur einer Dampflokomotive, statt dessen ein braunes, panzerartiges Ungetüm von E-Lok aus dem Jahr 1935, das an die martialische Zeit Mussolinis gemahnt. Doch wir werden beruhigt: Die Dampflok wird in Slowenien angehängt.

Halb acht: Die Fahrgäste, angetan in Triestiner Sonntagszivil, nehmen auf den engen Holzbänken Platz und zugleich Tuchfühlung mit ihren jeweiligen

Sitznachbarn auf. Kurzzeitig herrscht bei den Organisatoren Verwirrung, als wir ihnen mitteilen, daß unsere Plätze 29 und 30 im Waggon II. Classe leider doppelt vergeben wurden. Da aber die Namen der beiden Herren mit denselben Sitznummern auf drei, unsere Namen jedoch auf vier Kontrollisten aufscheinen, werden die Bemitleidenswerten auf einen Notsitz in einem der III. Classe Waggons abgeschoben.

Acht Uhr fünfzehn: Villa Opicina, italienischer Grenzbahnhof, EU-Außengrenze. Aufmerksam kontrolliert die tüchtige italienische Grenzpolizei die Papiere der ausreisenden Passagiere, vor den Zug wird eine neue alte E-Lok gespannt. 45 Minuten Aufenthalt, dann 5 Minuten Fahrt nach Sežana, slowenischer Grenzbahnhof. Aufmerksam kontrolliert die tüchtige slowenische Grenzpolizei die Papiere der einreisenden Passagiere. Italienische Reisende, deren Legitimation lediglich aus einem Personalausweis besteht, erhalten von den wackeren Grenzern einen abgestempelten Einreisekupon ausgehändigt. Jene beiden Exoten, die den Organen ihren in weinroter Farbe gehaltenen österreichischen EU-Reisepaß fröhlich entgegenwacheln, werden nicht einmal eines Blickes gewürdigt. Aufs neue wird eine neue alte E-Lok vorgespannt, diesmal von der Eisenbahngesellschaft SŽ. 30 Minuten Aufenthalt.

Nach Beendigung der umfangreichen Kontrollen und eisenbahntechnischen Manipulationen beiderseits der Grenze endlich freie Fahrt durchs schöne Slowenien. Sofort macht sich unter den Mitfahrenden allgemeines Desinteresse breit. Die Herren der Schöpfung greifen nach ihren mitgebrachten Zeitungen, um diese eingehend zu studieren, einen überraschen wir beim Auflösen verschiedener Kreuzworträtsel, viele kämpfen bereits nach wenigen Minuten mit dem Schlaf. Auch der männliche Teil des uns vis-á-vis sitzenden Ehepaares kann sich nicht so recht zwischen Wachen und Träumen entscheiden, und starrt dämmernden Blickes in den slowenischen Karst. Überhaupt erweckt das Paar den Eindruck, als hätte es die Nostalgiereise bei einem Preisausschreiben der Tageszeitung „Il Piccolo" gewonnen.

Ah, endlich Action! Eine Wespe hat sich in den antiken Waggon verirrt und fühlt sich offensichtlich vom geblümten Kleid der 17jährigen schräg gegenüber magisch angezogen. Wie im Film, Klappe, 16 die 1.: Gekonntes Panikgetue der Geblümten, spitze Schreie, wildes Händefuchteln. Doch keine Angst, es naht der rettende Ritter in Gestalt des Vaters, der, vom Zeitungsstudium aufgeschreckt, sein Leseutensil zum Schwerte formt und den ungleichen Kampf gegen diese Urgewalt der Natur aufnimmt. Attacke! Tapfer ficht der Triestiner mit starker Streithand, wuchtige Schläge prasseln in Richtung des Feindes.

Ängstlichen Blickes verfolgt die Geblümte den Zweikampf der Giganten. Die Wespe verschlieft sich schließlich im Spalt des Waggonfensters, woraufhin der Triestiner das Fenster mit einem schnellen Ruck nach unten öffnet, um auf diese Weise den Feind fallbeilartig zu zermalmen. Sichtlich bedient kommt das Tier noch einmal aus dem Spalt getaumelt, um den letzten Streich zu empfangen. Ende der Szene, die Reise kann fortgesetzt werden.

Ankunft in Postojna/Postumia/Adelsberg, ... richtig, von hier geht's zur berühmten Grotte. Aber nicht die Grotte ist's, die nun dem Rascheln der vielen Zeitungen ein Ende setzt und die Schlafenden weckt, sondern das gleichmäßige Schnaufen der schwarzen Wundermaschine. Endlich, endlich die lang- und heißersehnte Dampflokomotive, ein deutsches Fabrikat aus dem Jahr 1917. Mit allen anderen stürmen wir aus den Waggons II. und III. Classe, bewundern gehörig das dampfende Ding, zücken gleich den anderen unsere Fotoapparate und knipsen drauf los. Jahrmarktatmosphäre auf *peron 2*.

Weiter geht es gen Laibach. Die Aufregung verebbt, der Herr uns gegenüber wird doch noch vom Schlaf übermannt und der Wespentöter widmet sich wieder seiner Lektüre. Die Nostalgiefahrt mit der Dampflok ist so echt, daß die Waggonatmosphäre vom würzigen Duft der Rauchschwaden aromatisiert wird, was wiederum die Nase der Geblümten kränkt. Vater-Ritter-Wespentöter in einer Person wird zum Handeln gezwungen und knallt die Fenster seiner Waggonseite zu. Wälder, Kukuruzfelder, kleine Kirchen auf Hügeln nah und fern, so nähern wir uns der Hauptstadt.

Ljubljana-Hauptbahnhof. Nach kurzem Aufenthalt wird der Zug in einen ruinenhaften Bereich des Frachtenbahnhofes gleich neben der Union-Bierbrauerei verschoben, wo vor einer Remise die Prachtstücke des hierortigen Eisenbahnmuseums der allgemeinen Bewunderung harren. Lokomotiven der Südbahngesellschaft und der k.k. Staatseisenbahnen wurden hier detailgenau restauriert und wieder in Gang gebracht. Weiter hinten der Eisenbahnfriedhof mit verwitterten und verrosteten Loks und Waggons, dazwischengestreut Radachsen und Berge von Bremsklötzen. Ein besonderes Schaustück ist eine mit jugoslawischen Fähnchen und Wappen emblemierte dunkelblaue Dampflokomotive des Jahres 1947, die weiland Titos Sonderzug mit angeblich 200 Sachen durch die jugoslawischen Lande zog. Heiß ist es und die sich mit dem beigegebenen Museumsprospekt frische Luft zufächelnden Ausflügler geben ein schönes Bild. Aus dem Rahmen fällt nur jene Dame, die einen Handventilator in Betrieb setzt und die kühle Luft erleichtert über ihr Antlitz streichen läßt.

Das anschließende gemeinsame *pranzo* zum Extrapreis von nur 25.000 Lire im Hotel-Restaurant Slon schlagen wir aus und beschließen, Laibachs gastronomische Geheimnisse auf eigene Faust zu erkunden. Doch die Geheimnisse werden gut gehütet. Es ist Sonntag und die Gasthäuser der Hauptstadt sind geschlossen. So müssen wir uns in mit *songs* und *hits* beschallten Eissalons vermehrt mit Union-Bier stärken. Gegen halb vier am Nachmittag erspähen wir dann doch noch ein geöffnetes Wirtshaus, wo wir knapp vor der Sperrstunde um vier einen Fisolennudelfleischeintopf bestellen (und serviert erhalten!). Anschließend Spaziergang auf die Burg, Nostalgieansichtskarte an Dorothea nach Wien.

Die Rückreise der Jubiläumsfahrt „140 Jahre Südbahn Wien-Triest" gestaltet sich belanglos. Nur jenes Ehepaar, daß die Reise aus einer seltsamen Fügung dem Gewinn eines Preisausschreibens verdankt, dürfte irgendwo zwischen Eisenbahnmuseum und Hotel-Restaurant Slon abhanden gekommen sein. Auf der Rückfahrt nach Triest treffen wir sie jedenfalls nicht mehr an.

Wanderung Rosandra – Ocizla

In aller Früh geht's auf, wieder einmal zum Bahnhof Trieste Centrale. Es ist noch vor 6 Uhr, wenig Verkehr, ungewöhnlich frische Luft. Der 40er Bus fährt um 6 Uhr 15 Richtung San Dorligo im Südosten der Stadt. Er donnert pünktlich heran, eigentlich handelt es sich um einen alten Diesellastwagen mit gefenstertem Kastenaufbau. Etwas außerhalb der Stadt rattern wir an einer einst sehr romantischen Gegend vorbei. An der flachhügeligen Uferlandschaft Zaule, wo Ulrich von Liechtenstein, auf Einladung des Görzer Grafen Meinhard eines seiner wackeren Turniere zum Lob der Frauen gefochten hatte. Das muß man wissen, denn zu sehen ist jetzt nichts Romantisches, neben Industrieanlagen drohen vor allem riesenhafte Erdöltanks und Ausgleichsbehälter für die transalpine Ölleitung nach Ingolstadt und Wien. Sie wurden in den fünfziger Jahren hier angelegt.

Von Bagnoli/Boljunec, unserer Ausstiegsstelle, wandern wir den Rosandra- oder Glinščica-Bach entlang. Langsam befreien sich Körper und Seele von dem Nachdröhnen und -scheppern des derben Vehrkehrsmittels. Das Rosandratal, eine Naturschönheit, besonders im Herbst mit leuchtend rot gefärbten Sträuchern, empfängt uns morgendlich frisch, mit tiefgrünen Sträuchern, Pinien und strahlend weißen Kalkbrocken. Seit jeher bildet dieses Tal einen natürlichen Zugang vom karstigen Hinterland zum Meer hinunter. Rechts entlang des Weges ein römisches Aquädukt. Der Fluß Rosandra entspringt, wie es heißt, einem weißen Felsen, und dieser Felsen sei der erstarrte Leib der Prinzessin Rosandra, die im Schmerz um den ausgebliebenen Geliebten langsam verhärtet war.

Rosandra war eine wunderhübsche Prinzessin, und ihr Liebreiz hatte es einem durchreisenden Ritter angetan. Dieser hielt um die Hand der Schönen an, aber Rosandra wollte von ihm nichts wissen. Das brachte den mit magischen Kräften ausgestatteten Gesellen so in Wut, daß er den König, Rosandras Vater, tötete, und sich an dessen Stelle setzte. Er unterjochte das Volk und sperrte die Unwillige in ein Turmverlies. Wer immer, durch die Klagen der Schmachtenden gerührt, diese zu befreien versuchte, der bekam es mit dem düstern Schergen zu tun, und dem erging es übel. Bis dereinst ein großer, starker Recke in Silberrüstung vom Karst hinunter ans Meer reitend vorbeikam und die Erbarmenswerte hörte. Nichts, auch nicht Rosandras Warnungen, konnten den Kühnen zurückhalten. Er forderte den Düsterling heraus, und nach langem erbittertem Kampf vernichtete er ihn. Die Prinzessin fiel ihrem geliebten Retter alsogleich in die Arme. Dieser wollte zwar bleiben, aber auf ihn wartete ein Schiff, und so ritt er hin, um zuerst seine Sache zu erledigen. Rosandra schwor, des edlen Mannes zu harren. Doch das Schiff ging auf der Rückreise unter …

Das Kirchlein Santa Maria in Siaris sagt man, sei auf Geheiß Karls des Großen errichtet worden. Überhaupt; wir hatten geglaubt, der Kaiser schlafe im Untersberg bei Salzburg und warte auf den Jüngsten Tag; aber jetzt hören wir, er schlafe in einer der Karsthöhlen …[222]

Wir dringen weiter ins Tal vor, nicht ohne gewissen Respekt, sehen wir doch nicht selten schwer ausgerüstete Bergsteiger in diese Gegend ziehen und wissen auch von der Kletterschule des Emilio Comici aus den dreißiger Jahren in diesem Gebiet. Wir nehmen uns erst einmal den Karstsattel/Sella del Carso vor. Unser Erstaunen ist groß, als wir ihn nach einer halben Stunde forschen Ausschreitens schon erreicht haben. Langsam fällt uns auf, daß das ganze Gebiet viel kleinräumiger ist als wir geahnt hatten. Freilich, die Karten, die wir hatten finden können, sind allesamt nicht besonders aufschlußreich; recht unprofessionell und mit wenig konkreten Angaben versehen, einer der Führer ist überhaupt handgezeichnet und dann mit Malstiften nachgefärbelt, und alle enden sie an der Grenze.

---

[222] Dazu siehe Dante Cannarella, Leggende del Carso Triestino. Trieste 1996.

Die Grenze, das ist hier die Morgan-Linie, nach dem Zweiten Weltkrieg gezogen, eine der vielen Versuche, Land und Leute auseinanderzuteilen. Hier die Zonen A und B des nie verwirklichten Freien Territoriums Triest. Im Londoner Abkommen von 1954, nachdem die Alliierten ihr Interesse an Triest verloren hatten, wurden *practical arrangements* in der Form getroffen, daß die Zone A italienisch und die Zone B jugoslawisch wurde. Eine praktische, wenn auch keine saubere Lösung; jedenfalls entstand so beiläufig eine neue Grenze, die in Zeiten des Kalten Krieges einen gefährlichen Ring um Triest schloß. Früher, so erzählten uns Dario und Fiorella Purinani, die hier wohnen, mußte man auf der Hut sein vor Grenzpatrouillen. Erwischten sie einen, in locker definierter „Grenznähe", so wurde man in die nächste Kaserne mitgenommen, lange verhört und festgehalten, und die Grenzer erhielten als Belohnung ein paar Tage Urlaub. Wir fühlen uns als Ausländer gewissermaßen nicht verpflichtet zu derlei Ängsten und schreiten munter in Richtung Grenze fort. Die Hinweisschilder nehmen wir interessiert zur Kenntnis. Ein duftender Pinienhain. Die Forstbeauftragten, allen voran Joseph Ressel mit seinem progressiven Wiederbewaldungsplan, haben ganze Arbeit geleistet. Überall Pinus nerus „austriacus". Der Baum hat sich bestens bewährt hier und den noch vor hundert Jahren vollkommen nackten Karst streckenweise geradezu in einen Locus amoenus verwandelt.

Sehr aufgeräumt nach einer lungenlabenden Waldwanderung kommen wir nah an den Abhang und beschließen, wieder bis zum Talboden abzusteigen. Über ein Geröllfeld kommen wir nach nach Botazzo/Botac am Talschluß. Grenzwarnschilder überall.

Wir steigen, frisch wie wir immer noch sind, gleich auf der anderen Seite den Abhang hinauf und treffen bald auf eine gut erhaltene Bahntrasse. Sie gehört zur Verbindungsbahn nach Herpelje. Die Richtung stimmt und so beschließen wir, die Bahn entlang Richtung Herpelje fortzuschreiten. Die Schilder Achtung Staatsgrenze irritieren uns nicht sehr. Hier muß die Stelle sein, an der die jugoslawischen Soldaten zugestiegen sind, um den Zug zum Endbahnhof zu begleiten. Wir durchschreiten zwei kleinere Tunnels, gehen Bogen aus und gelangen schließlich nach Draga Sant' Elia. Nach der italienischen Besetzung 1918 wurden alle Stationen nach Heiligen benannt, sodaß man die Linie bald *la ferrovia dei santi* nannte. In dem Karstdörfchen bei vormittäglicher Stimmung sind wenige Menschen zu bemerken. Eine alte Frau, die gerade Gemüse aus dem Garten geholt hat, fragt uns, ob wir italienisch oder slawisch sprechen, der Zuordnung wegen. Uns einzuordnen fällt ihr sichtlich schwer. Sie erzählt uns, wie sie als Kind mit großen Rückentragen nach Triest gegangen sei, um Getreide mahlen zu lassen. Als wir ihr sagen, wir wollen weitergehen nach Mihele drüben, schreckt sie ein bißchen zurück. Der jahrelange Grenzterror sitzt den Leuten noch in den Knochen. Unser Vorhaben gehört zu den unüblichen, deswegen wohl auch gibt sie uns ihren Segen und wir ziehen beruhigt weiter. Ein paar Häuser noch. Ein wilder Wachhund fliegt uns fast an. Nach kurzem Zähnefletschen sehen wir, daß er mit dem Schweif wedelt. Wir gehen weiter. Die Grenze ist überschritten. Wildnis. Die Bahntrasse ist hier verwildert; wir folgen ihr trotzdem. Der Hund folgt uns. Er will spielen. Wir werfen ihm ein paar Hölzer, er bringt sie uns wieder. Weiter durch das Dickicht. Wie beginnen uns langsam Sorgen zu machen wegen des Hundes. Jetzt geht er schon eine halbe Stunde mit und wir können uns langsam nicht mehr vorstellen, daß er den Weg nach Hause wieder findet. Wir werden den kleinen drago nicht mehr los! Es ist mittlerweile verdammt heiß geworden. Heiß und dornig, Unterholz. Der Hund läßt die Zunge weit heraushängen. Wir versuchen uns einige Male zu verstecken und unsere Geruchspuren mittels eines kleinen Rinnsales abzubrechen. Er findet uns immer wieder. Endlich kommen wir auf freies Gelände. Das ist jetzt Slowenien. Ein Kircherl, ziemlich verlassen, ein Friedhof, ein Haus. Wir setzen uns zu einer kleinen Rast. Der Hund auch. Wir geben ihm etwas von meiner San Benedetto-Orangeade. Wenn wir jetzt weitergehen, Richtung Čičarija, dann findet der Hund nie mehr nach Hause. Wir müssen zurück. Diesmal legen wir den Weg etwas tiefer an. Nach einer halben Stunde eine Grenzhütte. Dreißig Meter weiter die andere. Beide verlassen, überwachsen. Wie rasch das geht. Die Wege in Grenznähe scheinen absichtlich durch gefällte Bäume unpassierbar gemacht. Endlich sehen wir wieder die ersten Häuser von Draga. Neuerlicher unbehelligter Grenzwechsel. In Draga wird der Hund begrüßt und in den Garten hineingelassen. Endlich bist du wieder da, du Ausreißer! Immerhin erleichtert versuchen wir jetzt einen weiteren Grenzübergang. Ob Woodrow Wilson je hier gegangen ist? Aus einer älteren Karte ersehen wir einen Weg, der ungefähr in unsere Richtung führt. Wir wollen etwas außerhalb der Grenze einen Bogen über den Karst bis zurück nach Zaule ziehen. Zunächst wollen wir von Mihele, Herpelje interessiert uns jetzt nicht, wieder hinunter Richtung Glinščiza. Wir finden tatsächlich einen Weg. Er könnte durchaus für leichtere Fuhrwerke zugänglich gewesen und bis zu Grenzziehung wohl jahrhundertelang begangen worden sein. Seit der Grenzziehung ist er unterbrochen, ungenutzt und verwildert oder absichtlich

Manipulationen an der slowenischen (ex k. k.) Dampflok (siehe S. 254ff.).

Personale storico (siehe S. 254ff.).

unpassierbar gemacht. Ganz unten, wieder am Fluß, finden wir eine verlassene Mühle. Wir queren den Fluß und folgen dem Weg am anderen Ufer wieder hinauf zur Karsthöhe. Bevor wir dann das Dörfchen, Beka muß das sein, erreichen, glotzt uns ein häßliches, barackenhaftes Gebäude entgegen. Zollkaserne, aufgelassen. Nur mehr weggeworfener Müll und verkommene Sportanlagen erinnern an die Benutzer. Hinter dem Haus eine Schießattrappe in Menschenform. Ein paar Jahre früher und wir wären auch zu einer geworden! Der Kopf zerschossen. Bauch- und Herzgegend auch. Gute Schützen!

Uns ist wohler, als wir in dem Dörfchen Beka ankommen. Einige bewohnte Häuschen. Gutes Leitungswasser, das wir genießen. Ein hübsches Karstkirchlein. Wir rasten im Schatten. Es wird jetzt verdammt heiß. Wir ziehen weiter nach Ocizla. Es wird heiß und trocken, sengend der Karstfelsen. Dornen und auch Dolinen, die uns immer wieder zu großräumigem Ausweichen zwingen. Da sehen wir eine Gestalt, mit einem Buch in der Hand. Das kann nur „Il mio Carso" sein, von Scipio Slataper, dem Sänger des Karst! Nein, wir spüren wohl schon die Hitze, Slataper ist ja längst schon tot, aber wenn hier ein Buch hergehört, dann dieses. Die Gestalt, mittelgroß, wir erkennen nur ein graues Jäckchen im Weghuschen, entfernt sich von uns. Wir

Fall eines Grenzschildes.

folgen ein Stück. Plötzlich verschwindet der Mann. In einer Doline! Kann das sein? Wir halten Ausschau, gehen an die Stelle, an der der Mann verschwunden ist. Das Buch! Tatsächlich, es ist Il mio Carso. Wir heben es auf. Slowenisch. Viele Anmerkungen, auf Deutsch. Wir suchen nach dem Mann, schreien. Kein Ton Antwort. Es ist, als habe ihn die Doline verschluckt. Schließlich gehen wir weiter. Etwas verwirrt durch Hitze und dieses unerklärbare Erlebnis wie wir waren, scheinen wir den Weg nach Kastelec verfehlt zu haben und treffen auf die Hauptstraße, die von Kozina nach Koper und weiter an die istrianische Küste führt. Lautes Rauschen als Vorankündigung. Unser erster Eindruck nach stundenlangem einsamem Wandern: Die Wilde Jagd. Urlauberautos, aufgepackt mit Anhängern, Gummibooten, Fahrrädern, SLO, A, D, I, CZ hinten drauf. Coladosen und Marlboroschachteln am Straßenrand. An Haltemöglichkeiten Damenbinden, Fäkalien und Speisereste. Sobald es das Gelände zuläßt, verlassen wir diesen Unort. Lieber quer über den Karst, auch wenn die Sonne brennt. Gleich wird es wieder ruhig. Wir besinnen uns auf Sonnenstand und Uhr. Nordwesten müßte unsere Richtung sein. In Petrinje fragen wir, wo es hier nach Kastelec gehe. Wir spüren, sie halten uns für verrückt. Zu Fuß kommen die daher! Sie deuten vage in eine Richtung. Hvala. Es wird wieder heiß. Da fällt uns wieder die Erzählung des Bobi Bazlen ein, der einmal in eine Doline gefallen ist und erst nach Tagen gefunden wurde. Ob wir noch einmal zurückgehen? Nein, wir gehen weiter. Vielleicht war alles nur eingebildet.

Schließlich ausgefahrene Wege von Militärfahrzeugen. Grenznähe. Die Wilson-Linie. Und nach zwei Stunden sengender Hitze die Erleichterung: Der Blick auf den Golf von Triest. Koper, Izola. Das Meer glitzernd, silbrig am offenen Horizont. Unter uns ca. dreihundert Meter tiefer, schon auf italienischem Boden, San Dorligo Cesarena. Wir versuchen den Abstieg. Es ist dornig, heiß steil, ein Felsabbruch. Es wird immer steiler. Wir beginnen die Hände zur Fortgewegung zu gebrauchen. Bis hier herauf ist das jetzt heimelig anmutende Geräusch der Motorbremse des Dieselbusses zu hören. Wir kommen nicht weiter, es wird fast senkrecht, wir kämpfen uns zurück. Es ist jetzt fast sechs Uhr, die Kraft der Sonne hat etwas nachgelassen. Ziemlich erschöpft erreichen wir die Grenzpatrouillienstraße. Sie führt nach Socerb, wieder durch Pinienwald. Rechts ab ein kleiner Weg, hundert Meter vor dem Kastell Socerb, führt zu einer Aussichtsstelle. Da steht ein Zollwächterhäuschen. Praktisch direkt über dem Industriegebiet, den riesigen Tanklagern. Von hier aus hat man ja alles strategisch bestens im Griff! Sogar ein paar Brandpfeile würden genügen, um Triest in ein brennendes Inferno zu verwandeln. Die Stadt wäre nie zu verteidigen! Eine wahrhaft bemerkenswerte Grenzziehung. Die Alliierten haben ja sowohl das Tanklager als auch die Zonenteilung vorgeschlagen. Das Kastel Socerb ist von Touristen überlaufen. Unser auch nervlich leicht erschöpfter Zustand läßt es nicht ratsam erscheinen, uns ihnen zu nähern. Uns genügen die Autoradios auf dem Parkplatz. Wir gehen daran vorbei und trotten die asphaltierte Fahrstraße hinunter nach Prebeneg/Prebenico. Nach einer großen Kurve sehen wir ein Zollgebäude, quer über die Straße einen Schranken. Der Zöllner blickt uns zu Fuß gehenden Gestalten interessiert und etwas ungläubig augenreibend entgegen. Ordnungsgemäß weisen wir unsere Pässe vor. Dober dan! Der slowenische Zöllner läßt sich die Pässe zeigen, begutachtet sie, blättert, zeigt sie seinem Kollegen, der geheimnisvoll lächelt, und bekundet schließlich, daß wir die Grenze nicht passieren werden können! Ja mit diesem Paß dürfen wir sogar nach Pakistan … versuchen wir einzuwenden, aber wir wissen schon: II. Kategorie. Was sollen wir tun? Zurückgehen, sagt er. Zurückgehen! Nach Socerb, Petrinje, Ocizla … Ein paar hundert Meter weiter wartet unser Bus, der uns in die Stadt zurückbringt.

Widerstand ist zwecklos und wir drehen um und schleppen uns zurück, bis zur Kurve. Da findet sich ein einigermaßen gut ausgetretener Weg hinunter nach San Dorligo. Mit brennenden Füßen erreichen wir den Mittelpunkt des netten Dörfchens. Endlich kommt auch noch ein Bus. Eine wunderbare Einrichtung, so ein öffentliches Verkehrsmittel. Es trägt uns geradezu sanft zurück nach Triest.

Grenzwanderung – unerwartet

Sommer 1997. Aus der schwülen, lauten Stadt mit ihrem unnachahmlichen Luftcocktail entfliehen wir ans Meer Richtung Miramar, um uns im Gewässer abzukühlen. Auch wir benutzen das Auto, um noch rasch vor Sonnenuntergang hinauszukommen. *Viale Miramare*, Stau der Badenden, schon in Gegenrichtung. Endlich – herrlich laue Abendstimmung, und der Blick frei ins Blaue. Nach dem erquickenden Schwimmen denken wir, *Nur nicht zurück*, und beschließen, gleich auf den Karst zu fahren, eine Gostilna oder Osmica zu besuchen, frischen Wein im Gastgarten, dazu Käse und Speck, oder vielleicht *Capuzi garbi* oder *Kipfel di patate, rucola, radicio, mataviz* und einen *Strudel* ... die köstlichen Verlockungen ziehen uns hinan. Oben, in der würzigen Abendluft, wo wir endlich wieder ohne ungutes Gefühl tief einatmen, machen wir uns auf die Suche nach dem samtenen Terrano-Wein, wie wir ihn schon manches Mal gefunden haben. Auf dem Weg von Briščiki nach Repnič ein fast zugewachsenes Schild: *Stazione di Prosecco*. Bahnhof Prosecco? Das muß eine alte Südbahnstation sein. Unserer Schwäche für die Südbahn folgend, gelangen wir auf eine schmale Straße, die schließlich zum Schotterweg wird, und gerade noch vor ihrem Verschwinden kommen wir zu Geleisen, und in der Nähe werden wir schon eines Bahnhofsgebäudes gewahr. Wir nähern uns dem Stationsgebäude. Tatsächlich, unverkennbar altösterreichische Bahnhofsarchitektur, nur das Kaisergelb ist etwas verblaßt. Sehr viele Geleise. Wenige abgestellte Güterzüge. Wir steigen aus und gehen zum Bahnsteig. Sogar ein Eisenbahner tut hier noch Dienst. Als wir auf dem Bahnkörper stehen, kommt er uns entgegen. Dazu ein anderer in grauer Uniform. Was wir hier tun? Wir schauen uns um. Finstere Mienen. Wir haben hier nichts zu suchen. *Zona di dogana*. Und befehlend: *Documenti!* Ich taste. Verflucht! Führerschein liegengelassen. Der Zöllner holt tief Luft und tastet an seinem Gürtel, an dem immerhin ein Revolver hängt. Ich schuldbewußt, genauer, unserer vollkommenen Ohnmacht dem Uniformierten gegenüber bewußt: Ja, wir wollten nur baden fahren, und dann ….. Ich stocke. Er folgt mir nicht. *Niente documenti* und schüttelt den Kopf. Ist das *Ihr Auto? Auto öffnen.* Ich öffne. Alles ausladen! Meine Begleiterin lacht. Tatsächlich eine komische Szene. Aber der Zöllner lacht nicht mit. Ich lache auch nicht. Ich bin vorsichtig. Ich kenne das. Es ist lächerlich, aber wir sind die Schwächeren. Ich schlage vor, ich melde mich mit Paß und Führerschein bei der nächsten Polizeistelle in Triest. Er winkt ab. *Kofferraum auf!* Er beginnt unter der Kofferraummatte zu stöbern, das lernt man so in der Zöllnerausbildung, aber er findet nichts. Nur unsere Badesachen, noch feucht, und die Taucherbrillen liegen herum. Daß ihn meine Begleiterin nicht ernst nimmt, stört ihn gewaltig. Er beginnt den Wagen zu perlustrieren. Handschuhfach, der obligate Blick unter die Bodenmatte, Rücksitze abmontieren. Er findet nichts. Er greift zum Funkgerät, das bedeutungsvoll aufrauscht. Er vermeldet den unerhörten Vorfall. Rauschen. *Folgen Sie mir!* Er kann sich das nicht bieten lassen. Ins Dienstzimmer. Dort Schlagermusik, ein Kalender mit barbusigen Damen. Zigaretten. Er schreibt unsere Daten auf irgendeinen Zettel. Langsam werden wir auch hungrig. Der Abend rinnt dahin. Er telefoniert. Es ist unmöglich, daß er uns für getarnte Spione hält. Es ist unmöglich, daß er glaubt, wir hätten ein Staatsgeheimnis erlauscht oder erblickt. Er kann nicht die Sorge haben, daß wir den Staat schädigen wollen. Er kann sich nur in seinem höchsteigenen kleinen Stolz gekränkt fühlen und benutzt die staatliche Uniform dazu, sich an uns, nein vor allem an meiner humorvollen Begleiterin, zu rächen. Er hat noch nicht genug. Wir gehen wieder hinaus. *Folgen Sie mir!* Noch einmal. Diesmal im Auto. Er besteigt seinen Fiat, mit Brescianer Kennzeichen. Wir fahren nach. 300 Meter zirka. Er hält vor einem Schranken. Ein vergittertes Tor öffnet sich feierlich langsam. Ein Schäferhund. Weitere Uniformierte. Eine Kaserne. Alle schauen. Wir steigen aus und werden irgendwie stehengelassen. Das vergitterte Tor schließt sich hinter uns. Mitten in der Fülle des Lebens, mitten im herrlichsten Land: eingesperrt, festgenommen. In Prosecco. Auf der Suche nach einer Osmica beim Betrachten eines Bahnhofs erwischt! Wir bewegen uns auf die Kaserne zu. Obwohl wir hier vollkommen rechtlos und ohnmächtig sind, versuchen wir, uns wie normale Staatsbürger zu benehmen. Einer der umstehenden Uniformierten, Typ Feschak, fragt uns wieder, was wir hier gesucht haben. *Wir wollten uns den Bahnhof ansehen.* Sein Blick sagt: er versteht uns nicht, wieso einen Bahnhof ansehen. Achtung, schon ist der nächste im Begriff, seinen kleinen Stolz im

Nacken zu spüren! Er hat keine Ahnung was die Südbahn ist, Eisenbahnen interessieren ihn sowieso nicht. *Wir kommen aus Salzburg. – Aus Salzburg, und hier einen alten Bahnhof gesucht?* Sehr seltsam! Er kommt aus Chieti. Aus Chieti, und hier am Karst. Wo die überall herkommen!

Da fällt mir grad ein, daß kürzlich ein Carabiniere, wie üblich aus einer Provinz südlich des Apennins, einen Osmicabesitzer angezeigt hat, weil er seinen Buschen am Pfahl eines Verkehrszeichens angebunden hat. Seit den Zeiten Maria Theresias ist es auch hier üblich, daß „ausgsteckt" wird, also Bauern eigenen Wein und Landesprodukte verabreichen dürfen. Natürlich weiß er nicht, wer Maria Theresia ist und was der Buschen bedeutet. Daß er hier Dienst macht, erinnert stark an ein besetztes Land. Auch wir müssen jetzt diesen latenten Kriegszustand am eigenen Leib erfahren.

Ob ich vielleicht meinen Führerschein holen soll? Ich werde nicht gehört oder zumindest nicht ernstgenommen. Wir werden in die nächste Dienststube geführt. Ein alter Wertheim-Tresor. Wieder schreibt irgendeiner unsere „Daten" auf einen Zettel. Telefonate. Offenbar ist für einen solchen Sonderfall nicht vorgesehen. Unser tüchtiger Finanzer versucht eifrig, den Commandante zu erreichen. Er ist beim Abendessen. Der Abend vergeht. Ein paar Grenzer in Fußballdressen treten ein. Meine hübsche Begleiterin fällt sehr auf. Auch ein kleiner Bub, zirka acht Jahre alt, hält sich im Kasernenhof auf und spielt mit dem Schäferhund. Meine Begleiterin wendet sich an ihn. Was er hier tue? Er wohnt hier. Nein, nicht direkt, aber in der Nähe. Sein Vater ist Maresciallo. Er ist oft da. Hier gefällt es ihm. Ein anderer *finanziere* kommt und wendet sich an uns. Es ist ihm anzusehen, daß er vernünftig ist, trotz Uniform. Er bietet meiner Begleiterin einen Stuhl an, fragt nach den Umständen und zieht sich ins Dienstzimmer zurück.

Der *Commandante* kommt nicht. Der fesche Grenzer will allerhand von uns wissen. Meine Begleiterin bedeutet ihm, daß sie Männer, die sich schön vorkommen, nicht leiden kann. Himmel! Sie wird uns noch tiefer in Schwierigkeiten bringen! Denke ich und ärgere mich zugleich über den Gedanken. Sie hat ja recht ... Der Mann aus Chieti nennt Raz Degan*. Raz Degan sieht ja wirklich gut aus, beteuert er, und wenn er Erfolg hat, dann durch die, die ihn bewundern. Ja, auch unser chieteser Raz wäre halt auch lieber gutverdienender Schauspieler. Der Aufdecker wird langsam nervös. *Niente Commandante!* Wir haben uns auf die Treppen vor dem Kaserneneingang gesetzt.

---

* Hierorts beliebter Filmschönling.

Der Mann aus Brescia steht nervös Wache. Dar Junge hat sich zu uns gesetzt. Was er einmal werden wolle? Maresciallo! Was ihm daran gefalle? Ja das Wachestehen, *fare il pietone*. Und? Und wie sie schreiben. *Come scrivono*. Aha. Er sieht auf unseren zunehmend unsichereren Aufdecker und Bewacher, dessen Funkgerät noch immer von Zeit zu Zeit alarmierend aufrauscht, ohne eine Änderung der Lage herbeizuführen. *Du sag,* spricht ihn der Bub jetzt an, *stört Dich das nicht, das Radio da?* Er meint das Funkgerät. Die Brusttasche spannt sich tatsächlich enorm darüber und der schwarze Empfangsstengel sticht ihn bei jeder falschen Bewegung in den Hals. Eine Sekunde Stille. Wir lachen auf. Alle, selbst der Angesprochene. Der Bub hat die ganze Spannung aufgebrochen.

Da kommt der vernünftige Beamte aus der Stube und bietet mir an, den Führerschein zu holen. Ich fahre. Gern lasse ich meine Begleiterin nicht zurück. Aber immerhin, ein Denkender ist ja da. Und der Bub. Ich raune ihr noch zu, die Macht und körperliche Übermacht der Dummheit zumindest in meiner Abwesenheit nicht weiter herauszufordern und brause ab. Bei der Einmündung in die Hauptstraße eine Polizeikontrolle. Verflucht! Wenn die mich erwischen! Ohne Führerschein! Alles noch einmal von vorn! Nicht auszudenken! Und meine Begleiterin! – Glück gehabt. Ich komme an dem Posten vorbei. Ich sause in die Stadt, hol die Papiere und fliege wieder herauf. Nach einer dreiviertel Stunde stehe ich wieder vor dem Schranken. Ich halte dem Offizier die Papiere hin. Er kontrolliert sie. Ihm ist die blödsinnige Geschichte längst unangenehm. Meiner Begleiterin, man hat sie mit Lorella Cucciarini verglichen, eine Art Kompliment, sie ist ambiguen Diskursen wie jenem über die *palle di Mozart* ausgewichen. Ob sie ein Instrument spiele? Ja, dann ab in die Schreibstube. Offenbar internationales Soldatenrepertoire. Überall dieselben Metaphern der Geistesverachtung. Der Staat scheint sowas zu brauchen. Welche unselige Rolle spielen die Staaten. Ein versteckter Polizeistaat. Gerade hier! Der Offizier gibt uns die Papiere zurück und weist uns noch den Weg zu einer *Osmica*. Die automatische Tür öffnet sich. Wir spüren wieder die laue Luft des fortgeschrittenen Abends, das dunkle Blau hüllt uns ein und wir suchen in unserem verlorenen Paradies nach einem menschlichen Ort.

Der Libero

Abend über Triest. Wir sitzen wieder beim Libero (Slobodan) und bei Nerina Laganis. Liberos ganzer Stolz ist es, eine der letzten originalen Triestiner Osterien zu betreiben. Den Libero und seine Lokalität kennen wir seit Jahren und ein Besuch der alten Gaststätte gehört zum angenehmen Pflichttermin jedes Triestaufenthaltes. Die in diffuses Licht getauchte Gaststube ist ein einziges Kuriositätenkabinett, entstanden aus der Sammelleidenschaft Liberos für die kleinen Dinge des Alltagskitsches. In Summe ein Gesamtkunstwerk. Diffus wie die Beleuchtung sind die Gäste: Kartenspieler, Kleinrentner, Witwer, Säufer und Jugend, bisweilen durchmischt von bepelzten Damen und Herren in teuren Anzügen, die nach der kulinarischen Erregung eines einfachen Essens verlangen. Jetzt geht die Tür auf, und herein kommen vier uniformierte Soldaten mit zwei großen Essensbehältern. Sie marschieren in die offene Küche und fassen Nerinas Tagesgericht aus, anscheinend das Nachtmahl für die ganze Kompanie.

Wir sind bescheiden und essen *patatine*, dazu gibt es Wein aus Istrien und Bier von Dreher und Reininghaus. Auch der Libero ist bescheiden, er serviert die *patatine* für vier Personen auf einem einzigen Teller, aber mit vier verschiedenen Gabeln. Die nur hierher passenden Trinkgläser stammen aus einer Billigkollektion des Kaufhauses „upim". Nach dem Essen gibt der Libero istrianischen Grappa aus. Wie ihre Erzeugnisse, Nerina mariniert ihren Salat übrigens mit istrianischem Essig, kommen der Libero und seine Frau aus Istrien, aus Portole, heute Oprtalj.

Wir bleiben heute etwas länger als sonst. Gemeinsam mit dem Libero feiern wir die Fertigstellung unseres Buchmanuskripts. Es gibt kaum einen geeigneteren Ort als dieses in der Gegenwart sitzende Stück regionaler Kulturgeschichte, um den Abschluß des Werkes zu begießen. Außerdem geht Libero natürlich mit der Zeit. Es hat ein bißchen gedauert, bis wir verstanden, was er damit meinte, er sei jetzt im FAX – sollte heißen, Studenten haben ihm eine *homepage* im *world wide web* eingerichtet. Spielerei am Rande. Liberos kosmopolitische Osteria ist jedenfalls Ausgangs- und Schlußpunkt des Werkes sowie Ursprungsort zahlreicher Triestiner Freundschaften. Die Tatsache, daß wir ihn und sein Lokal in unserem Buch verdichten, versetzt den Libero nicht in euphorische Freude. Er findet das selbstverständlich. Haben doch bereits etliche Zeitungen über seine Osteria berichtet, sogar der große *Corriere della sera* hat ihm einmal eine ganze Seite gewidmet; Claudio Magris hat, im Dezember '94, über die

Schenke des *Heiligen Trinkers,* Joseph Roth andeutend, geschrieben.

Ein letzter Grappa, dann machen wir uns auf den Heimweg. Beim nächsten Besuch werden wir ihm das fertige Buch überreichen.

Dragonja ...

Wir waren einmal unterwegs nach Istrien. Damals, im Frühjahr 1992. Ins Umland von Triest. Rovinj oder Rovigno hieß unser Ziel. Der Krieg tobte zwar am Balkan, aber Istrien war bisher verschont geblieben. Über Muggia, die erste Grenze. Ex Zone A/Zone B. Ob wir Zigaretten mitführen? Aber nein! Weiter nach Koper, durchs bildschöne Piran, weiter an den Salzfeldern vorbei. Vor uns auf der Ebene etwas Ungewöhnliches: Container und Hütteln stehen da plötzlich herum, Fahnen wacheln. Wir nähern uns. Eine Grenze! Das heitere Flüßchen Dragonja war bedeutungsmäßig zum Grenzfluß angeschwollen. Also nicht mehr Istrien, sondern Slowenien hüben und Kroatien drüben. Etliche Grenzwächter vor dem Hütterl mit Sonnenschirm (Coca Cola). Gewissenhafte Prüfung der Papiere. Ob wir Zigaretten mitführen?! Aber nein! Drüben noch einmal. Auf dem Sonnenschirm Ronhill (aus der Tabakfabrik Rovinj). Bald war das Provisorium der Sonnenschirme durch professionelle, sich quer über die Straße legende Grenzstellen ersetzt, mit mehreren Schranken, Flugdach, Kabinen, Abfertigungsgebäuden etc. etc. Auf eine gemeinsame Abfertigungsstelle hatten sich die beiden jugoslawischen Nachfolgestaaten nicht einigen können. So stehen sich heute diesseits und jenseits der Dragonja gerade in Sichtweite zwei monströse *checkpoints* feindlich gegenüber.

Und wir fragen uns, wann dieses Grenzziehen einmal enden wird. Zumal ja die eigentlichen Grenzen, – die menschlichen, oder die Grenzen der Menschheit, – die, auf die es ankommen muß, – hier ohnehin nie zur Debatte stehen; und die politischen Grenzen, auch wenn sie alle hundert Meter sperren, niemals auch nur annähernd nationale Gleichheit und ähnliche Illusionen erfassen werden, ohne vorher ins Nichts, aus dem sie entstanden sind, zu zerfallen ...

Dazu fällt uns nichts mehr ein, nur Adalbert Stifter, der sich nach einer Landkarte ohne politische Grenzen sehnt, oder Franz Grillparzer, der seine Freiheitsheldin Libussa rufen läßt:

> Wer seine Schranken kennt, der ist der Freie
> Wer frei sich wähnt, ist seines Wahnes Knecht.

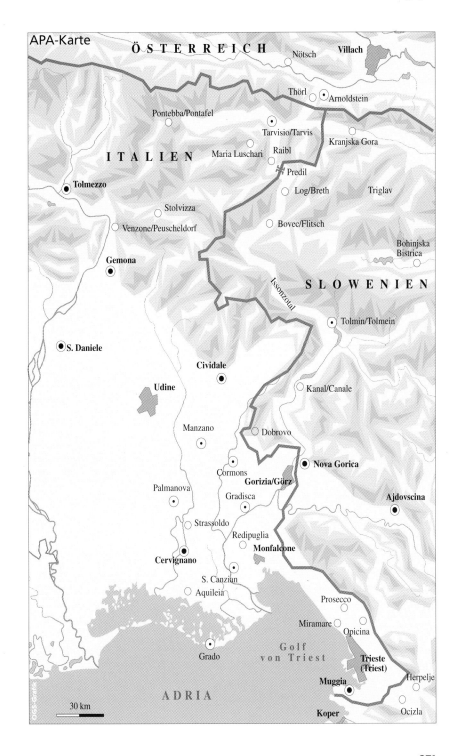

Verwendete Abkürzungen

Jb.OeAV – Jahrbuch des Oesterreichischen Alpenvereins
MGSL – Mitteilungen der Gesellschaft für Salzburger Landeskunde
MÖSTA – Mitteilungen des österreichischen Staatsarchivs
ÖStA – Österreichisches Staatsarchiv

Quellen

Ungedruckte Quellen

ÖStA, Kriegsarchiv, K VII b 81–10g Gedenkbuch „Malborghetto im Canalthale", darin Schreiben von General Rohr an General Eduard Graf Paar, 3.11.1915
ÖStA, Kriegsarchiv, K VII b 124–43E Ausrüstungsentwurf Sperre Raibl 1911/12

Gedruckte Quellen

Alexander, Alfred: The Hanging of Wilhelm Oberdank. London 1977
Almanach der österreich. Riviera pro 1907. Görz o.J.
Ara, Angelo: La ricerca di una convivenza. In: Manzin, Mauro: Spine di Confine. Triest 1997
Auprich, Andreas: Die völkerrechtliche Dimension der Triest-Frage. Dipl.Arb. Graz 1995

B...o: Topographisch-statistische Skizze des Kanalthales in Oberkärnten. In: Carinthia 23, 1833, S.47–49
Baedeker, Karl: Oesterreich-Ungarn. Handbuch für Reisende. Leipzig 1884
Baedeker, Karl: Oesterreich-Ungarn nebst Cetinje Belgrad Bukarest. Leipzig 1910
Bahr, Hermann: Dalmatinische Reise. Berlin 1909
Banfield, Gottfried von: Der Adler von Triest. Graz 1984
Baum, Wilhelm: Deutsche Sprachinseln in Friaul. Klagenfurt 1980
Baumgartner, Lothar: Kriegstagebuch 1914 – 1918 des Linienschiffsleutnants Heinrich Bayer von Bayersburg (1889 – 1980). In: Österreichische Militärgeschichte Folge 3, 1995 S. 54ff.
Bazlen, Bobi: Interview über Triest. In: Europa erlesen – Triest. Klagenfurt 1997, S.114–124
Bekenntnisbuch österreichischer Dichter. Wien (Krystall) 1938
Biendl, Harald: Südbahnführer. Heft II für die Strecke Mürzzuschlag-Triest und die österreichische Riviera. Wien 1910
Bolzano, Bernard: Erbauungsreden. Prag, 1849ff. (s. Morscher).
Bulle, Heinrich: Geleisestraßen des Altertums. Sitzungsberichte der Bayerischen Akademie der Wissenschaften. Phil.-hist. Klasse Jg. 1947/Heft 2. München 1948

Cacciari, Massimo: Interpretazione di Michelstaedter. In: Estetica 22, 1986
Candussi, Klaus u.a.: Sieg der Gewalt? In: profil 27/1991, S.42–50
Caporiaccio, Gino di: L' Emigrazione dalla Carnia e dal Friuli. O.O. (Udine) 1983

Carmeli, Roberto: Il treno della Val Rosandra. Udine 1996
Cannarella, Dante: Leggende del Carso Triestino. Trieste 1996
Casanova, Giacomo: Geschichte meines Lebens. Band XII. Berlin o.J. (1985)
Casanova, Roberto: Cronologia della Transalpina. In: Transalpina. A.a.O.
Comici, Emilio: Alpinismo eroico. Bologna ²1961
Covre, Pietro: Un feldmaresciallo triestino. F.A. Marenzi. Trieste 1981
Czoernig, Carl Frhr. von: Ethnographie der oesterreichischen Monarchie, Bd.1. Wien 1857
Czoernig, Carl Freiherr von: Görz – Oesterreichs Nizza. Nebst einer Darstellung des Landes Görz und Gradisca. 2 Bände. Wien 1873/1874

Del Fabbro, Reneé: Transalpini. Osnabrück 1996
Desnian, C.C.: Toponimi del Tarvisiano e contatti fra lingue. A cura di G. Ellero e G. Barbina. Udine 1991
Dizionario Enciclopedico Italiano vol.III. Roma 1970
Doderer, Heimito von: Die Wasserfälle von Slunj. München ⁴1978
Domenig, Raimondo: Il palazzo veneziano di Malborghetto. Udine 1986

Ellero, Gianfranco: Storia dei Friulani. Udine 1987

Fabi, Lucio: La storia di Gorizia narrata ai goriziani. In: Isonzo/Soča. Görz Nr. 26. 1997
Fantini, Maria: Antonio Cassis Faraone. Udine 1995
Favetta, Maria Bianca: Lineamento storico, im Katalog: Lloyd Triestino Dall' Adriatico al Mondo. Trieste 1986
Fontana, Bruno: Cervignano Austriaca. O.O. (Cervignano) 1994
Fontana, Bruno: La Grande Truffa. O.O. (Cervignano/Manzano) 1995
Fontana, Bruno: L'istruzione popolare nel Friuli Austriaco 1774 – 1915. O.O. (Cervignano/Manzano) 1997
Fontana, Bruno, Luigi Gratton: Occupazioni ed Imposizioni Napoleoniche nel Dipartimento del Passariano. Manzano 1997
Fräss-Ehrfeld, Claudia: Geschichte Kärntens. Band 1: Das Mittelalter. Klagenfurt 1984
Freytag, Aurelius: 1848: Die halbherzige Revolution. In: Wiener Journal 2/1998. S. 4–6

Gariup, Mario: La Val Canale fra le due guerre mondiali. Cividale del Friuli 1986
Gasser, Peter: Österreichs Levantehandel über Triest 1740–1790. In: MÖSTA 7, 1954, S.120–130
Gauß, Karl-Markus: Das Europäische Alphabet. Wien 1997
Glaise-Horstenau, Edmund von: Die Katastrophe. Die Zertrümmerung Österreichs und das Werden der Nachfolgestaaten. Zürich-Leipzig-Wien 1929
Graber, Georg: Der Karnburger Fürstenstein im Licht und Dunkel der Geschichte. In: Carinthia I 1957
Grafenauer, Bogo: Die Kärntner Herzogseinsetzung und die Edlingerfrage. In: Carinthia I 1993
Gruber, Rudolf u.a.: Der Balkan, Europas Libanon. In: profil 28/1991, S.38–44

Hauser, Karl: Der Predilpaß und der Isonzo. In Carinthia 77, 1887, S.123–132
Heer, J(akob) C(hristoph): Ferien an der Adria. Bilder aus Süd-Österreich. Frauenfeld 1907
Hellbach, Rafael: Reise-Handbuch durch das südliche Oesterreich mit Steiermark, Salzburg, Tirol, Kärnten, Krain und Küstenland. Wien 1875
Hemingway, Ernest: In einem andern Land. Reinbek 1959

Hrovath, Johanna: Das Kanaltal: Die historische Entwicklung der deutsch- und slowenischsprachigen Minderheiten – mit besonderer Berücksichtigung der Option von 1939. Phil.Dipl. Wien 1995
Hübner, Alexander: Fiel Görz durch Verrat? In: Salzburger Volksblatt 7.8.1926
Hugelmann, Gottfried (Hg.): Das Nationalitätenrecht des alten Österreich. Wien-Leipzig 1934

Illustrirter Führer auf den k.k. Österreichischen Staatsbahnen. Heft 10: Villach-Pontafel. Wien ⁴1910

Jabornegg-Gamsenegg, Markus Freiherr v.: Die Bahnlinie Tarvis-Pontafel vom Standpunkte des Touristen. Klagenfurt 1879
Jabornegg, Markus Freih. v.: Eröffnung der Eisenbahnlinien Unterdrauburg-Wolfsberg und Tarvis-Pontafel-Udine. In: Carinthia 69, 1879, S.343-344
Jäger, Gustav: Touristen-Führer im Kanalthal. (Kärnten.) Wien 1873
Jaksch, August von: Über Ortsnamen mit besonderer Rücksicht auf Kärnten. Klagenfurt 1891
Josef Ressel, Wiederbewaldungsplan für die Gemeindegründe in Istrien. Neudr. Hg. v. Boštjan Anko. Trieste 1993

Der Kärntner. Mitteilungsblatt des Kärntner Heimatdienstes Nr. 10 (102) Dezember 1991.
Das Kanalthal in Kärnten. In: Carinthia 45 I 1915, S.1-4
Der Karawankentunnel und die Rampenstrecken. Hrsg. von der Tauernautobahn AG – Salzburg und Republiska uprava za ceste – Ljubljana. Innsbruck o.J. [1991]
Kardelj, Edvard: Der Übermacht zum Trotz. Erinnerungen an Jugoslawiens Kampf um Anerkennung und Souveränität 1944-1957. Klagenfurt 1984
Katnik, Josef: Die Sommerfrische Raibl. In: Fremden-Zeitung 28.8.1897
Klein, Herbert: Das Geleitsrecht der Grafen von Görz „vom Meer bis zum Katschberg". In: Carinthia I 147, 1957, S. 316 – 333
Kranzmayer, Eberhard: Ortsnamenbuch von Kärnten. II. Teil. Archiv für vaterländische Geschichte und Topographie Bd. 51. Klagenfurt 1958
Kravanja, Angelika: Der Irredentismus in den Zeitungen Triests. Phil.Dipl. Wien 1994
Krahwinkler, Harald: Friaul im Frühmittelalter. Wien-Köln-Weimar 1992
Kreil, Joseph: Mnemosyne. Ein Tagebuch, geführt auf einer Reise durch das lombardisch-venetianische Königreich, Illyrien, Tyrol und Salzburg, 1815 und 1816. Zweyter Theil. Leipzig 1817
Kronsteiner, Otto: Heißt Ostarrîchi Spitzberg? In: Der Standard 30.11./1.12.1996
Kugy, Julius: Fünf Jahrhunderte Triglav. Graz 1938
Kugy, Julius: Arbeit, Musik, Berge. Ein Leben. München ⁴1925
Kugy, Julius: Aus vergangener Zeit. Graz 1943.

Leitner, Friedrich: Kärnten in der Reiseschilderung eines Engländers aus dem 18. Jahrhundert. In: Carinthia I 164, 1974, S.145-170
Lessiak, Johann: Die Slowenen in der Kärntner Landesgeschichte. In: Carinthia I 1993
Lessico Universale Italiano vol.V. Roma 1970
Löwenthal, J.: Geschichte der Stadt Triest. Erster Theil. Triest von der ältesten Zeit bis zum Jahre 1780. Triest 1857
(Ludwig Salvator): Zärtlichkeitsausdrücke und Koseworte in der friulanischen Sprache. Prag 1915

Lyotard, Jean-Francois: Das postmoderne Wissen. Graz, Wien 1986

Madeja, Falk: Faschisten für Slowenien. In: profil Nr. 29/1991, S.37
Mailly, Anton von: Sagen aus Friaul und den Julischen Alpen. Leipzig 1922
Maria Luschari. Werbeprospekt der Linde-Reisen-Club Alpen-Adria-Touristik Ges.m.b.H. Pöckau-Arnoldstein o.J. (1997)
Marin, Biagio: Ricordo di Carlo Michelstaedter. In: Studi Goriziani 32, 1962, S. 10
Mechtler, Paul: Erinnerungen des Dr. Karl Freiherrn von Banhans. In: MÖSTA 12, 1959, S.374–413
Mechtler, Paul: Streiflichter auf das Nationalitätenproblem bei den österreichischen Eisenbahnen. In: MÖSTA 15, 1962, S.424–451
Messner, Janko: Ich bin ein Slowenenschwein. In: Die Presse 30./31. August 1997
Michelstädter, Carlo: Epistolario. A cura di S. Campailla. Milano 1983
Migglautsch, Karl, Ingomar Pust: Das Kanaltal und seine Geschichte. Hrsg. vom Kanaltaler Kulturverein Kärnten. Klagenfurt 1995
Montanelli, Indro, Marco Nozza: Garibaldi. Stuttgart 1964
Mordakte Winckelmann. Die Originalakten des Kriminalprozesses gegen den Mörder Johann Joachim Winckelmanns (Triest 1768). Aufgefunden und im Wortlaut des Originals in Triest 1964 hrsg. von Cesare Pagnini, übersetzt und kommentiert von Heinrich Alexander Stoll. Winckelmann-Gesellschaft Stendal Jahresgabe 1965. (Ost)Berlin 1965
Morscher, Edgar und Neumaier, Otto: Bolzanos Kampf gegen Nationalismus und Rassismus. Königstein 1996
Musil, Robert: Der Mann ohne Eigenschaften. Reinbek 1986

Nedo, Michael und Ranchetti, Michele: Wittgenstein. Frankfurt a.M. 1983
Neuhofer, Karl: Malborghet 1809. Österreichischer Milizverlag Bd.9. Salzburg 1997
Neumann, Wilhelm: Martin Wutte und sein Urteil über die nationalsozialistische Slowenenpolitik in Kärnten und Krain aufgrund der Denkschrift vom 19. September 1943. In: Carinthia I 1986
Neumann, Wilhelm: Der bedeutendste Maler der Kärntner Spätgotik – Thomas Artula von Villach. In: Neues aus Alt-Villach. Villach 1983
Noé, Heinrich: Görz und seine Umgebung. Graz 1891

Österreichische Statistik N.F. 1. und 2. Band. Ergebnisse der Volkszählung vom 31. Dezember 1910. Wien 1917
Österreich-Ungarns letzter Krieg 1914–1918. 3. Band: Das Kriegsjahr 1915, 2. Teil. Wien 1932
Die österreichisch-ungarische Monarchie in Wort und Bild. Das Küstenland. (Görz, Gradiska, Triest und Istrien.) Wien 1891
Die österreichisch-ungarische Monarchie in Wort und Bild. Band 8: Kaernten und Krain. Wien 1891
Ogris, Alfred: Der kirchliche Protest gegen die Aussiedlung von Kärntner Slowenen 1942. In: Carinthia I 182, 1992
Ogris, Alfred: Der Weg Kärntens zur Demokratisierung. In: Carinthia I 185, 1995
Ogris, Alfred: Fürstenstein und Herzogstuhl. Symbole der Kärntner Landesgeschichte im Widerstreit ethischer und territorialer Tendenzen in der slowenischen Geschichtsschreibung. In: Carinthia I 183, 1993

Perkonig, Friedrich Joseph: Kärnten. Ein Heimatbuch. Leipzig 1925
Perkonig, Friedrich Joseph: Kärnten. Land und Mensch. In: Ders. Kärnten. A.a.O.
Pirjevec, Joće: Das Königreich der Serben, Kroaten und Slowenen. Von der Einheit bis zur Verfassung des „Veitstages" (1918–1921). In: Karner, Stefan, Gerald Schöpfer (Hg.): Als Mitteleuropa zerbrach. Zu den Folgen des Umbruchs in Österreich und Jugoslawien nach dem Ersten Weltkrieg. Veröffentlichungen des Instituts für Wirtschafts- und Sozialgeschichte der Karl-Franzens-Universität, Graz. Graz 1990, S.43–66
Pococke, Richard: Beschreibung des Morgenlandes und einiger anderer Länder. Der dritte Theil. Aus dem Englischen übersetzet durch Christian Ernst von Windheim. Erlangen 1755
Pogatschnigg, Valentin: Etymologische Sagen aus Kärnten. In: Carinthia I 96, 1906, S.41–49
Prettner, J.: Der heilige (Luschari) Berg in Kärnten. In: Jb.OeAV 1, 1865, S.202–212
Privilegienbuch der Stadt Salzburg. Nach: MGSL 5, 1865, S. 173
Prospekt Kloster samostan Kostanjevica Nova Gorica, hrsg. von Obćinska turistićna zveza Nova Gorica, Koper 1996
Pust, Ingomar: Kleiner Führer durch die westlichen Julischen Alpen und die Berge der Isonzofront 1915–17. München 1978

Rauchensteiner, Manfried: Der Tod des Doppeladlers. Graz 1995
Ravalico, Daniele: Torna a suonare l'organo di Kugy. In: Il Meridione 2. April 1992
Reisen durch das südliche Teutschland. 2. Band. Leipzig und Klagenfurt 1791
Riedel, R.: Verkehrsbilanz Österreich. Wien: TU 1989
Roselli, Giulio: La Ferrovia Trieste – Parenzo. Trieste 1967
Roth, Joseph: Die Büste des Kaisers. Werke in 4 Bden., Bd.3. Köln 1975
Roth, Joseph: Radetzkymarsch. Werke in 4 Bden., Bd.2. Köln 1975

Schaumann, Walter: Die Bahnen zwischen Ortler und Isonzo 1914 – 18. Wien 1991
Schivelbusch, Wolfgang: Geschichte der Eisenbahnreise. Frankfurt, Berlin, Wien 1979
Schmidl, Adolf: Reisehandbuch durch das Herzogthum Steiermark, Illyrien, Venedig und die Lombardei. Band 4. Wien 1836
Schöner, Guido: Die Bezirksgerichte Arnoldstein und Tarvis im ersten Weltkrieg. In: Carinthia I 145, 1955, S.826–837
Schulz, Gerhard: Revolutionen und Friedensschlüsse 1917–1920. dtv-Weltgeschichte des 20. Jahrhunderts Bd.2. München 1967
Die slavischen und deutschen Anwohner Kärntens im nachbarlichen Friaul. In: Carinthia I 43, 1853
Slovensko-Nemški Slovar (Slowenisch-deutsches Wörterbuch). Hrsg. vom Fürstbischof von Laibach Anton Alois Wolf. Ljubljana 1895
Steinbichl, Anton von: Der Fall Venedig's in den Märztagen und die Lage Italien's zu Österreich. Wien 1848
Steinicke, Ernst: Das Kanaltal. Val Canale. Sozialgeographie einer alpiner Minderheitenregion. Innsbrucker geographische Studien Bd. 11. Innsbruck 1984
Steinicke, Ernst: Friaul-Friuli. Bevölkerung und Ethnizität. Innsbrucker geographische Studien Bd.19. Innsbruck 1991
Störinger, Marianne: Geschichtlicher Abriß Triests. Roman. Hausarb. Salzburg 1978
Suppan, Arnold: Jugoslawien und Österreich 1918–1938. Bilaterale Außenpolitik im europäischen Umfeld. Veröffentlichungen des österreichischen Ost- und Südosteuropa-Instituts Bd. XIV. Wien-München 1996

Tavano, Sergio: La cultura della cittá. In: Cittá di confine. Conversazioni sul futuro di Gorizia e Nova Gorica. Portogruaro 1994
Teske, Hans: Thomasin von Zerclaere. Heidelberg 1933
Tessitori, Paola: Rabil-Raibl Cave del Predil. Udine 1996
Transalpina. (Katalog 90 Jahre Wocheinerbahn.) Gorizia 1996
Trieste Handbook 1950. Trieste 1950

Ullepitsch, Joseph: Das Canalthal. In: Carinthia 54, 1864, S.397–409
Ulrich von Liechtenstein: Frauendienst. Hg. v. Franz Viktor Sprchtler. Göppingen 1987.

Valvasor, Johann Weichard: Topographia Archiducatus Carinthiae. Nürnberg 1688
Veiter, Theodor: Die Problematik der deutschen und slowenischen Orts-, Berg- und Flurnamen in den Karawanken und Steiner Alpen. In: Österreichische Osthefte 26, 2/1984, S.452–465
Veltzé, Alois: Malborghet, Tarvis, Predil. In: Carinthia I 99, 1909, S.119–146
Vodopivec, Peter: Die slowenischen Pläne für den Eisenbahnbau im slowenischen Raum (1836 – 1901). In: Richard G. Plaschka u.a. (Hg.): Eisenbahnbau und Kapitalinteressen in den Beziehungen der österreichischen mit den südslawischen Ländern. Wien 1993

Wadl, Wilhelm: Der Kriegsmaler Anton Kolig und sein Monumentalgemälde für Kaiser Karl. In: Carinthia I 173 (1983) S. 469 – 480
Waitzbauer, Harald: Durch Istrien. Mit der Istrianischen Staatsbahn in die k.u.k. Adriaprovinz. Salzburg 1989
Waldner, Gabi: Terra incognita. In: Der Standard 6.10.1996
Walzl, August, Reaktionen auf die Aussiedlung von Kärntner Slowenen. In: Carinthia I 181, 1991
Wandruszka, Adam, Peter Urbanitsch (Hg.): Die Habsburgermonarchie 1848–1918. Band III: Die Völker des Reiches. Wien 1980
Weiss, Sabrina Maria: Die deutsche Sprachminderheit im Kanaltal. Eine soziolinguistische Studie. Phil.Dipl. Wien 1993
Winter, Georg: Das Kanaltal / La Val Canale bis 1919. Ein Beitrag zur Aufarbeitung der Geschichte eines Alt-Kärntner Gebietes. Phil.Diss. Wien 1984
Wittgenstein, Ludwig: Über Gewißheit. Hg. v. G.E.M. Anscombe und G.H. von Wright. Frankfurt a.M. 1982
Woerl's Reisehandbuch Markt-Tarvis in Ober-Kärnten. Verfasst von Gemeinderat Johann Siegel. Leipzig 1903
Wurzer, Bernhard: Die deutschen Sprachinseln in Oberitalien. Bozen ²1969
Wutte, Martin: Die Kärntner Landesgrenze und ihre geschichtliche Entwicklung. In: Carinthia I 109, 1919, S.26–41
Wutte, Martin (Hg.): Das Kanaltal. Berlin o.J.
Wutte, Martin: Kärntens Freiheitskampf 1918–1920. Klagenfurt 1985.

Zahorsky-Suchodolski, Anton M.: Triest. Schicksal einer Stadt. Österreich-Reihe Bd. 169/171. Wien 1962
Zimmermann, Franz Xaver: Görz. Geschichte und Geschichten aus der Stadt, der Grafschaft und ihrem friaulischen Vorland. Klagenfurt 1918

Ortsregister

Aachen 126
Abbessinien 251
Ala 130
Albanien 249
Alexandrien 245
Amerika 227
Amstetten 69
Aquileia 58
Arnoldstein 20, 41
Aßling s. Jesenice
Ausa 154

Baba 17
Bagni di Lusnizza 84
Bagnoli (Boljunec) 257
Bahia 250
Bahnhof
– Trieste Centrale 9
Bärenlahnscharte 97
Bamberg, Bistum 48
Bärenkogel 12
Beka 263
Belgrad 24
Bertahütte 13
Biljana 185
Birma 249
Bleiberg 39
Böhmen 19
Boljunec s. Bagnoli
Borgo Teresiano 205
Botac s. Botazzo
Botazzo (Botac) 261
Bovec (Flitsch) 99, 103
Bozen 69
Brazzano 140
Brda 176
Breitkofel 99
Brenner 69
Breth (Log) 103
Brioni 186
Brixen 141
Brünn 215
Budweis 68

Buia 130Bukowina 237
Burg
– Großenberg (Grossumbergo) 126
– Perchtenstein (Partistagno) 126
– Pramberg (Prambergo) 126
– Rabenstein (Ravistagno) 126
– Scharfenberg (Sofumbergo) 126
– Schattenberg (Sattimbergo) 126
– Spengenberg (Spilimbergo) 126

Cacciatore s. Steinerner Jäger
Camporosso s. Saifnitz
Capodistria s. Koper
Caporetto (Karfreit) 148
Cattaro 249
Cave del Predil s. Raibl
Ceglo 186
Celje/Cilli 11
Ceský Tešin 152
Chieti 267
China 249
Chióut dai Umign 58
Chiusaforte (Sklûse) 58, 117
Choritis 120
Chrudim 212
Cieszyn (Teschen) 152
Cividale 125
Coccau (Goggau) 33
Collio 176
Contovello 221
Corno di Rosazzo 140

Deutschland 19
Devin s. Duino
Dobrać (Dobratsch, Villacher Alpe) 17
Dobrovo 185
Dogna 117
Donau 68
Dovje 13
Duino (Devin) 204, 173

Faak 13
Ferrotal 44

279

Fiume 133
Flitsch s. Bovec
Flitschl (Plezzut) 56
Frankenreich 14
Franzensfeste 20
Frauenkogel 12
Friaul 14, 126
Fusine s. Weißenfels

Gaisberg s. Kosiak
Gemona (Glemaun) 66
Gesäuse 69
Giassico 176
Glemaun s. Gemona
Glinščica 262
Glinščica-Bach 257
Gmünd 152
Gmunden 68
Goggau s. Coccau
Golica 12, 14
Goriška Brda 184
Görz 21, 55
Grado 124, 136
Graubünden 205
Großglockner 79
Gugg (Cucco) 55
Gutenstein 20

Haidenschaft 143
Hamburg 245
Herpelje 70
Hirschwand s. Košuta
Hochstuhl 14
Hohe Tauern 79
Hradschin (Prag) 192
Hum 185

Indischer Ozean 246
Innsbruck 69
Isonzo 55
Isonzotal 39
Istrien 9, 21, 126
Italien 18

Japan 246
Jesenice (Aßling) 11, 16
Jezersko s. Seeland

Jôf di Miezegnot s. Mittagskogel
Jôf Fuart s. Wischberg
Judrio 132, 154
Jugoslawien 14, 166
Julijska Krajina 134

Kahlkogel 11, 14
Kaltwasser (Riofreddo) 56
Kaltwassergraben 100
Karantanien 126
Karawanken 11, 13, 70
Karfreit s. Caporetto
Karnburg 22
Kärnten 12ff., 19
Karst 126
Karstsattel 258
Kastelec 263
Kepa 14
Klagenfurt 20
Kojsko 185
Königsberg (Monte Re) 56, 103
Konstantinopel 245
Koper (Capodistria) 149f., 239
Korensko sedlo s. Wurzenpaß
Korfu 249
Koritnica 184
Kosiak (Gaisberg) 17
Košuta (Hirschwand) 14, 17
Kozina 263
Krain 14f., 126
Kreuth 31
Kroatien 19

Lago Maggiore 245
Latisana 122
Leopoldskirchen (Lipalja Ves, heute San Leopoldo) 53
Levante 245
Lienz 142
Linz 68, 202
Lipalja Ves s. Leopoldskirchen
Lipizza 221
Ljubljana 11
Log s. Breth
Loibl 15
Loiblpaß 14

Luschari 60
Lussnitz 44

Mähren 30
Mailand 124
Malborgeth 44
Mangart 99
Manzano 140
Marburg 20
Maria Saal 22
Mattulje 248
Mauth (Muda) 56
Michelstadt 173
Mieß 20
Mittagskogel (Jôf di Miezegnot) 12ff., 97
Mitteleuropa 226
Moldau 68
Monfalcone 122
Monrupino (Repentabor) 240
Montasch (Montasio) 61
Montasio s. Montasch
Monte Sabotino 185
Monte San Michele 159
Monte Re s. Königsberg
Monza 215
Muda s. Mauth

Natisonetal 126
Neveasattel 58
New Orleans 250
Nogaredo 139
Nötsch 30
Nova Gorica 150
Novigrad (Cittanova) 239

Oberbreth (Strmec) 112
Oberdrauburg 142
Opatija 248
Opčina 9
Oprtalj s. Portole
Osimo 185
Oslavi(j)a 159, 187
Österreich 13
Ostmark 14
Ostrik 179

Padritsch (Padriciano) 221
Pannonien 124
Parenzo (Poreč) 206
Passarowitz 15
Patòc 58
Patras 245
Pernambuk 250
Petrinje 263
Peuscheldorf (Venzone) 142
Piedicolle s. Podbrdo
Piran(o) 239
Pladen 121
Planina 11
Plavški Rovt 11
Plezzut s. Flitschl
Plöckenpaß 26
Po 245
Podbrdo (Piedicolle) 148
Podgora 159
Pogöriach 13
Pola 222
Pontafel (Tafelbrück) 20, 46
Pontebba 43
Ponza 99
Poreč s. Parenzo
Porticina (Thörl) 20, 33
Portole (Oprtalj) 269
Prag 155
Prato (Ravanca) 117
Prävali 20
Precenicco 211
Predil, Depot 107, 112
Predilpaß 39
Pessendellach 31
Prosecco 221

Quattroventi 140

Raccolanatal 58
Radkersburg 152
Raibl (Cave del Predil) 31, 55
Raibler See 54
Rateče (Ratschach) 41
Ratschach s. Rateče
Ravanca s. Prato
Ravenna 125
Razor 13

Repentabor s. Monrupino
Resiatal 117
Resiutta 117
Rifugio Montasio 61
Rijeka 248
Riofreddo s. Kaltwasser
Rio di Confine 106
Riviera, k. u. k. 136
Roiano 217
Rom 130, 202
Ronchi 29, 234
Rosandratal 257
Rosenbach 13, 16
Rosenbacher Tunnel 70
Rosenkogel (Rožica) 12, 16f.
Rosental 188
Rtača s. Vertatscha, Zinnewand
Rußland 119
Ruttars 185

Saifnitz (Camporosso) 34
Salzburg, 9, 21
Salzburg (Erzbistum) 141
Saint Germain 21
Saisera 61
Salzkammergut 74
San Dorligo della Valle 240
San Giovanni 243
San Giusto 9
San Leopoldo s. Leopoldskirchen
Santa Maria Maggiore 66
Sarajewo 130
Sardinien 132
Savorgnano 127
Savoyen 132
Schengen 12
Schlitza (Slizza) 54
Sclûse s. Chiusaforte
Seebergsattel 14
Seeland (Jezersko) 14
Sella Nevea 58
Semmering 68, 197
Šempeter 153
Serbien 18
Sežana 9, 149
Sgonico (Zgonik) 240
SHS 14

Slizza s. Schlitza
Slowenien 11, 13f.
Šmartno 176
Smyrna 245, 250
Sólbica s. Stolvizza
Solcan 147
Somdognapaß 81
Sonnblick 79
Sotmedons 58
Spessa, Schloß 186
Spittal 142
Steinerner Jäger (Cacciatore) 87
St. Jago 250
Stol 14
Stolvizza (Sólbica) 120
Stretti 58
Strmec s. Oberbreth
St. Veit 21
Südtirol 21
Sv. Križ 11

Tafelbrück s. Pontafel
Tarvis 20
Teschen s. Cieszyn
Thörl s. Porticina
Thörl-Maglern 41
Tischlwang 121
Travnik-Sattel 99
Trebitsch (Trebiciano) 221
Trenta 184
Tricesimo 23
Trient 141
Triest 9, 15ff., 21, 70, 82f., 93ff., 132ff., 141ff.
Triglav 11, 13
Trivignano 139
Tschalawai 107

Überwasser 55
Udine 23, 117
Uggowitz 43, 62
Umag(o) 239
Ungarn 19, 41
Unterbreth 72
Unterdrauburg 20

Valbruna 60

Val Rosandra 70
Venedig, Republik 48
Venzone s. Peuscheldorf
Verona, Markgrafschaft 48
Vertatscha (oder: Rtača) 17
Vevnica 99
Viktring 25
Villach 20
Villacher Alpe s. Dobrać (Dobratsch)
Villa
– Bresciani 136
–Santina 130
Villalta 127
Vinkovci 9
Vipolće 185
Vittorio Veneto 137

Völkermarkt 20
Vratatal 13
Weißenfels (Fusine) 25, 53
Weißenfelser Seen 54
Wien 21
Wippachtal 140
Wischberg (Jôf Fuart) 61
Wörthersee 29
Wurzenpaß (Korensko sedlo) 14, 41

Zacchi, rifugio 98
Zadnica-Graben 180
Zahre 121
Zara 133
Zgonik s. Sgonico
Zinnewand s. Vertatscha (oder Rtača)

Namenregister

Abbas II. Hilmi 155
Agilulf, Langobardenkönig 125
Albert III., Graf 141
Albrecht von Johannsdorf 127
Albrecht von Österreich, Herzog 142
Alexander, Alfred 227
Aquileja, Patriarch von 48
Ammer, Pater 220
Antonini, Prospero 128
Ara, Angelo 133
Arco-Zinneberg, Graf 80
Artaria, Kartenverlag 17
Artula, Thomas 58
Ascoli, Graziadio Isaia 173
Attems, Grafengeschlecht 136

Bach, Johann Sebastian 220
Bahr, Hermann 227
Banfield, Baron Gottfried 222
Banfield, Richard Mitis 222
Bamberg, Albrecht von 56
Baumbach, Rudolf 80
Bazlen, Bobby 227
Beauharnais, Eugen, italien. Vizekönig 85
Belletti, Domenico 210

Bernhard, Thomas 28
Bertolini, Bartolomeo 215
Biaggi, Max 253
Bianchi, J. B. 205
Bianco, Domenico Del 130
Boeckl, Herbert 96
Bolzano, Bernard 19
Bono, General Emilio de 23
Boroević, Svetozar 20
Brown, Edward 44
Bruck, Karl Ludwig von 217
Buchal, Else 113
Buoncompagno, italienischer Rechtsgelehrter 127
Burian, István 18
Buttitta, Ignazio 52

Cadorna, Luigi 159
Calixtus, Alt-Agleier-Bischof 125
Canal, Familie 85
Candidianus 125
Carinthia, Druckerei 17
Casanova, Giacomo Girolamo 186
Castiglione, Camillo 222
Cobenzl, Familie 154

Namenregister

Collioud-Rittmeyer, Cäcilia 218
Colloredo, Familie 154
Comici, Emilio 93
Coronini, Familie 154
Coronini-Cronberg, Graf 143
Courtenay, Baudouin de 119
Covre, Pietro 217
Cucciarini, Lorella 268
Czoernig, Carl Freiherr von 155

D'Annunzio, Gabriele 250
Derschatta, Eisenbahnminister 16
Desiderius, König 125
Dittinger, Erika 61
Doderer, Heimito von 67
Domevšček, Miloš 184
Dragič, Slavko 150

Economo, Demetrius 219
Ellenbrechtskirchen, Wolfger von 127
Ellero, Gianfranco 126
Ente Nazionale per le Tre Venezie 85
Eppensteiner 126
Eugen, Prinz 209

Faraone, Antonio Cassis 210
Faraone, Thekla 210
Ferri, Antonio 215
Fini, Gianfranco 243
Fontana, Bruno 135
Fortunatus, Bischof 125
Frangipani, Familie 154
Franz II. (I.), Kaiser 192
Franz Ferdinand, Erzherzog 145
Franz Joseph, Kaiser 68
Friedrich II., Staufenkaiser 127
Furlan, Vito 253

Gauß, Karl-Markus 40
Ghega, Karl Ritter von 68
Gisulf, Herzog 125
Gisulf II., Langobardenherzog 125
Goess, Statthalter 249
Goethe, Johann Wolfgang von 197
Goriup, Josef 146
Grasulf, Herzog 125
Gregor I., Papst 125

Grillparzer, Franz 197
Griot, Kaspar 206
Grünwald, Paula 61

Habsburger 204
Heer, Jacob Christoph 122
Heinrich, Meister aus Villach 66
Heinrich II., Görzer Graf 154
Heinrich IV. 126
Heinrich V., Graf von Chambord 194
Hellbach, Rafael 189
Henckel v. Donnersmarck, Unternehmer 72
Hensel, Friedrich, Ingenieur-Hauptmann 108, 112
Hermann, Johann 111
Hitzig, Friedrich 217
Hohenlohe-Schillingfürst, Prinz Konrad zu 237
Holzer, Ernst 144
Hortis, Attilio 246

Illy, Riccardo 223

Jäger, Gustav 111
Jahne, Ludwig 17
Jaksch, August von 62
Johannes, Ab 125
Joseph II., Kaiser 88, 210

Kafka, Franz 173
Kandler, Peter 67, 212
Kardelj, Edvard 166
Karl der Große 14, 258
Karl V. 189
Karl X. von Frankreich 192
Karl, Kaiser von Österreich 97
Karner, Stefan 27
Klestil, Thomas 162
Kolig, Anton 30
Kolig, Cornelius 30
Košmrlj, Miha 184
Kranzmayer, Eberhard 60
Krasnovskaja, A. 120
Kravanja, Aleksander 183
Kreß, Major Freiherr von 25
Kristančić, Mirko und Aleš 186
Kugy, Julius 9, 12, 220

Namenregister

Lantieri, Familie 154
Latour, Graf 215
Latour, Gräfin 110
Lavrič, Alfred 20
Leonhard, Graf von Görz 154
Leopold I. 210
Leopold II. 88
Leopold III., Herzog 204, 231
Lessiak, Johann 62
Libero, Wirt 269
Liechtenstein, Geschäftsmann 224
Ludwig Salvator, Erzherzog 66
Ludwig Viktor, Erzherzog 155
Luzatto, Abgeordneter 169

Mailly, Anton von 180
Majster, k. u. k. Offizier 23
Makart, Hans 223
Marenzi, Franz Anton 215
Maria Theresia, Kaiserin 48
Marin, Biagio 174
Marincich, Antonio 206
Maruli, Georgos 205
Maximilian, Kaiser 154
Mayr, Simon 210
Meinhard III. 154
Meinhard IV. 154
Mels, Familie 154+
Messner, Janko 28
Michelutti, Carlo 163
Michelstädter, Alberto 173
Michelstädter, Carlo 173
Molotow, Wjatscheslaw 166
Montecuccoli, Admiral Rudolf 222
Moro, Christophoro, Doge 204
Moro, Leopold von 46
Morpurgo, Familie 218
Musič, Zoran 185
Musil, Robert 213
Mussolini, B. 34

Napoleon 85, 132
Napoleon III. 72, 140
Necker, Schweizer Konsul 217
Nietzsche, Friedrich 174
Niko, A. 205
Nogara, Bernardino 99
Nogara, Giovanni 104

Oberdank, Wilhelm 219, 232
Ogris, Alfred 28
Oitzinger, Anton 82
Otho I., Bischof 58

Palestrina 220
Pasolini, Pier Paolo 122
Paulus 124
Paumeister, Theresia 206
Pavsič, Thomas 176
Perkonig, Josef Friedrich 23
Peter-Pirkham, Diplomat 23
Pertsch, Matthäus 210
Petrata, Theodoros 205
Petrić, Boris 190
Pietro Leopoldo 210
Piovesan, Josef 13
Pittoni, Antonio 210
Pius IX., Papst 104
Pococke, Richard 184
Porsche, Ferdinand 72
Potocki 119
Preschern, Maria 63
Preveto, Georgos 205
Purinani, Dario und Fiorella 260

Rabel, Oswald 57
Radetzky, Joseph Wenzel 215
Rainer, Erzherzog 215
Rainer Friedrich, Gauleiter 26
Ressel, Josef 212
Revoltella, Pasquale 217
Richter, Franz 206
Rilke, Rainer Maria 173
Röder, Philipp 45, 49
Rodoald 125
Rohr, Franz 109
Rohracher, Andreas 25
Rosenwirth, Bürgermeister 105
Rosetti, Carlo 210
Rossetti, Domenico 211
Rota, Giuseppe 175
Roth, Joseph 18
Rothschild, Baron 68

Salvi, Giacomo 160
Sarek, Rudolf 160

Sartorio, Giovanni Guglielmo 219
Sauro, Nazario 136, 219
Scalfaro, Luigi Oscar 162
Schmidl, Adolf 46
Schmidl, Carlo 218
Schnablegger, Cajetan 85
Scholander, Walter 57
Schöberl, Adolf 109
Schulz-Adaiewsky, Frau von 119
Schumacher, Michael 253
Seelig, Robert 248
Seinsheim, Bischof Adam Friedrich von 48
Severus, Bischof 125
Sgualda, Witwe 186
Siegel, Gemeinderat Johann 54
Sigehard, Patriarch 126
Sigualt, Bischof 125
Smaragdus, Exarchat 125
Sonnino, Sidney 18
Spanheimer 126
Sreznevskij, Professor 119
Steele, Richard 254
Steinbichl, Anton von 169
Steiner, Carl 144
Strassau (später Strassoldo) 127
Strohlendorf, Ambrosius von 211
Struggl, Gewerkenfamilie 99

Taaffe, Eduard 234
Tavano, Sergio 173
Tegetthoff, Admiral 140, 214
Temel, Maurizio 66
Thomasîn von Zerklære 127
Thurn, Familie 154
Tolja, Simeon 160
Tolomei, Ettore 17

Tolstoi, N. I. 120
Tomasini, Gendarm 234
Tomizza, Fulvio 242
Toti, Enrico 137
Tripcovich, Maria 222
Trotta, Hauptmann von 135
Tusch, Eva 206

Ulrich von Liechtenstein 90
Ungaretti, Giuseppe 134

Valerio, Lorenzo 246
Valvasina, Lodovico Torriani di 186
Valvasor, Johann Weichard 182
Vanuzi, Gaetano 206
Veiter, Theodor 17
Venezian, Felice 219
Viktor Emanuel III. 89
Vivante, Angelo 220, 238

Wadl, Wilhelm 30
Walther von der Vogelweide 127
Wechtari, Herzog 125
Wiegele, Katharina 30
Wilson, Woodrow 164
Winckelmann, Johann Joachim 206
Wittgenstein, Familie 173
Württemberg, Wilhelm von 109
Wurzbach, Constantin 216
Wutte, Martin 17

Zalla, Atanasio 205
Žankar, Pio 34
Zernatto, Christof 27
Zimmermann, Franz Xaver 162
Zinzendorf, Graf Karl von 210
Zita, Kaiserin 97

Sachregister

Aglei (Aquileia) 125
„Akindschi" (türkische Plündertruppen) 38
Alleanza Nazionale 243
Alpenbahnprogramm 145
Austro-Americana 227
Austro-Daimler (-Werke) 222
Awaren 126

Bajuwaren 126
Berger's Bierhalle 232
Blei- und Zinkabbau 31, 102
Bleiberger Bergwerks Union 104
Bosnische Spur 248

Capitano 204
Caproni-Jäger 222
Chardonnay 184
Circolo Garibaldi 234
Civetta (Dampfer) 213
Compagnie Universelle du Canal du Suez 217
Cosulich-Linie 227

„Dark Image", Manöver 243
Dolce stil nuovo 127
Donaudampfschiffahrtsgesellschaft 245
Doppeladler 231
Drehers Bier-Palast 232
Drei-Kapitel-Streit 124
Duty free shop 41, 97

Ecken 184
Entente-Mächte 22
Erdbeben 117
Erzherzog Johann Bahn 68
Esuli 243
Etrich-Tauben 222
Europäische Union 27

Ferrari 253
Filzpatschen 40
Forstakademie Mariabrunn 212
Fort Hensel 64
Freies Territorium 175
Freies Territorium von Triest 239

Freistaat 239
Freytag & Berndt, Kartenverlag 17
Friede von Passarowitz 15
Fürstenstein 22

Generali, Assicurazioni 173, 217
Germanisierung 17
Görzer Dampfbierbrauerei 146
„Görzer Schleife" 143
Gregohütte 97
Grobnica Burbonov 194

Heiliges Römisches Reich 49
Hitler-Mussolini-Abkommen („Option") 37

Illyrische Eisenbahnen 144
Internationalisierung 239
Irredentismus 208

Japaner 33
Jugoslawische Volksarmee 238

Kalter Krieg 260
Kärntner
– Heimatdienst 23
– Heimwehr 18
– Herzogstuhl 22
– Landesarchiv 29
– Landsmannschaft 23
– Volksabstimmung 24
K. u. k. Eisenbahnregiment 72
K. u. k. priv. Friulaner Eisenbahngesellschaft 136
Koča na golica 11
„Korosko Koroscem" 23
Kostanjevica, Kloster 190
Kronprinz-Rudolf-Bahn 69

Langobarden 124
Laško pivo 180
Lloyd-Arsenal 222
Lloyd, österreichischer 217
Lloyd, Triestino 250
Locanda Grande 202

Lohner-Werke 222
Londoner Abkommen 241

Mandracchio-Hafen 202
Manhartschutzhaus 99
Maria-Theresien-Orden 222
Monolithen des Kanaltales 62
Morgan-Linie 166, 258, 260

Namenszauber 52

Oberkrainerbahn 69
Okkupation 234
Optanten 37
„Option" s. Hitler-Mussolini-Abkommen
Ortstafeln 27
Österreichisches Nizza 155

Panfilli, Triester Werft 213
Pensionopolis 156
Pilsner Bierhalle 232
Polen 41
Pontebbabahn 69
Postler-Moped MS 50 149
Predilbahn 70
Puchwerk 149
Puntigamer Bierhalle 232

„Rauschzug" 40
Regnicoli 232
Rittmeyer, Istituto 218

Sacrario Militare 175
Savoyer 132
Schengener Abkommen 191
Schloß Bruck (Lienz) 154
Schmuggel 40
Schnablegger, Hotel 85
Schweinsbraten 90
Seeschlacht bei Lissa 140
Slowaken 41
Società Anonima Miniere Cave del Predil 104
Societá di Minerva 211
Societá mineraria e metallurgica di Pertusola 104
Sprachpolizei 55
Steinfelder Bierhalle 232
Stollenbahn 103

Suezkanal 70
Synode zu Pavia 125

Tabakfabrik Rovinj 270
Taborbewegung 22
Tauernbahn 144
Technokraten
– italienische 21
– jugoslawische 22
– germanische 25
Terza Armata 29
Tiroler Schützen 18
Titopartisanen 26
Tocai friulano 184
Tolar (Währung) 28
Tourismus 29
„Transalpina" 144
Transsibirische Eisenbahn 129
Tschechen 41
Türken 38

Umvolkung 208

Vertrag von
– London 18
– Osimo 243
– Rapallo 164
Via augusta 140
Via dei Giustinelli 220
Via dei Rettori 215
Via del San Gabriele 191
Via postumia 140
Via Rossetti 211

Waffenstillstand Villa Giusti 18
Windisch 24, 53
Wocheinerbahn 21

Zeitungen
– Corriere della Sera 130
– Gazzettino 130
– La Voce 174
– Messaggero 130
– Neue Kronenzeitung 27
Zone A, Zone B 239
„Zum Eiskeller" 232
„Zum Kärntner" 232

Bildnachweis:

S. 2, 96, 114: Lore Boeckl
S. 15, 49, 93, 101, 103, 109, 111, 113, 165, 181, 231, 233:
   Bildarchiv der Österreichischen Nationalbibliothek
S. 19, 73, 158, 161, 162, 167, 171:
   Österreichisches Staatsarchiv
S. 45, 71, 77, 155, 156, 157, 159, 160, 191, 235, 236, 246, 247, 251,:
   Kartensammlung, Österreichische Nationalbibliothek
S. 34, 79: Kärntner Landesarchiv
S. 115: Foto Ghedina
S. 116 unten, 129, 153, 164: Ed. della laguna
S. 141: Stampa Savorgnani
S. 144, 149: Foto G. Lazzaro
S. 194: Darjo Mohoric
S. 196, 198–200, 207, 209, 212, 213, 216, 218, 219, 221, 223:
   Civici Musei di Trieste
S. 230, 237: Edizione Italo Svevo

Kartenausschnitte:
   © Bundesamt für Eich- und Vermessungswesen Wien. Stand 1894 und 1908
Karte S. 271:
   APA – Austria Presseagentur

Alle übrigen Abbildungen stammen aus dem Archiv der Autoren.